Histoire, Géographie, Enseignement Moral et Civique.

HISTOIRE, GÉOGRAPHIE, ENSEIGNEMENT MORAL ET CIVIQUE. CLASSE DE SECONDE: NOUVEAUX PROGRAMMES (2019).

First edition. June 10, 2024.

ISBN: 979-8227874184

Written by Laurent Sueur.

Classe de Seconde: Nouveaux Programmes (2019).

Livre de l'Elève.

Les conditions d'étude et d'enseignement en France se détériorent depuis de très nombreuses années. Les réformes fondamentales, de nombreuses fois repoussées depuis 1968, ont conduit ce pays à produire des élèves qui se retrouvent dans les profondeurs des classements internationaux qui jugent du niveau de langue et de mathématiques. D'ailleurs, si 13% des élèves de lycée n'auront jamais le bac, 60% de ceux qui l'on n'ont pas le niveau culturel et intellectuel nécessaire pour se débrouiller dans l'enseignement supérieur. Aussi, cette nouvelle réforme a pour but de remédier à cela en prenant le problème dans une optique méthodologique. Ainsi, puisque les élèves n'arrivent plus a maîtriser un grand nombre de matières, il se contenteront d'un socle commun beaucoup plus restreint. Dans cet ordre d'idée, les exercices habituels dans le supérieur étant la dissertation et l'explication de document, on demandera aux gens de s'exercer dans cette otique dès le début de la classe de seconde et de les maîtriser parfaitement à la fin de la terminale. Aussi, je vous engage, dès à présent, à monter la haute marche qui sépare le collège du lycée, à laisser de côté la synthèse et la réponse courte pour vous tourner vers la réflexion originale, la construction d'une pensée autonome fondée, bien sûr, sur l'observation et la compréhension de faits issus de documents, mais aussi la logique, le raisonnement, la raison.

Pour vous permettre d'atteindre cet objectif, j'ai découpé le programme en 24 séquences de 4 heures, soit 3 heures pour lire et apprendre les leçons et une heure pour réaliser l'exercice de réflexion, ce qui permet, à peu près, de suivre le rythme de l'Éducation Nationales. Vous allez me demander maintenant pourquoi lire ce livre alors que vous disposez déjà d'un manuel. La réponse est d'une grande évidence: tous vos manuels, aussi bien faits soient-ils, ne sont que des recueils de documents que le professeur a du mal à mettre en perspective et que vous n'arrivez pas plus que lui à utiliser. Je ne suis pas un grand amateur de cours magistral mais ce que je vous propose ici est bien de cette nature, ce qui est très logique lorsque l'on passe de l'oral à l'écrit. Par ailleurs, je tiens à préciser que ce que vous allez lire est d'une importance capitale pour votre future vie de «locataire» de cette planète, ce qui m'amène à dire aux mauvais élèves de troisième qu'il est de leur intérêt de bien apprendre et de comprendre ce qui est dit, même et surtout s'ils ne sont pas en seconde cette année. Dans cet ordre d'idée, les adultes qui n'ont pas une culture suffisante trouveront les éléments qui leur manquent pour comprendre ce monde désordonné et essayer ainsi d'agir pour le rendre bien meilleur. Bien sûr, en histoire, ils ne trouveront rien sur la période contemporaine, mais il y a tellement de sources d'information faciles à comprendre qu'ils découvriront bien, sur l'étagère d'un libraire, un petit livre qui leur permettra de combler cette lacune. Ils se méfieront tout de même des opinions des auteurs qui cherchent à peindre la réalité avec des couleurs qui n'existent pas. De toute manière, mon livre vous aidera tous à distinguer la vérité de son ombre distordue.

Histoire:

Le but du programme d'histoire du lycée reprend, en fait, le rôle de l'histoire dans la formation de l'individu adulte conscient de ses responsabilités sociales. Il y a un minimum de connaissances historiques à maîtriser pour pouvoir comprendre le désordre du monde d'aujourd'hui afin d'agir consciemment, délibérément, et créer une société plus civilisée. On ne minimisera donc surtout pas le rôle moral de cette discipline.

En seconde, on se rappellera des choses apprises entre la sixième et la quatrième. On veut ici vous montrer les grandes étapes de la formation du monde moderne en insistant surtout sur l'Europe. Ne soyez pas abusés par cette vision partielle de l'histoire du monde et retenez que l'Asie, dominée par l'impérieuse Chine, depuis les premiers instants de l'aventure humaine, n'a jamais cessé de guider l'homme et de le mener sur des chemins parfois pavés de meilleures intentions. De même, si, d'une manière très académique et démodée, on a respecté le découpage chronologique hérité du 19ème siècle (histoire ancienne, médiévale, moderne et contemporaine), le lecteur se rendra vite compte qu'on ne change pas radicalement de sujet d'étude: l'homme à travers les âges!

Les grandes étapes de la formation du monde moderne.

Thème 1: Le monde méditerranéen: empreintes de l'Antiquité et du
Moyen Âge.

Séquence 1: La Grèce antique.

Leçon 1: L'aube de l'Europe: la Grèce archaïque.
A- Des conditions de vie difficiles.

La Grèce d'Aujourd'hui ressemble-t-elle à celle d'hier? Avec l'évolution du climat, du régime des précipitations et des centaines d'années d'occupation du sol, il faut vraiment se garder de regarder ce passé avec les lunettes déformantes de notre époque. De toute manière, pour se donner une idée de la relation entre l'homme et le milieu naturel à cette époque, nous disposons d'une source sûre: *Les travaux et les jours* d'Hésiode.

Dans la partie sèche de la Grèce d'alors (Péloponnèse, Eubée, Béotie, Crète, îles du sud et d'Asie mineure), l'absence de pluies conséquentes (plus de 1 cm) durant l'été (de fin mai à début septembre) implique que l'agriculture ne peut pas donner beaucoup de nourriture. En effet, la période de culture est réduite, et cela d'autant plus qu'à l'époque il y a un véritable hiver. Dès lors, les paysans sont obligés de se dépêcher. Le blé, plante peu exigeante en fertilisant et en eau, est semé tôt pour pouvoir être récolté tôt. Hésiode laboure d'ailleurs beaucoup sa terre, très certainement pour permettre à l'eau de pluie de moins raviner, de rester dans le sol, de pénétrer en profondeur et de mener une culture de blé, chaque année, sans trop de difficultés.

N'imaginez pas que l'on cultive grand chose dans les champs à cette époque. Les Grecs mangeaient certainement ce que l'on nomme des légumes, mais ce sont des «herbes» qu'ils allaient cueillir dans la garrigue et les bosquets. L'autre plante cultivée était la vigne qui est une plante persistante assez frileuse (plus subtropicale que méditerranéenne). Afin de produire des grappes avec des grains assez gros, ils enlevaient très certainement toutes les mauvaises herbes pour qu'il n'y ait pas de compétition pour l'alimentation en eau. Fin août, début septembre, ils ramassaient les grappes pour faire des raisins secs. Une toute petite partie de la récolte était destinée à la confection de vin. Quant à l'olivier, un arbre qui est vraiment originaire du bassin méditerranéen, cultivé ou laissé sauvage, il fournissait ses fruits pour produire principalement de l'huile. Les Grecs faisaient aussi un peu d'élevage de chèvres (pour confectionner du fromage) et de moutons (pour leur laine surtout). Les vaches servaient à engendrer avant tout des bœufs utilisés pour labourer la terre ainsi que pour le transport des personnes et des marchandises. Bien sûr, il leur arrivait de manger de la viande (de chevreaux et de génisses).

Cette propriété foncière agricole, l'oikos, était le fondement territorial de la société. Le paysan y construisait son humble demeure; il y restait toute la journée en compagnie de ses chiens, surtout l'été, pour veiller à ce qu'on ne lui vole pas une partie de sa récolte, de sa nourriture. Si par malheur il venait à lui en manquer, il ne lui restait plus qu'à parcourir les fonds de vallée pour trouver des figuiers et donc des figues, à demander de l'aide à ses voisins, à prier les dieux...

B- La société grecque au 8ème siècle avant J. C.

Au 8ème siècle avant J. C., le panthéon grec est d'ailleurs déjà constitué. Il est dominé par la stature altière de Zeus, celui qui règle les conflits entre les autres dieux, une sorte de roi de l'Olympe qu'Hésiode considère aussi comme le roi des mortels. C'est une religion **polythéiste** dont la fonction première est d'expliquer un univers totalement mystérieux. Dans cet ordre d'idée, le début de *La théogonie* décrit, en l'expliquant presque, l'agencement de l'univers. Ainsi, au début des temps, il y avait Chaos et Terre. De Chaos naquit Nuit sombre, de Nuit sombre naquit Jour. Terre enfanta Ciel étoilé, Haute montagne, Mer stérile et Océan. Toute religion essaie de comprendre l'univers pour déterminer la place de l'homme, justifier sa présence et trouver un sens à son existence. La prière et l'offrande cherchent alors à se concilier les forces obscures de l'univers, à changer la direction de sa course folle, à apaiser ainsi le lancinant tourment qui fonde l'espèce humaine: l'ignorance. Quant aux jeux religieux, les jeux olympiques étant les plus célèbres, ils visent à rendre plus civilisé le règlement des conflits. Il vaut mieux gagner une course de char, prouver que l'on est le plus fort, plutôt que de verser le sang d'un autre Grec, d'un voisin en somme. D'ailleurs, quelques siècles après, durant les jeux olympiques, les guerres entre Grecs seront interdites.

Cette société archaïque est donc profondément rurale. Certains voudraient faire des propriétaires fonciers, des aristocrates. Quant on connaît la terre grecque, sa sécheresse, ses faibles rendements, on les nommera plutôt paysans! Bien sûr, ils disposent de bœufs, des quelques serviteurs et esclaves mais ce ne sont pas des riches. Quoi qu'il en soit, il y a déjà une grande inégalité entre les gens. Ainsi, au niveau même de la maisonnée, l'homme possède, la femme obéit, les enfants subissent. Dans cette société pauvre, le patrimoine foncier (qui produit la nourriture et permet la survie), sa possession, sa gestion et sa transmission modèlent les comportements humains. La femme du paysan doit garantir que l'héritier de la terre est bien le sien, elle est donc recluse et aucun homme, même pas un dieu, ne devrait porter les yeux dessus. Hésiode se méfie d'ailleurs d'elles, surtout de celles qui cancanent et font des histoires. S'il reconnaît une certaine beauté à certaines déesses, il sait que c'est une femme, la «redoutable Styx divinité odieuse aux immortel», qui fait jaillir l'eau froide de sa demeure montagnarde, liquide qui empoisonne les dieux parjures, leur coupe le souffle et les éloigne de l'Olympe pendant 10 ans! La fille grecque, de toute manière, devient dangereuse lorsqu'elle devient femme car elle peut enfanter plus que la terre ne peut supporter. Le spectre de la surpopulation hante les esprits des hommes.

Pour limiter les naissances, Hésiode conseille aux hommes de ce marier tard, à 30 ans, âge auquel ils ont d'ailleurs déjà hérité du lopin de terre de leur père. Il ne cesse de suggérer qu'il ne faut faire qu'un seul fils par couple. Ce sera d'ailleurs plus simple pour l'héritage (il a été lui même en conflit pendant de nombreuses années à sujet car il avait un frère). Si par malheur le couple fait trop d'enfants, seul le fils aîné restera sur la propriété agricole; on cherchera à marier les filles avec les fils de voisins influents; les garçons seront amenés à aller chercher un oikos dans des endroits plus propices: en Sicile, au 8ème siècle avant J. C. L'émigration est le lot commun des pays pauvres et surpeuplés.

C- L'organisation politique.

A la tête de ce monde, pour régler avant tout les conflits de voisinage, on trouve alors un roi. Dans l'*Iliade* et l'*Odyssée*, on parle surtout de monarchies, mais on voit également apparaître un nouveau type d'organisation politique: la **Polis**, la **cité-État**.

Les monarchies grecques sont de petits États indépendants qui abritent quelques centaines d'habitants. C'est vraisemblablement le propriétaire foncier le plus riche qui est le roi. En Crète, la monarchie laisse place à la polis. Le **démos** (le peuple composé uniquement d'hommes) se réunit dans un lieu particulier appelé l'Agora. Pour faire quoi? Discuter, à n'en point douter. Décident-ils d'entreprendre des actions en commun? De faire la guerre? De rédiger des lois? Très certainement! On ne sait cependant pas s'ils élisent un chef, s'ils choisissent les prêtres et les généraux. Quoi qu'il en soit, cette organisation politique conduit à une certaines organisation territoriale. La «capitale», une sorte de gros bourg fortifié, abrite les fonctions politiques et religieuses et protège les habitants en temps de guerre; la campagne, autour, produit la nourriture de toute la population.

Leçon 2: L'établissement de la démocratie.

A- Athènes et la démocratie.

Ce genre d'organisation, au fil des années, entraîna une autre organisation de l'armée. Pour défendre les terres et les gens, il fallait beaucoup d'hommes assez jeunes et non pas quelques cavaliers. Les Athéniens, et d'autre Grecs, instituèrent alors, vers le 6ème siècle avant J. C., la **phalange hoplitique**. Il est vrai que plus il y a de guerriers, plus on a de chances de gagner. L'hoplite est un fantassin armé d'un bouclier et d'une arme tranchante (tenu par la main droite). Il combat en groupe (la phalange) en respectant une disposition particulière: il reste en ligne et avance avec les autres. Son grand bouclier, tenu par l'avant-bras gauche, le protège ainsi que le côté droit de son voisin de gauche. Égaux dans la bataille qui vise à protéger la terre de leurs pères et la leur, les soldats ne peuvent pas imaginer ne pas être égaux politiquement puisqu'ils participent tous, suivant la même règle, et avec la même énergie, au premier devoir de l'État: le maintien de l'ordre.

Certains magistrats de l'époque (des politiciens ou fonctionnaires si l'on veux), raconte Aristote dans *La constitution d'Athènes*, sont tirés au sort, ce qui révèle bien cette égalité puisque n'importe quel citoyen peut être choisi, pour exercer des charges publiques importantes. Les «onze juges des flagrants délits» sont choisis ainsi et peuvent mettre à morts les voleurs pris en flagrant délit.

L'institution principale de cette démocratie est l'**Ecclésia**. C'est l'assemblée de la totalité des citoyens. Pour être citoyen athénien, depuis une loi de Périclès (451 avant J. C.), il faut être un garçon de 20 ans ayant effectuée son service militaire et civique (l'éphébie), dont le père est citoyen athénien et la mère fille de citoyen athénien.

Peu de gens sont donc citoyens: les femmes, les étrangers vivant à Athènes et les esclaves sont exclus du débat politique. Cette assemblée vote toutes les lois à main levée. Il faut environ 6000 citoyens présents pour rendre la loi valide. Tout citoyen peut prendre la parole et demander une modification du projet de loi mais le conseil de la **Boulê**, pour éviter des débats interminables, recueille les idées et projets de lois de citoyens bien avant les débats. Ce conseil de 500 membres est composé de citoyens volontaires, âgés de plus de 30 ans, choisis par tirage au sort; il est en fonction pendant un an. Les 6000 juges qui forment le tribunal de l'Héliée sont aussi des citoyens, âgés de plus de 30 ans, choisis par tirage au sort; ils officient pendant un an. La procédure la plus originale de cette démocratie est la procédure de l'**ostracisme**. En effet, une fois par an, l'Ecclésia se réunissait pour éliminer les politiciens les plus virulents, ceux qui, de part leur richesse, pouvaient tendre vers le pouvoir personnel (comme Mégaclès ou Aristide par exemple). Les citoyens marquait alors le nom de celui qui était suspecté de vouloir devenir dictateur sur un tesson de poterie ou une coquille d'huître. Si un nom était inscrit 6000 fois, l'homme avait dix jours pour quitter le territoire de la cité. Il ne perdait pas ses biens mais il n'avait pas le droit de revenir à Athènes avant dix ans. Plutôt que la peine de mort sans fondement, on préférait l'éloignement prolongé, ce qui est à la fois plus humain et plus prudent.

B- Sparte et la gérontocratie.

Toutes les cités-États grecques ne sont pas des démocraties. Sparte, par exemple, a une assemblée de citoyens qui a peu de pouvoir. D'ailleurs Sparte est un monde bien singulier. En effet, c'est une société plus militaire, une société sur la défensive en somme. Ainsi, la formation militaire des garçons ne commence pas à 18 ans mais à 7; elle ne dure pas 2 ans mais 14! Ce petit garçon, fils de citoyen spartiate et de fille de citoyen spartiate, vit à la dure pendant 14 ans. Il a le crâne rasé et ne reçoit qu'un manteau par an, il marche pieds nus et est autorisé à dormir sur une paillasse de roseaux. Il vit avec les garçons de son âge et ne fréquente pas tellement ses parents. Les filles suivent aussi cette logique guerrière. Elle subissent un entraînement sportif conséquent, ce qui a l'avantage de produire des mères propres à engendrer des enfants vigoureux ainsi que des guerrières que l'on enverra se battre si tous les hommes meurent. Mais ce sont tout de même des filles, alors on leur enseigne la musique et la danse afin qu'elles puissent participer aux fêtes religieuses.

L'**Assemblée des Égaux** est composée de l'ensemble des citoyens spartiates. Elle n'a pas l'initiative des lois, elle ne discute pas de la pertinence des textes, elle ne peut pas proposer de modifications; elle approuve ou non les lois et les décisions des politiciens (les éphores) par acclamation. Les membre de la **Gérousie** peuvent ne pas suivre leurs décisions si le résultat du vote ne leur plaît pas. C'est donc la Gérousie, l'assemblée des anciens, qui a la réalité du pouvoir politique. Elle est composée de 28 hommes âgés de plus de 60 ans, élus à vie par acclamation à l'Assemblée des Égaux, après acte de candidature; les deux rois participent à la cérémonie. Choisis selon leur compétences militaires, les gérontes appartiennent principalement aux familles les plus riches de Sparte. Ils ont l'initiative des lois et mettent en forme les textes qui seront soumis à l'acclamation de l'assemblée. Ils gèrent toutes les affaires de politique intérieure. Ils ne rendent de comptes à personne et constituent le tribunal qui juge les crimes, prononce la perte des droits civiques, condamne à mort. Ils peuvent même juger les rois (les éphores font alors partie du tribunal).

C- Une vie en commun très difficile.

Ce monde Grec est donc composé d'une multitude de micro-États qui n'ont pas grand-chose en commun. Certes, ils parlent presque la même langue et vénèrent les mêmes dieux, mais ils ne veulent pas véritablement aller dans la même direction. Ils passent d'ailleurs leur temps à se battre les uns contre les autres pour des motifs que l'histoire fait semblant d'oublier. Dans un monde surpeuplé, voler la terre de son voisin est un moyen sûr de survivre; le réduire en esclavage signe alors la mort d'un ennemi voleur de blé en même temps qu'il garantit que cette terre si convoitée continuera à produire.

Ce monde grec est véritablement un univers de prédation. On le voit d'ailleurs à travers l'histoire de la **ligue de Délos**, une alliance militaire des cités grecques contre leur ennemi commun: la Perse. Cette histoire révèle l'impossibilité des Grecs à vivre ensemble. En effet, dès le début, de nombreuses cités contestent le rôle d'Athènes qui semble utiliser l'argent de la ligue pour élargir ses possessions. En 440 avant J. C. La révolte de Samos éclate. Samos cité alliée d'Athènes réclame la propriété de Priène dominée alors par Milet, cité qui est également membre de la ligue. Milet se tourne vers Athènes pour tenter une médiation qui est refusée par Samos. Périclès l'athénien intervient avec une grosse flotte, renverse le gouvernement oligarchique de Samos et laisse une garnison athénienne sur place. Soutenus par un satrape (gouverneur) Perse, les oligarques de Samos reprennent le pouvoir chez eux et livrent la garnison athénienne aux ennemis supposés des Grecs: les Perses! Par la suite, les langues les plus acérées accusèrent même les Athéniens de continuer à voler l'argent de la ligue pour embellir leur ville et construire le Parthénon.

Il y eut tout de même quelques réalisations qui tentèrent d'apaiser les relations conflictuelles des Grecs entre eux. Ainsi, la construction de sanctuaires panhelléniques comme celui de Delphes relève de la bonne volonté et d'un certain désir de vivre ensemble. Cependant, dans ce sanctuaire, les donateurs étaient regroupés en amphictyonies, c'est-à-dire en associations de cités: à l'époque on collaborait un peu mais chacun évoluait dans son monde. Dans le même ordre d'idée, les jeux olympiques visaient à pacifier le monde grec. Une trêve d'un mois était proclamée, par des hérauts qui parcouraient toute la Grèce, dans le but d'assurer la sécurité des athlètes et des visiteurs qui se rendaient aux jeux. Pendant un mois il n'y avait donc pas de guerres entre cités; si cela devait leur sembler une éternité, cela ne produisit pas pour autant un sentiment d'appartenance au même monde, à la même nation; cela ne les fit pas marcher dans la même direction.

Leçon 3: La fin de la démocratie.
A- Les origines de la guerre du Péloponnèse.

Les athéniens pensaient-ils imposer leur régime politique et leur culture au reste des cités grecques? On pourrait le penser quand on regarde l'ensemble de la dynamique d'expansion de ce micro-État. En effet, depuis les premiers temps des guerres médiques il y a une certaine dynamique expansionniste qui dépasse le cadre habituel du lotissement des bouches supplémentaires dans des endroits accueillants mais non peuplés du bassin méditerranéen. L'histoire de la ligue de Corinthe révèle d'ailleurs cette vision expansionniste. Fondée en 478 avant J. C., l'hégémonie d'Athènes s'exprime immédiatement et est encouragée par la passivité des cités alliées qui, plutôt que de s'investir directement dans la défense de l'alliance, préfèrent payer un impôt pour qu'Athènes construisent une flotte puissante, y mette ses guerriers qui iront se battre et se faire tuer pour la sécurité de tous les Grecs. Le sacrifice appelle tout de même une compensation territoriale conséquente. Certaines cités mécontentes cherchent à quitter la ligue, ce que les Athéniens n'acceptent pas: ils ont tellement besoin de leur argent! Les Spartiates, à la tête de la Ligue du Péloponnèse et poussés par les citoyens de Corinthe, se voient dans l'obligation de s'attaquer directement aux Athéniens en 431 avant J. C. La stratégie des Spartiates est simple: envahir l'Attique (les terres appartiennent aux Athéniens), dévaster les terres cultivées et donc contraindre les Athéniens à sortir de leurs murs pour se battre sur terre et non en mer (les membre de la ligue du Péloponnèse ne peuvent pas rivaliser avec la flotte gigantesque des Athéniens). S'ensuit une série impressionnante d'invasions, de rapines, de batailles navales, d'attaques plus au moins directes, de trahisons, de nouvelles alliances et de massacres (de populations

civiles comme à Hysiai en 417 avant J. C. et à Mélos l'année suivante).
Au début du 4ème avant J. C. Athènes, Sparte et toutes les autres
cités grecques sont exsangues. Tellement de citoyens furent tués,
blessés ou réduit en esclavage que plus aucune organisation politique
ne fonctionne. Ainsi, les désordres politiques qui s'ensuivent font
de puissances étrangères (comme la Perse d'ailleurs) les nouveaux
gendarmes de la péninsule balkanique et de l'est du bassin
méditerranéen.

B- La monarchie macédonienne conquérante.

Au nord, la Macédoine est en embuscade. C'est une monarchie depuis le début du 8ème siècle avant J. C. Elle n'est pas inconnue des Grecs du sud : les Athéniens y achètent leur bois pour construire leurs navires, par exemple. C'est sous Philippe II que la Macédoine entre véritablement dans l'histoire grecque. En guerre contre les peuples du nord, conscient du danger Perse, Philippe II estime que la Grèce doit être unifiée sous la direction de la Macédoine afin de mieux résister à ces derniers. Les Athéniens, voulant garder leur indépendance, s'allient aux Thébains pour ralentir le processus de domination macédonienne, mais ils sont battus par Philippe II, en 338 avant J. C., à la bataille de Chéronée. Les cités grecques acceptent alors de faire partie d'une alliance militaire, La **Ligue de Corinthe**, dirigée par Philippe, qui prévoit de libérer les cités grecques d'Asie Mineure.

Son successeur, son fils Alexandre, est immédiatement confronté à une révolte des cités grecques. Moins conciliant et patient que son père, il soumet les Thébains et détruit leur ville. Il sécurise ensuite la frontière septentrionale du monde grecque avant de commencer la conquête de l'Asie mineure. Son armée semble alors invincible ; l'empire perse tombe et le roi du petit royaume de Macédoine, chef de la Ligue de Corinthe, devient vite le maître d'un territoire gigantesque qui comprend l'Égypte et l'ouest de l'Asie. Son esprit est bien loin de celui du Grec du sud qui considère que la vallée qui jouxte sa propriété fait déjà partie d'un monde étranger qu'il devra combattre. Lui, c'est un homme des grands espaces géographiques, son regard, hypnotisé par l'envergure de la course du soleil, cherche les limites du monde : ne voudrait-il pas savoir où le soleil se lève ? Après avoir vaincu le roi du Penjab, il s'avance vers la vallée de l'Indus lorsque son armée refuse de continuer plus loin. Il meurt à Babylone en 323 avant J. C. sans avoir eu le temps d'organiser son empire, surtout la péninsule balkanique; il meurt en regardant vers l'est; avait-il déjà oublié la Méditerranée?

C- Les Romains pacificateurs.

La Grèce continentale est toujours constellée de cités-États qui n'arrivent toujours pas à construire un monde balkanique pacifié. Certaines de ces cités demandent alors l'aide de ces Romains si bien organisés et efficaces. Les premières cités à faire appel à eux sont celles de l'Adriatique, dans le but de lutter contre les pirates. La reprise de la politique d'expansion en Grèce de la part de la Macédoine, sous Philippe V, donne lieu à une nouvelle intervention romaine. On ne peut pas encore parler de conquête mais la Macédoine devient tout de même une sorte de protectorat. Les cités agitées du sud de la Grèce sont toujours libres mais elles sont de plus en plus surveillée par une nation qui n'aime pas du tout le désordre.

Les rois macédoniens et leurs alliés trouvant la tutelle de Rome trop pesante se mesurent à Rome plusieurs fois, mais en 168 avant J. C., grâce à la victoire de Pydna, les Romains conquièrent la Macédoine et en profitent pour accentuer leur présence en Grèce. Les populations locales ont beau se révolter (en 148 avant J. C. en Macédoine, en 146 avant J. C. dans le Péloponnèse) les Romains ne veulent plus laisser aux Grecs la liberté de s'administrer totalement eux-mêmes car ils savent qu'ils en sont incapables. Ils pillent alors Corinthe en 146 avant J. C. afin de calmer les velléités d'indépendance des citoyens de la ville et imposent un protectorat à tous les Grecs. En 133 avant J. C., le protectorat est élargi aux îles de la mer Égée. En 88 avant J. C. les Athéniens osent se révolter contre la domination romaine: ils sont alors écrasés par Sylla. Il fallut attendre Auguste en 27 avant J. C. pour que la Grèce soit organisée administrativement et devienne un province romaine. Les Romains laissèrent l'administration locale aux Grecs, Athènes conserva son agora par exemple, les politiciens grecs continuèrent à parler de choses sans beaucoup d'importance, le peuple continua à voter, mais c'est Rome qui se mit à décider pour eux sur les questions importantes: l'ordre dans la paix, la paix romaine bien sûr!

Exercice de réflexion:

Comment peut-on justifier l'existence de la démocratie à travers ce texte? (15 lignes).

Serment des éphèbes athéniens, milieu du 4ème siècle avant J.C., stèle épigraphique.

Ceci est le serment que les éphèbes doivent jurer. Je ne laisserai pas la honte souiller mon bouclier et le reste de la compagnie qui sont sacrés pour moi; je n'abandonnerai pas le guerrier qui combat juste à côté de moi, et cela quel que soit l'endroit où je me trouverai dans la bataille. Je protégerai toutes les choses sacrées et celles que les dieux destinent à l'usage des hommes. Je laisserai, à la prochaine génération, la patrie, dans une condition non pas inférieure mais supérieure à ce qu'elle était avant. Je le ferai seul et aussi avec l'aide des autres. Jour après jour, j'écouterai ceux qui sont autorisés à agir grâce à leur raisonnement solide; en outre, j'écouterai toujours les lois qui ont été établies, et qui le seront dans le futur, par des esprits solides. Si quelqu'un venait à vouloir les détruire, seul, ou avec l'aide des autres, je l'empêcherais. J'honorerai les choses sacrées des ancêtres. Les témoins de ce serment sont les dieux (suivent les noms de certains dieux), les limites de la patrie et aussi le blé, l'orge, les vignes, les oliviers et les figuiers.

On cherche toujours la justification d'un régime politique, c'est-à-dire l'organisation des rapports entre les individus afin de les rendre plus pacifiques, de permettre la naissance d'une certaine aisance matérielle et d'une volonté commune d'avancer dans la même direction. Ici le texte est d'une grande clarté. La société athénienne est dominée par des homme jeunes qui s'organisent ensemble pour défendre leur territoire. Ce ne sont peut-être pas des lumières (savent-ils seulement lire et écrire?) mais ils sont pour le moins d'accord pour se soutenir les uns les autres dans les moments difficiles. Le texte ne leur demande pas de s'apprécier mais de se protéger pour que, lors de la bataille, il y ait le moins de morts possible. Ayant les mêmes obligations et devoirs, il est inconcevable que l'un d'entre eux soit supérieur. D'ailleurs, leur but étant le même, conserver et améliorer l'état de la terre de leurs ancêtres, leur organisation politique doit refléter la vision qu'ils sont tous obligés de partager. Quoi qu'il en soit, ces démocrates admettent un principe supérieur à leur égalité sociale et politique: la parole des personnes avisées à l'origine des lois intelligentes. Leur démocratie n'est donc pas un égalitarisme absolu qui mettrait sur le même niveau tous les jugements. En effet, c'est la force de la raison qui doit s'imposer à tous. Ils devraient dès lors être conduits à croire que toutes les opinions ne se valent pas et que l'homme n'a d'autre solution que de choisir entre le bien et le bien, la raison et la raison, la sagesse et la sagesse. La démocratie n'admettrait donc que le choix entre de subtiles nuances. Quand on regarde l'histoire d'Athènes, on est convaincu qu'ils n'ont jamais compris cela! On peut dire et jurer ce que l'on veut, encore faut-il comprendre ce que l'on dit, y adhérer pleinement et le mettre en œuvre par la suite.

Séquence 2: Rome.

Leçon 1: Auguste et la paix romaine.

A- Dictature, principat et empire.

L'Auguste de la prima porta.
https://upload.wikimedia.org/wikipedia/commons/thumb/e/eb/
Statue-Augustus.jpg/800px-Statue-Augustus.jpg

La nature du pouvoir à Rome est tellement différente. Ce n'est pas du peuple que vient le devoir de régler les différends entre les hommes mais d'un héros qui s'est illustré sur le champ de bataille et qui tend à se rapprocher des dieux car sa fonction est identique: pacifier le monde connu et l'ordonner de telle manière qu'il entre en résonance avec les forces de l'univers. Ce pouvoir est profondément mystique.

Auguste habillé en grand pontife (grand prêtre).
https://upload.wikimedia.org/wikipedia/commons/thumb/3/3f/
Augusto_di_via_labicana_01.JPG/260px-Augusto_di_via_labicana_01.jpg

Le premier empereur de Rome prend d'ailleurs comme prénom le tire d'**auguste**, un pouvoir mystérieux et religieux qui augmente (augere) la valeur morale de ses propos et décisions. Fils adoptif de Jules César, il se relie avec son devancier divinisé en se faisant appeler «fils du divin César». Il devient aussi **princeps**. Ce terme sert à l'origine à désigner le plus ancien ou le plus distingué des sénateurs. Lors de la période républicaine ce titre est devenu un titre honorifique donné à ceux qui ont bien servi l'État. Cette attribut conféré par le Sénat fait de lui le premier citoyen romain, le premier des serviteurs de l'État et de l'Empire. Cependant, il reste profondément **imperator**, cela veut dire qu'il est toujours général mais un général supérieur aux autres: il a le droit d'utiliser la couronne civique en chêne comme ornement au-dessus de la porte de sa maison et les lauriers comme symbole. Il refuse toutefois de se considérer comme un roi: il ne portera jamais de sceptre, de diadème ou de toge pourpre (vous le remarquez d'ailleurs sur la sublime statue le figurant en général). Le Prince (certains nomment ce régime le principat) a pour principale fonction de pacifier l'Empire naissant. C'est ce qu'il fait en Espagne et en Gaule. Il organise d'ailleurs les provinces du sud de la Gaule. A son retour de campagne, le Sénat reconnaissant décide de construire un monument à la Paix Auguste. En 9 avant J. C., l'autel est consacré. Tout Romain est désormais conscient de la nature même du pouvoir politique et de la mission de Rome: faire régner la paix sur Terre.

Autel de la Paix.

https://upload.wikimedia.org/wikipedia/commons/thumb/e/e8/Ara_Pacis_Rom.jpg/
1024px-Ara_Pacis_Rom.jpg

B- La société romaine impériale.

La société romaine, comme la société grecque avant elle, est profondément inégalitaire. Ainsi, on oppose très fortement l'homme libre à l'esclave. Les hommes libres se distinguent suivant leur relation avec la citoyenneté romaine. Dans un empire aussi grand, il existe des citoyens de plein droit originaires du Latium (région de la ville de Rome) mais également des hommes vivant dans des endroits moins romanisés. Ainsi, on trouve des citoyens latins qui ont moins de droits que les citoyens romains, mais aussi des déditices (hommes libres appartenant à une tribu vaincue ou révoltée contre Rome), des pérégrins (hommes libres qui sont citoyens uniquement dans leur communauté), des barbares (qui ne sont pas citoyens dans la totalité de l'empire). L'élite des citoyens romains se distingue également suivant son degré de visibilité sociale. On trouve en haut, les plus célèbres, les nobles, ceux qui possèdent un ancêtre ayant exercé la charge de consul. Il y a également les patriciens, les sénateurs, les membres de la classe équestre, les décurions, les plébéiens.

Changer de classe sociale, pour un homme, n'est pas une chose totalement impossible. Dans une société masculine organisée autour du maintient de l'ordre, c'est en suivant le cursus des honneurs que l'on peut y arriver. Il faut tout de même être au moins membre de la classe équestre, disposer d'une certaine fortune, et effectuer son service militaire. Ensuite, on grimpe dans la hiérarchie administrative. On commence comme questeur (il s'occupe de finances), puis on devient édile (administrateur de la ville de Rome), préteur (juge) et parfois consul, une magistrature illustre. Ils ne sont que deux par an; ils commandent les armées et donnent leur nom à l'année en cours! En ville, on ne peut pas les ignorer: 12 porteurs de haches ouvrent leur marche!

Quant à l'esclave, il est considéré comme un bien que l'on peut vendre ou acheter. Son propriétaire a le droit de vie et de mort sur lui. L'enfant d'un esclave appartient à son maître. La guerre est le moyen habituel de se fournir en esclaves. Ainsi, les Grecs prompts à s'opposer aux Romains pour préserver leur libertés politiques sont toujours réduits en esclavages après leur défaite. Leur condition est dure mais la loi tend à réduire l'arbitraire et la barbarie de leur maître. Claude, par exemple, fut à l'origine d'une loi qui considérait que les esclaves abandonnés par leurs maîtres devaient être regardés comme des affranchis: des personnes libres.

Les femmes ont un statut bien inférieur. Toute leur vie elles demeurent les filles de leur père, les femmes de leur mari, les mères de leur fils. Une fois veuve ou divorcée, la femme doit même retourner vivre chez son père. Les filles sont mariées très jeunes, entre 12 et 14 ans. Le mari est quant à lui un peu plus âgé qu'elle. La fille d'Auguste, par exemple, a 14 ans lorsqu'elle épouse Marcus Claudius Marcellus, qui lui est âgé de 17 ans. Sans être aussi cachée que les athéniennes, leur véritable fonction sociale est de faire des enfants et de les élever. Elles aident également leur mari dans les travaux des champs et font toutes les tâches ménagères. Les femmes des classes sociales les plus élevées, comme les patriciennes, sont dispensées de tout travail domestique ou agricole: elles se contentent de filer la laine et d'élever leurs enfants.

L'enfant entre dans la société par la porte de service. En effet, c'est son père qui juge déjà s'il est digne de vivre sous son toit et de porter son nom. S'il le trouve trop laid, trop malingre, ou du mauvais sexe, il peut décider de l'exposer dans la rue: un inconnu pourra le prendre et en faire un esclave, tout le monde pourra l'ignorer, ce qui le condamnera à mort. Ce n'est qu'à l'âge de 7 ans que l'on commence à mieux le considérer: on lui met une bulla (remplie d'amulettes) autour du cou afin de le protéger car on commence à espérer qu'il vive assez longtemps pour devenir un citoyen romain. A 17 ans environ, le garçon devient majeur. On lui retire sa bulla; il est autorisé à porter la toge virile. Si son père est toujours vivant, il est toujours dépendant de lui. Sinon il devient véritablement indépendant. Les garçons des classes aisées résidant en ville fréquentent l'école. Les plus riches ont un précepteur. Il est entendu que les couples qui n'ont pas de fils peuvent en adopter un afin que leur nom et patrimoine continuent à exister après leur mort.

C- La structuration d'un empire.

Quelle volonté présida à la construction d'un empire aussi vaste? Y avait-il une volonté, d'ailleurs? Quoi qu'il en soit, on remarque que Rome est une société d'hommes qui pour occuper une position prédominante doivent s'illustrer sur le champ de bataille. Le rêve de tout garçon d'avant le principat est de soumettre, un jour, un peuple, de recevoir l'ovation et parfois même le triomphe, cérémonie qui le verrait défiler dans la ville même de Rome, monté sur un char tiré par quatre chevaux, au milieu de ses hommes et d'une foule en délire. Plus simplement, durant toute la durée de l'empire, un militaire qui a combattu, quel que soit son grade, reçoit toujours des terres et l'insondable considération de la population. En outre, on voit qu'il n'y a pas eu de politique de conquête très établie. C'est le désordre des peuples européens et leur incapacité à vivre ensemble qui a conduit les Romains à intervenir, puis à les gérer. Les soldats romains ne sont pas fondamentalement des sauvages: ils jouent du glaive mais c'est aussi pour établir, après la victoire, la loi, l'ordre, l'harmonie dans des territoires ensanglantés par les guerres. Il y a parmi les classes dominantes (que l'on connaît bien du fait des sources historiques), la conscience que le droit et le bien viennent toujours après la furie de la bataille. D'ailleurs, l'homme romain, le pater familias, est par nature un juge domestique qui doit d'abord régler les conflits mineurs à l'intérieur de sa propre famille.

Cet empire englobe tout le pourtour de la Méditerranée, l'Égypte, la Gaule, une partie de la Bretagne (Grande Bretagne) et la Belgique, à la mort de Claude (54 de notre ère). Pour administrer cet espace gigantesque, les Romains s'appuient sur les élites locales. Cette culture dominante romaine sait inclure des personnes différentes mais qui sont d'accord pour admettre une chose essentielle: l'ordre est forcément romain. A cette condition, l'étranger peut devenir un ami, et l'ami deviendra, à coup sûr un citoyen romain! Ainsi, l'empereur Claude défend, en 48, l'entrée de certains notables de la Gaule chevelue dans le Sénat romain; le Sénat accepte sa proposition. Caracalla va encore plus loin. Par son édit de 212, il confère la citoyenneté romaine à tous les hommes libres de l'empire. Ici, il ne s'agit plus de l'élite provinciale mais bien de la masse des hommes libres. La nature pluriculturelle de cet espace ne pouvait conduire qu'à cela car, même avec un pouvoir autoritaire, une minorité de personnes originaires du Latium ne peut pas imposer des lois rédigées en latin, et qui suivent une autre logique. Il faut des années pour enseigner une langue; il faut encore plus de temps pour que les gens la comprenne en profondeur, l'utilisent quotidiennement, acceptent les valeurs que sa littérature véhicule et finissent par sa suivre la volonté de ceux qui furent les premiers à la parler.

La cohérence de l'empire fut plus que culturelle. En effet, il ne faut pas sous-estimer le rôle prépondérant du réseau routier dans la structuration et la longévité de cette organisation territoriale et politique. Le réseau de voies romaines était une toile d'araignée qui agglutinait ce vaste territoire. Au début, la route avait pour but de permettre aux troupes de se déplacer facilement et rapidement. Si cette fonction resta importante pendant toute la durée de l'empire, elle se doubla vite d'une fonction commerciale lorsque les routes principales atteignirent les ports principaux. Les marchandises pouvaient alors voyager dans tout l'empire, et cela d'autant plus que la monnaie romaine, aidée parfois par certaines lois, permettait d'établir un prix qui était payé facilement. Même les endroits assez isolés étaient reliés au réseau principal car un propriétaire terrien avait tout à fait le droit de construire sa route pour rejoindre la route vicinale (qui reliait les gros villages entre eux) qui était connectée, elle-même, à une route publique (qui reliait les grandes villes).

Leçon 2: Le bas empire.

A- La réorganisation du bas empire.

Par la suite, l'empire affronta tout (épidémies, invasions, crises politiques) et survécut à tout. Cependant, à la fin du troisième siècle et après de nombreuses années de troubles politiques aggravés par la pression migratoire de certains peuples germaniques, la classe dirigeante comprend qu'un seul homme ne peut pas administrer et maintenir l'ordre dans un espace aussi gigantesque. Ainsi, Dioclétien (empereur de 284 à 305) se fait aider par un autre auguste (empereur) et les deux se font aider par un césar (général en chef); au total il y a bien quatre militaires (régime de la **Tétrarchie**). Dioclétien domine ses collègues parce qu'il est Jovius (considéré comme le descendant de Jupiter) et qu'il a choisi les trois autres. Dans cet ordre d'idée, tout l'empire est maintenant organisé en provinces regroupées en diocèses dirigés par des vicaires. Les gouverneurs de province et les vicaires sont nommés par l'empereur. La séparation entre pouvoir civil et pouvoir militaire est de plus en plus marquée. Ainsi, le gouverneur ne commande plus les troupes stationnées dans sa province. Tous les chefs de guerre, comme les ducs qui commandent les légions, sont connus et nommés par l'empereur. On obtient alors une certaine centralisation du pouvoir militaire en même temps que l'on rend impossible la révolte d'un gouverneur de province qui aurait des velléités de devenir empereur à la place des empereurs!

Sous Constantin (empereur de 301 à 337), les préfets du prétoire deviennent des sortes de juges et administrateurs civils qui représentent l'empereur dans des regroupements de diocèses. Lorsqu'un général en chef est envoyé en mission, il est toujours accompagné par un préfet du prétoire. Ainsi, les pouvoirs civils et militaires ne cessent de se surveiller l'un l'autre, ce qui rend les séditions et complots moins envisageables. De plus, l'administration centrale grossit en devenant plus inquisitrice. L'empereur s'entoure d'hommes de confiance (les comites) qui ne sont pas là uniquement pour lui donner des conseils mais aussi pour enquêter, l'informer, agir en urgence à sa place en imposant légalement leurs décisions aux fonctionnaires en place.

B- La christianisation de la société.

A la même époque, le christianisme s'impose dans la société romaine. Au début du 4ème siècle, certaines régions de l'Empire sont plus christianisées que d'autres, comme l'Égypte, mais c'est encore une religion très minoritaire. D'ailleurs, en 303, plusieurs édits sont pris contre les chrétiens; ils sont à l'origine de la **grande persécution**. Les gouverneurs et les magistrats municipaux doivent saisir et faire brûler le mobilier et les livres de culte chrétiens. En 304, un édit ordonne à tous les citoyens de faire un sacrifice général pour l'Empire, sous peine de mort ou de condamnation aux travaux forcés. C'est une manière facile de reconnaître les Chrétiens puisqu'ils refusent de suivre tout culte qui ne soit pas le leur. Il ne veulent même pas brûler un peu d'encens en l'honneur d'une divinité du panthéon romain. Si la persécution cesse en 311, il faut attendre Constantin pour que la condition des Chrétiens s'améliore véritablement.

On ne sait pas véritablement quand il se convertit au catholicisme. On sait juste qu'il n'était pas le plus polythéiste des Romains: il priait principalement Sol Invictus. La légende dit (Eusèbe de Césarée) qu'une vision précédent la grande bataille du pont Milvius l'aurait conduit à se convertir dès 312. Quoi qu'il en soit, en **313**, l'**édit de Milan** proclame la liberté de culte individuel et prévoit de rendre aux Chrétiens les biens confisqués pendant la grande persécution. En 313 ou 314, Constantin organise un concile (réunion) d'évêques et en **325** il réunit et préside le **concile de Nicée** qui reconnaît que le Christ est à la fois Dieu et homme. Le Christianisme ne s'impose pas immédiatement pour autant. Le Judaïsme, par exemple, demeure légal jusqu'en 380; entre 361 et 363 l'empereur Julien l'apostat renonce même au Christianisme et essaie de restaurer le paganisme. Il faut attendre véritablement Théodose, en 392, pour que les sacrifices païens, même domestiques, soient interdit. Il n'est désormais plus légal d'honorer les dieux du foyer, ni même de participer à des compétitions sportives situées dans des sanctuaires païens (comme les jeux olympiques). En fait, il fallut attendre plusieurs siècles pour que les habitants de l'ex-empire romain deviennent majoritairement des Chrétiens.

C- Un carrefour culturel.

Pendant toute son histoire, l'Empire est un véritable carrefour qui brasse les cultures des peuples intégrés à cet espace en même temps qu'il subit des influences venues de beaucoup plus loin.

De ce brassage culturel on connaît l'histoire de l'évolution de la religion romaine. Sur le substrat gréco-romain s'est vite greffée une réalité plus orientale. Ainsi, au premier siècle de notre ère, la déesse égyptienne Isis commence à être honorée dans la ville de Rome. Cependant, c'est Mithra, dieu indo-iranien, qui eut le plus de succès dans la société. Aux 3ème et 4ème siècles, c'est un dieu extrêmement populaire dans les légions romaines. De toute manière, dans un empire si vaste et qui a duré si longtemps, la culture dominante ne pouvait que se mélanger avec les cultures régionales. Le latin lui-même fut contaminé par les langues régionales. Par exemple, bagaudae, révolte, vient des langues celtiques: on trouve bágach (belliqueux) en haut irlandais.

Par ailleurs, même protégé par le limes, l'empire n'était pas refermé sur lui même. Il y avait des routes commerciales qui le reliaient à l'Asie. Ainsi, on a retrouvé de nombreuses pièces de monnaies romaines le long des côtes de l'Inde et l'on sait (Pline l'ancien) que certaines riches romaines revêtaient parfois des vêtements coupés dans une soie chinoise très chère. Cependant, ce sont les peuples situés immédiatement derrière le limes qui eurent le plus d'influence. En effet, poussé par d'autres peuples, ils cherchèrent à entrer dans l'empire. D'ailleurs, pour leur propre défense, les Romains intégrèrent certains d'entre eux dans leur armée. Ils avaient aussi l'habitude de dresser une peuple barbare contre un autre ce qui, finalement, créait des liens. Les barbares germaniques qui ne cessent de déferler sur l'Empire depuis le début du 3ème siècle ne sont pas du tout des inconnus. Cette armée romaine fortement «barbarisée» fut d'ailleurs le maillon principal du passage du monde antique au monde médiéval.

Leçon 3: La transition entre monde antique et monde médiéval.

A- Les invasions barbares.

Les raisons de ces flux migratoires sont assez obscures. Si on prend par exemple le cas des Goths, on sait qu'ils sont originaires de la région de la Vistule. Au IIe siècle, ils se dirigent vers la Mer Noire, ce qui a pour résultat de pousser les Daces, les Vandales, les Marcomans et les Burgondes vers l'Empire romain. L'historiographie romaine nous parle toujours de pillages. On peut dès lors se demander si Ammien Marcellin, lorsqu'il décrit les Huns, n'a pas finalement raison: ces gens ne vivent que pour voler le bien des autres! Reste à savoir pourquoi ils n'arrivent pas à produire la nourriture et les biens matériels qui pourraient les faire prospérer et se sédentariser hors de l'Empire. Là, on en est réduit aux conjectures. On peut évoquer un climat froid qui fait baisser les rendements agricoles, une méconnaissance de l'élevage, la pression démographique, des guerres tribales incessantes qui interdisent la production agricole, l'attrait de la richesse facile: celle des autres.

Quoi qu'il en soit, c'est au début du 5ème siècle que l'Empire commence à vaciller. En effet, les Wisigoths, le **24 octobre 410**, entrent dans la ville de Rome pour la piller (ils sont chrétiens alors ils épargnent les églises); ils restent en Italie pendant plusieurs années. L'empereur Honorius affolé donne sa sœur en mariage à leur chef, Athaulf; il lui demande de chasser les Vandales du sud de la Gaule et, le travail exécuté, il finit par lui donner, ainsi qu'à ses hommes, des terres en Aquitaine Seconde (sud ouest de la France). A la même période, en 411, une partie des Vandales et des Suèves se voient attribuer le nord-ouest de la péninsule ibérique; les Alains reçoivent la Lusitanie (sud du Portugal) et la région de Carthagène, les Vandales Silings, la Bétique (l'Andalousie). Ces peuples sont les premiers à s'installer véritablement en groupe à l'intérieur de l'Empire. Ils ne sont pas dilués dans la population autochtone mais il faut se garder de croire pour autant qu'ils viennent en masse. Il y eut tout de même quelques contre-attaques brillantes de la part de l'Empire. En **451**, par exemple, Attila envahit la Gaule à la tête d'une grande armée. Le général Aetius et ses troupes (composées de Romains mais aussi de Wisigoths, de Francs, de Sarmates et d'Alains) remporte la **bataille des champs catalauniques** qui oblige Attila a se replier en Italie avant de fuir vers la Pannonie (Europe centrale) pour combattre l'empereur Marcien qui porte une attaque décisive au centre de l'empire des Huns.

A la veille de la chute de Rome, les soldats et les officiers supérieurs sont de plus en plus d'origine germanique. Le pouvoir politico-militaire de Rome devient une marionnette actionnée par la main de certains chefs germains. Ainsi, c'est avec l'accord des Wisigoths que Eparchus Avitus est proclamé empereur. Aussi, quand le **4 septembre 476** le jeune Romulus Augustus abdique, cela fait déjà quelque temps que la réalité du pouvoir politique est aux mains des Germains.

B- Du grand domaine romain au grand domaine mérovingien.

Dans le domaine économique, il n'y a pas de changement fondamental. D'ailleurs, les invasions du 3ème siècle avaient conduit a de graves troubles dans la production; la fin du 5ème siècle n'apparaît alors pas comme un moment plus catastrophique que cette époque. On ne dispose pas, bien sûr, de statistiques de la production agricole et sur la nature des exploitations mais on remarque qu'il n'y a pas de césure entre le Bas Empire et le Haut Moyen Age. On s'imagine que, du fait d'importantes distributions de terres aux soldats barbares, la majorité des paysans (d'anciens soldats) disposent d'une petite exploitation qui doit pourvoir à tous les besoins de la maisonnée, le surplus étant échangé ou vendu sur le marché local. D'autres sont propriétaires de grands domaines et force est de constater que la latifundia du bas empire a survécu. On peut prendre l'exemple de la villa de Montcaret, en Dordogne; on remarque alors que le bâtiment a été construit au 1er siècle, détruit en partie dans la deuxième partie du 3e siècle, reconstruit au 4e siècle. On a trouvé, dans les fouilles successive, une amphore originaire de Gaza, datant du 5e ou 6e siècle, une francisque (hache) et une croix-reliquaire en bronze d'époque mérovingienne. Le site est donc le centre d'une exploitation agricole qui fonctionne du premier au septième siècle.

La latifundia est une chose bien singulière. Les champs, à perte de vue, portent des récoltes de blé, des alignement de ceps de vignes et d'arbres fruitiers. Certains sont des pâturages. On est loin de la monoculture. Il s'agit de produire à grande échelle, de fournir un surplus de nourriture pour nourrir les bourgs et les villes, mais aussi d'assurer la variété alimentaire exigée par un propriétaire riche. On imagine alors un espace pour le potager, un autre pour les fleurs.

Disposant de forêts, donc de bois, certaines exploitations deviennent des centres proto-industrielles où l'on forge des outils, des couteaux et, surtout, où l'on produit de la céramique. Les mains serviles tissent également des kilomètres de tissu pendant que d'autres réalisent des sandales de cuir.

C- La survie de la culture romaine.

Cette survie du monde romain se vérifie aussi dans le domaine de la culture. L'Église catholique a d'ailleurs joué un rôle important dans cette transmission culturelle même si elle eut du mal à christianiser les nouveaux venus. Ainsi, en Gaule, la christianisation des Germains commence par le mariage de leur chef, Clovis, avec une princesse burgonde catholique, en 492 ou 493. Les sources historiques suggèrent cependant qu'il faut attendre une date située entre 496 et 506 pour qu'il se convertisse et que 3000 de ses guerriers suivent le même chemin. D'autres rois barbares entrent dans le christianisme par l'hérésie arienne (le Christ n'est que le fils de Dieu, il est avant tout un humain) mais ils suivent très vite le catholicisme en se moulant dans son découpage géographique et administratif hérité du Bas Empire. Certains comme Réceswinthe (roi d'Hispanie et de Septimanie) s'aident des évêques pour gouverner. Le zèle de ce dernier le conduit à faire du catholicisme la seule religion acceptable; les Juifs ne peuvent plus être circoncis, ni suivre le Chabat et la Pâque juive; ils sont tenus de suivre la cérémonie catholique lors des fêtes et des mariages. Il christianise sont royaume en construisant d'autres église comme celle de **San Juan de Baños** (nord de l'Espagne, municipalité de Baños de Cerrato), consacrée le 3 janvier 661. On remarque que l'aspect général du bâtiment est très romain; Le plan est basilical (rectangulaire), les chapiteaux corinthiens à feuilles d'acanthes sont repris de bâtiments d'époque romaine ou simplement refaits à l'identique.

Le latin continue toujours à être utilisé. Certains religieux le parlent bien. C'est le cas d'Isidore de Séville (vers 560/570-636) qui écrit une sorte d'encyclopédie (*Les éthymologies*) dans laquelle il traite très longuement de grammaire latine et de la signification de certains mots romains. Ce livre est plus qu'un traité de langue: c'est une sorte de manuel qui résume les connaissances héritées des

Romains dans le domaine des mathématiques, de la géographie, de la biologie, de l'agriculture... On peut facilement imaginer que les religieux européens qui faisaient la classe à leurs élèves préparaient leurs cours en s'appuyant dessus; finalement, ils transmettaient ce savoir romain à la nouvelle génération du Haut Moyen Age. Enseignaient-ils en latin? Il est certains qu'ils enseignait le latin mais pas forcément en latin classique. Leurs petits élèves avaient une base linguistique qui facilitait, de toute manière, le passage de leur patois latinisé au latin plus littéraire.

Le droit fut également un profond facteur de romanisation de cette société. Certes, au début, les Germains continuent à suivre leurs coutumes mais ils acceptent vite de vivre à la romaine. Ainsi, lorsque Clovis conquiert une partie du territoire des Wisigoths, le ***Bréviaire d'Alaric*** devient applicable à tous les habitant du royaume des Francs. Ce recueil de règles est issu du Code de Théodose (qui est lui même une compilation de droit romain) mais il est tout de même mis au goût de l'époque. Ainsi, dans un contexte où les gens étaient jugés suivant leur origine culturelle (les citoyens romains suivaient le droit romain et les barbares, le droit germanique), on passe, peu à peu, à une sorte de synthèse des deux mondes qui devra bientôt être respectée par tous.

Exercice de réflexion:
En vous aidant de ce camée, dites en quoi on peut affirmer que l'empereur
est plus qu'un homme. (15 lignes).

Grand Camée de France, vers le 1er siècle de notre ère.
https://upload.wikimedia.org/wikipedia/commons/thumb/8/87/
Great_Cameo_of_France_CdM_Paris_Bab264_n1.jpg/
800px-Great_Cameo_of_France_CdM_Paris_Bab264_n1.jpg

Au centre du Grand Camée de France se trouve l'empereur Tibère, assis à côté de sa mère, Livia, veuve d' Auguste. Il est représenté de manière héroïque. En effet, son torse est nu et idéalisé. Cette convention stylistique est vraisemblablement héritée de la statuaire grecque. Dans la famille d'Auguste, il n'est pas le seul à se faire représenter ainsi. Marcellus, le premier gendre d'Auguste, est représenté de la même manière dans sa statue du Louvre. Il porte, de surcroît, la couronne de lauriers du général vainqueur. Les peuples qu'il est supposé avoir conquis sont représentés sur le bas: on distingue un germain avec des cheveux longs et plusieurs femmes parthes coiffées d'un bonnet phrygien. Avec sa mère, on a la bizarre impression de voir le couple capitolin (Zeus et Héra). Au dessus d'eux, on trouve un deuxième empereur: mort celui-ci. Auguste est situé juste derrière une figure féminine marron. Porte-t-il la toge virile? Certainement pas! Il arbore la toge du grand pontife (voir sa statue représentée plus haut) et se couvre obligatoirement la tête avec un pan du vêtement: attitude de déférence obligatoire lors des cérémonies religieuses romaines. Son front est ceint d'un diadème très solaire. Son regard semble perdu dans l'immensité de l'Olympe. L'empereur dieu veille ainsi sur l'empereur héro. Le chef de l'État romain est, par nature, beaucoup plus qu'un homme!

Séquence 3 : L'Europe médiévale.
Leçon 1 : Islam et chrétienté.
A- La conquête musulmane.

Les relations entre le Christianisme et l'Islam furent immédiatement conflictuelles. Si les premiers Musulmans acceptent l'existence de communauté chrétienne en échange du paiement d'un impôt (la jizya), les Chrétiens, agités pendant des siècles par des luttes au sujet de la définition de la véritable nature de Dieu, voient en eux des hérétiques et bientôt des incroyants, des infidèles, des suppôts de Satan. La rencontre entre les deux mondes, en Méditerranée est une suite de batailles dominées par la supériorité musulmane. Il faut dire que la Méditerranée n'est plus un espace administré par le glaive efficace de l'Empire romain. Cet endroit est devenu une mosaïque d'États assez faibles qui n'ont pas l'extraordinaire efficacité militaire romaine ; même l'Empire romain d'Orient (Byzance) ne fait pas le poids.

C'est en 610 que Mahomet reçoit la visite de l'archange Gabriel (Djibril) qui lui dit qu'il a été choisi par Dieu pour faire connaître de nouvelles lois. Vivant dans une Arabie polythéiste, ses premiers disciples sont mal vus par la population locale. Il faut attendre 20 ans, en 630, pour que l'organisation religieuse et militaire du prophète soit assez bien organisée pour que 10 000 hommes (suivant les sources historiques) conquièrent la Mecque, cassent les idoles païenne, établissent une religion monothéiste en Arabie et commencent leur irrésistible expansion. En 638, ils prennent Jérusalem. Malgré l'union de plusieurs tribus berbères, l'Afrique du nord est conquise en 711, puis Tariq ibn Ziyad passe en Espagne. Il faut attendre **732** pour que Charles Martel stoppe l'avancée musulmane au nord (**bataille de Poitiers**). Quoi qu'il en soit, la

Méditerranée devient un espace dominé par un Islam qui cherche à le conquérir entièrement. Ainsi, la Sicile est prise en 827, Malte en 870, les Baléares en 902. Les Pyrénées deviennent un lieu de friction entre les Musulmans et les Chrétiens. On se souvient de l'expédition de Charlemagne pour calmer la famille Banu Qasi, un clan musulman expansionniste qui possédait le nord-est de l'Espagne; personne n'a oublié le 15 Août 778 et la mort de Roland à Roncevaux, lors du voyage de retour des troupes de Charlemagne.

B- L'Andalousie médiévale.

Si le nord Chrétien est homogène et très intolérant d'un point de vue religieux. C'est un peu différent dans le monde musulman. En Andalousie, par exemple, les Chrétiens et les Juifs peuvent continuer à suivre leur religion. Il doivent cependant payer plus d'impôts que les Musulmans. Ils sont jugés suivant les coutumes chrétiennes ou juives. Ils ne peuvent pas exercer des emplois publics, habiter dans des quartiers musulmans, employer des servantes musulmanes. Les hommes ne sont pas autorisés à se marier avec des Musulmanes. Les enterrement religieux ostentatoires sont interdits. Ils doivent l'hospitalité gratuite aux Musulmans. La société est donc très séparée et la vie en commun est loin d'être facile. L'histoire de l'Andalousie médiévale n'est donc pas exempte de révoltes religieuses et de quelques massacres (massacre des Juifs par les Musulmans en 1011 à Cordoue, en 1066, à Grenade).

Quoi qu'il en soit, ce monde peu homogène et relativement conflictuel réussit à créer une civilisation qui s'intéressait au monde qui l'entourait et qui cultivait les choses de l'esprit. Abd al-Rahman II (émir de Cordoue de 822 à 852) transforma la cour de Tolède en véritable centre d'études. On étudiait déjà les sciences dans les *madrasas* (écoles) des grandes villes Andalouses. Ainsi, Al-Zahrawi (936-1013), célèbre chirurgien de Cordoue, écrivit une encyclopédie médicale qui, une fois traduite en latin, servit de manuel de référence aux étudiants de médecine dans toute l'Europe médiévale. Les textes de l'antiquité furent même parfois sauvés de la destruction et de l'oubli grâce à des savants andalous. Ibn Rochd (Averroès) traduisit et commenta des œuvres de Platon et d'Aristote, par exemple, ce qui permis à la fois de conserver les textes originaux et de transmettre ce savoir à l'Europe du nord.

Alhambra de Grenade , cour des myrtes, 14/15e siècle.
https://upload.wikimedia.org/wikipedia/commons/thumb/8/8f/
Patio_de_los_Arrayanes_Alhambra_03_2014.jpg/
800px-Patio_de_los_Arrayanes_Alhambra_03_2014.jpg

Cependant, c'est dans l'architecture que l'on voit une sorte
d'apaisement religieux. L'Alhambra de Grenade, place forte située

sur une majestueuse hauteur, est une sorte d'apparition irréelle qui ne regarde pas vers l'extérieur. Tout se concentre vers ces cours intérieures rythmées par les ombres. Le soleil implacable et l'insupportable bleu du ciel se font moins menaçants. Les hommes du désert et de la sécheresse recréent des miroirs d'eau pour rafraîchir l'atmosphère en été. Cette eau si rare est absolument partout; les gargouillis des fontaines raisonnent sur les stalactites de stuc qui pendent des plafonds. Dans la cour des lions, l'absolu interdiction musulmanes de représenter des formes qui pourraient faire penser à des idoles païennes, laisse place à une réalisation improbable: les lions de marbre qui soutiennent la vasque. Ce n'est pas le jardin d'Éden que l'on cherche à recréer mais une caverne d'albâtre qui voudrait réconcilier les contraires en les faisant vivre dans une beauté qui les retiendrait à jamais dans ce lieu tellement paisible.

Alhambra de Grenade , cour des lions, 14/15e siècle.
https://upload.wikimedia.org/wikipedia/commons/thumb/c/ce/
Spain_Andalusia_Granada_BW_2015-10-25_17-24-14.jpg/
800px-Spain_Andalusia_Granada_BW_2015-10-25_17-24-14.jpg

C- Croisades et reconquêtes chrétiennes.

En Orient, Jérusalem est un point de rencontre entre Musulmans et Catholiques. C'est là qu'est situé le Saint-Sépulcre (tombeau supposé du Christ). Les pèlerins s'y rendent pour visiter ce tombeau et se recueillir devant un reliquaire qui abriterait un morceau de la croix du Christ. Même si la ville est musulmane, les pèlerins chrétiens sont autorisés à entrer dans la ville en échange d'un droit de péage. Le voyage pour la Terre Sainte étant long et périlleux, certains groupes de pèlerins s'organisent en véritables troupes armées. Le **27 novembre 1095**, à la fin du **concile de Clermont**, le pape Urbain II fait un prêche dans lequel il appelle les chrétiens d'Occident à cesser de se faire la guerre, à s'unir pour combattre les païens et délivrer leurs frères d'Orient. Il veut ainsi convaincre les chevaliers du sud de la Loire, mais il réussit également à convaincre des aristocrates du nord de la France (Godefroy de Bouillon, Robert II de Normandie, Hugues de Vermandois, frère du Roi...). L'Église catholique a bien fait son travail. Pendant des siècles elle avait essayé de pacifier l'Occident en inculquant une morale à ces barons belliqueux qui passaient leurs temps à se battre pour se voler leurs biens respectifs, désormais ils sont autorisés à continuer de se battre, mais contre un ennemi étranger, et pour une noble cause: la prise du tombeau du Christ.

Lors de la première croisade (1096-1099), les aristocrates sont suivis par des pèlerins qui ne sont pas la crème de la crème. Ainsi, des groupes d'exaltés originaires de Rhénanie cherchent à convertir, avant de partir, les Juifs qui vivent dans cette région. Certains évêque et le Pape s'opposent mais ceux qui refusent le baptême sont alors tués. En chemin, ces troupes remuantes quémandent leur nourriture ou la volent, les population locales s'émeuvent, les troupes des seigneurs du coin dispersent les pèlerins et en tuent quelques uns. Beaucoup d'entre eux n'atteignirent jamais la Terre Sainte. Ceux qui arrivent à bon port, commencent la conquête et se livrent à des actes d'une sauvagerie inouïe qui font vite passer les «Francs» pour ce qu'ils sont: des barbares. L'historien arabe Ibn al Athir rapporte que la population de Maarat al-Nouman est massacrée et que la ville est brûlée. Raoul de Caen et Albert d'Aix indiquent, quant à eux, que les Croisés mangent les chiens mais surtout les cadavres des Turcs et Musulmans qu'ils ont tués. La lie de l'Occident et de l'humanité horrifie l'Orient turc, arabe et byzantin.

Jérusalem est prise le 15 juillet 1099; Godefroy de Bouillon est élu prince de cette ville par les barons français; il prend le titre d'Avoué du Saint-Sépulcre et fait de cet espace une dépendance de la papauté. Jérusalem devint alors la capitale du royaume latin de Jérusalem. Quelques mois après la mort de Godefroy, son frère Baudouin se fait couronner Roi de Jérusalem et entreprend une série de campagnes pour accroître sont territoire (il conquiert Arsouf, Césarée, Beyrouth, Sidon). Par la suite, ce royaume chrétien et franc, épié au nord par les Byzantins orthodoxes, surveillé au sud et à l'est par les Musulmans, vit au rythme des processions de fidèles et des attaques ennemies. Ainsi, en 1187 Jérusalem est reprise par les Musulmans. Saladin, magnanime et bon gagnant, laisse le Saint-Sépulcre aux Chrétiens; le Mur des Lamentations est concédé aux Juifs qui peuvent aussi conserver leurs synagogues; l'Église du Temple devient la mosquée Al-Aqsa. Les Francs reprennent la ville en 1229 pour la reperdre en 1239. Cette lutte séculaire entre Orient musulman et Occident chrétien se termine finalement, en Europe, le **2 janvier 1492** par l'entrée des troupes d'Isabelle la catholique et de Ferdinand d'Aragon dans l'Alhambra de Grenade.

Leçon 2: La fragilité des structures étatiques.

A- Une constellation de seigneuries.

A la même époque, l'occident est une mosaïque de petites structures politiques. L'absence de pouvoir fort amène très vite les héritiers politiques des Romains à déléguer la fonction de maintien de l'ordre à des chefs de guerres amis qui, en remerciement de leurs services, reçoivent des terres et qui, par la même occasion, continuent à pacifier le territoire autour de leurs nouvelles possessions. En théorie, ils doivent toujours obéissance au roi, mais le lien hiérarchique se distend avec le temps, les épidémies, les famines, les guerres, les querelles dynastiques. A la fin du 10ème siècle, lorsque Hugues Capet est élu roi des Francs, hors de l'île de France, aucun seigneur n'estime devoir lui obéir. Le système féodal est alors bien en place. Les terres sont devenues à la fois des unités de production agricole et des entités politique. Il y a bien sûr une certaine hiérarchie des terres et des seigneurs. Ainsi, en Normandie, le **suzerain** (le chef du territoire) est le duc de Normandie. Pour l'aider dans la gestion du territoire, il se fait aider par des amis, les comtes, ses **vassaux**, à qui ils concèdent des **fiefs**, c'est à dire des propriétés foncières auxquelles sont attachées des prérogatives politiques: maintenir l'ordre, rendre la justice. Ces propriétés étant grandes, les comtes eux-mêmes, concèdent certains de leurs fiefs à des barons qui ont la même obligation: maintenir l'ordre et rendre la justice sur leur fief. Ces barons sont donc les **vavasseurs** du duc de Normandie. Comtes et barons forment alors l'ost (l'armée en campagne) du duc.

Il est entendu que nul fief ne peut devenir la possession d'une femme. Si le baron n'a pas de fils mais une fille unique, de son vivant, il s'arrange pour la marier avec un guerrier qui deviendra le nouveau propriétaire de la terre et des obligations militaires attachées. La politique est donc toujours une histoire d'hommes. D'ailleurs, la carrière de baron commence par l'adoubement du jeune homme. Par cette cérémonie, le fils d'un seigneur, entre véritablement dans la vie politique et militaire. C'est là qu'il reçoit ses éperons, son épée, son bouclier et sa bannière. Par la suite, il recevra un fief qui le transformera en baron. Il subira alors une deuxième cérémonie, celle de l'hommage: le chevalier jure fidélité à son suzerain (lequel prend ses mains dans les siennes), ils se font le baiser de paix, jurent sur la bible qu'ils ne se trahiront pas; le chevalier reçoit ensuite un objet qui représente son fief. La demeure du baron est alors le reflet de sa fonction guerrière. Dans le centre de la France, vers le début du 11ème siècle, il habite dans une tour de bois située sur une grosse motte de terre entourée d'une forte palissade en bois. Au 12ème siècle, la tour est en pierre, ainsi que la palissade. A la fin de ce siècle, les châteaux forts deviennent des ouvrages défensifs imposants: la forteresse de Gisors exhibe toujours son donjon menaçant à l'entrée de la Normandie.

B- Des monarchies faibles.

Par conséquent, le pouvoir de commandement du roi est assez théorique. Même en Angleterre ou le pouvoir souverain est plus centralisé et mieux organisé que sur le continent, la primauté du roi est fortement contestée.

Ainsi, après la mort du roi Richard, la succession au trône d'Angleterre est problématique. Aucune règle n'indique d'ailleurs de règle précise en matière de succession. Le frère cadet du roi précédent, Jean sans Terre, se fait couronner roi, mais Arthur de Bretagne, neveu de Richard, aurait pu également prétendre devenir roi. Jean tua Arthur, ce qui le rendit très suspect aux yeux des barons anglais. Piètre chef de guerre, il perdit presque toutes ses possessions françaises (après la Bataille de Bouvines, en 1214). A court d'argent à cause de cela, il augmenta les impôts des barons anglais, et il en inventa d'autres, comme l'impôt sur le revenu. Aussi, les barons s'agacèrent: à la fin de l'année 1214, ils commencèrent à rédiger un projet d'accord fiscal imposant au roi des diminutions d'impôts. Au printemps suivant, le 17 mai 1215, ils s'emparèrent de Londres. Vers le 10 juin, ils contraignirent le roi Jean à accepter de faire les premières concessions mais c'est le 15 juin **1215** qu'il signa le texte final de la grande charte, de la **Magna Carta**.

Par ce texte, le Roi s'engage à baisser les impôts dans tout le royaume. Surtout, les barons se méfient tellement de lui qu'ils lui imposent la présence d'un Grand Conseil composé de 25 barons chargés de veiller à la bonne application de l'accord. Les évêques, qui bénéficient eux-aussi de baisses d'impôts, sont aussi méfiants que les barons. L'archevêque de Cantorbéry, Étienne Langton, réussit à convaincre les autres évêques d'empêcher le roi de demander l'annulation de l'accord auprès du pape. L'accord fut modifié deux mois plus tard; le texte initial fut réinstitué, sans le conseil des barons, en novembre 1216, puis remodifié en novembre 1217 et en février 1225. En 1297 la Magna Carta fut confirmée. En somme, même dans un pays où le roi disposait d'une certaine autorité, les seigneurs défendaient bec et ongles leurs privilèges. S'ils ne formaient pas encore la chambre des lords, un contre-pouvoir institué et influents, ils n'en étaient pas moins le reflet de la faiblesse essentielles des monarchies féodale : l'existence de seigneurs locaux armés était un obstacle à la centralisation du pouvoir.

C- La renaissance de la centralisation.

En France, le cas de figure était le même mais le roi de France disposait d'avantages qui l'aidèrent à conquérir des territoires et renforcer ses prérogatives politiques. En effet, les premiers souverains réussirent à associer leur fils aîné au pouvoir, de leur vivant, ce qui fit vite comprendre aux barons que le pouvoir politique supérieur était aussi héréditaire que le leur. De plus, leur royaume n'est pas un fief ordinaire car le roi est sacré dans une Église. Ce n'est donc pas la guerre qui justifie sa fonction mais une intervention divine qui transforme le monarque en personnage religieux, et même prodigieux: par l'apposition des ses mains, on raconte qu'il est capable de guérir les écrouelles (une maladie de peau).

La reconquête de la Gaule chevelue fut l'obsession des descendants de Hugues Capet. Avec Philippe-Auguste, le processus de reconstruction territoriale de la France s'accéléra. Les Plantagenêts étaient une famille influente du nord de l'Europe. Ils détenaient l'Angleterre mais aussi de nombreux fiefs en France. Le chef de famille, en tant que souverain, avait du mal à admettre que pour ses possessions françaises il dût considérer le roi de France comme son suzerain. Aussi, Philippe-Auguste voulut clarifier la situation, ce qu'il fit fort bien; il conquit alors la majorité des fiefs français de Jean sans Terre (la Normandie, l'Anjou, le Maine, la Touraine, le nord du Poitou et de la Saintonge). Le Plantagenêt spolié eut beau s'allier avec Othon IV et le comte de Flandres, Philippe-Auguste les écrasa, en **juillet 1214,** à la **bataille de Bouvines**. Jean sans Terre ne conserva, sur le continent, que l'Aquitaine. Par la suite, Saint Louis, réussit à imposer sa supériorité morale et politique sur tous les fiefs qui mouvaient (dépendaient) du roi de France. Il eut le droit de rédiger des lois qui durent dès lors être respectées dans tous le royaume. Le gros tournois, une pièce d'argent frappée par les ateliers du roi, devint la monnaie principale. Au début du 14ème siècle, Philippe le Bel perfectionna son administration. Conscient qu'il ne pouvait pas imposer tout sans une sorte de consentement du peuple, en matière d'impôts, il eut l'idée de réunir les trois ordres qui composaient la société française (le clergé, la noblesse, le tiers état) afin de leur demander leur avis. Sûr de sa légitimité politique et religieuse, il réussit à imposer ses vues au pape qui résidait d'ailleurs à Avignon à cette époque. Nul seigneur, aucun évêque, n'osait plus s'affronter directement à ce roi qui était loin d'être faible: la pyramide féodale était désormais dominée par un homme auquel on obéissait.

Leçon 3: Le commerce qui met les cultures en contact.

A- La Méditerranée musulmane.

Durant toute la durée de la domination musulmane au sud de la Méditerranée, cet espace resta un lieu d'échanges. Bien sûr il y avait beaucoup de pirates, mais le commerce continua à animer les routes maritimes. On pourrait penser qu'au plus fort de la conquête musulmane (début du 8ème siècle) le trafic s'interrompit à cause des batailles incessantes. Le commerce diminua, certes, mais c'est surtout dû à l'appauvrissement généralisé des populations du bassin méditerranéen. Quoi qu'il en soit, aux 13ème et 14ème siècles, les navires des Barcelonais, des Vénitiens et des Génois voguent sur les eaux agitées du lac musulman. Cela est d'ailleurs facilité par quelques progrès techniques. Les bateaux sont plus stables et manœuvrables (grosses nefs de commerce); l'astrolabe et les cartes des Catalans permettent de s'orienter plus facilement; les assurances, le crédit, les instruments de change, de paiement et la multiplication des banques facilitent l'échange de marchandises. Ils transportent alors les draps de laine et les armes d'Europe du nord ouest, ainsi que les épices, les parfums et les tissus de soie venus d'Orient.

Au fil des siècles, les marchands barcelonais, quant à eux, prirent de l'assurance. D'ailleurs, les seigneurs Catalans permirent à l'oligarchie marchande de la ville (petit groupe de marchands qui gouvernent) de naviguer dans un espace où les pirates musulmans étaient de plus en plus menacés par les armées catholiques catalanes. Ainsi, Jaime I conquit Majorque en 1229 et Valence entre 1232 et 1245. Pedro III occupa la Sicile en 1282; Alfonso III s'installa à Minorque en 1287. Pedro IV reçut la souveraineté sur le duché d'Athènes et de Néopatrie (en Grèce) au début du 14ème siècle. Les Barcelonais avaient l'habitude d'aller chercher de l'or et des esclaves en Tunisie et en Algérie, du blé et du sel, en Sicile et en Sardaigne, du coton, des épices et des esclave, à Constantinople, d'autres épices, à Chypre, Damas et Alexandrie

B- Venise.

La cité marchande la plus connue reste tout de même Venise. Construite sur des îles assez marécageuses, l'endroit dû être drainé et nécessita des milliers de pieux en bois fichés dans le sol pour permettre l'édification de bâtiments. D'ailleurs, jusqu'au 11ème siècle, les maisons sont légères et réalisées en bois. Comme d'habitude en Europe, et malgré l'humidité, les feux poussèrent les habitants à utiliser des matériaux non inflammables comme la brique et le calcaire. Les maisons en dur devaient être alignées le long des canaux. La ville était administrée par une oligarchie (petit groupe d'hommes influents) qui siégeaient au Grand Conseil et qui élisaient le doge, le chef (à vie) de ce conseil. Techniquement, c'était une république car il y avait des élections. Il faut se garder de croire pour autant que les élus ne restaient au pouvoir que peu de temps. Très vite, l'État vénitien devint une expression politique extrêmement aristocratique. Ainsi, le 28 février 1297, les membres du Grand Conseil décidèrent que seules les personnes ayant siégé au cours des quatre années précédentes, et les descendants de celles qui en avaient fait partie jusqu'en 1172, pouvaient être membre de cette assemblée. La charge de grand conseiller devenait alors héréditaire. On voyait naître là une sorte de noblesse urbaine.

La prééminence de Venise dans le commerce méditerranéen fut rendue possible grâce au droits d'escale accordés par l'Empire byzantin. Cependant, en 1171, l'empereur Manuel Ier décida de donner ces ports aux concurrents des Vénitiens: les Génois. Les succès commerciaux ne dépendant pas toujours de la fortune dont on dispose, durant la quatrième croisade (1202-1204), les Vénitiens s'allièrent aux Croisés du nord de l'Europe; ils conquirent des ports de commerce, pillèrent la ville de Byzance et participèrent au partage des territoires conquis aux Byzantins. Ils reçurent les duchés de Crète et de Naxos, les îles Ioniennes, des comptoirs commerciaux en Mer Noire et en Méditerranée orientale.

C- Marco Polo.

Le Vénitiens le plus célèbre est indubitablement **Marco Polo** (1254-1324). Avec son père, Niccolò, et son oncle, Matteo, et comme Alexandre le Grand avant eux, ils doivent considérer que la Méditerranée est une mer trop connue pour mériter leur intérêt. En 1271, ils décident de partir pour un voyage vers l'est en promettant au pape de lui trouver des alliés qui pourraient l'aider dans sa lutte contre les Musulmans. Marchands curieux dans l'âme, ils cherchent peut-être aussi de fabuleux métaux, des pierres incroyables, des soieries envoûtantes. Ils mettent trois ans pour atteindre Shangdu (Cambaluc). Ce sont vraisemblablement les premiers Européens à voyager durant autant de temps en Asie (ils ne rentreront à Venise qu'en 1295). Si on en croit ce que Marco écrit dans *Le devisement du monde*, ils visiteront des contrées totalement inconnues en Europe: la Corée, Sumatra, la Cambodge, le Vietnam, la Birmanie. Tout les Vénitiens ne prendront peut-être pas très au sérieux l'aventure des trois hommes, mais le livre aura une postérité exceptionnelle: l'occident latin rêvera de cet exotisme asiatique et l'imaginaire d'un Génois, Christophe Colomb, trouvera la raison qui le conduira à vouloir rejoindre cet univers fantastique par une route supposée plus courte.

La partie du livre concernant la Birmanie est certainement la plus parlante. En effet, même s'il mentionne quelques pratiques commerciales (échange d'or contre de l'argent dans le royaume de Mien par exemple), c'est véritablement la magie du lieu qui le pénètre. Ainsi, son récit laisse apparaître quelques créatures de la forêt. On n'y voit pas de tigres, ni de singes, mais la ronde physionomie de l'éléphant d'Asie qui donne de la vie à ses descriptions de peuples et de lieux. Surtout, il dépeint avec vivacité une sorte de reptile qui ressemble à un crocodile. Il est fasciné par ses gros yeux, ses dents, sa large mâchoire qui peut avaler un homme.

Il est tout aussi impressionné par une tombe royale de la région de Mien, laquelle est ornée de deux tours pyramidales en marbre, surmontée d'une sphère, agrémentée de clochettes d'or et d'argent qui transpercent la moiteur ambiante de leur chant cristallin lorsque le vent les anime. Marco Polo, lorsqu'il laissa, à 17 ans, les rives de la Méditerranée, ne rêvait pas de mer de Chine ou de saphirs birmans mais de découvrir les beautés humaines et naturelles de la Terre. C'était un véritable explorateur, pas un conquistador!

Exercice de réflexion:

D'après ce texte littéraire, peut-on dire que les chevaliers francs du 12ème siècle
étaient vertueux? (15 lignes).

Chrétien de Troyes, <u>Lancelot ou le chevalier de la Charrette</u>, fin du 12ème siècle.

... L'autre se prépara et, tous deux, ils s'affrontèrent... La nouvelle victoire du chevalier fut plus rapide et facile que celle qu'il avait remportée auparavant. La demoiselle cria alors: «ne l'épargne pas, Chevalier, quoi qu'il te dise, car il ne t'aurait certainement pas épargné s'il avait eu l'occasion de te vaincre. Sache-le bien: si tu acceptes de le croire, il te trompera une fois de plus. Tranche la tête à l'homme le plus déloyal de l'empire et du royaume, Noble Chevalier, et donne-la-moi.» Il frappa; la tête s'envola au milieu de la lande et le corps s'effondra; tout cela plut beaucoup à la demoiselle. Le Chevalier ramassa la tête par les cheveux et la tendit à celle qui ne cacha pas sa grande joie...

Il faut toujours se méfier des textes littéraires qui donnent une vision faussée de la réalité sociale qu'ils ne cherchent pas forcément à dépeindre. Le livre de Chrétien de Troyes, quant à lui, a pour but de mettre en avant la vie du chevalier. Il s'adresse à des lecteurs avides d'aventures; la morale chrétienne qui est supposée animer les personnages n'est pas toujours très apparente. Ici, on remarque que Lancelot n'a pas beaucoup de volonté propre; il est incapable d'imposer son opinion; il est influencé lourdement par la demoiselle qui lui demande de tuer son adversaire. Cette femme est véritablement démoniaque car elle se réjouit du sort de la victime. Le message est clair: pour l'auteur, la femme est toujours cet être maléfique qui pousse l'homme faible (Adam) à commettre des fautes impardonnables. Les Croisés francs qui se battaient alors en Terre Sainte n'étaient pas conseillés par Ève, et ils n'étaient pas Adam. Lors de la première croisade, ils ont peut-être des intentions religieuses au départ, mais celles-ci ne les conduisent pas à empêcher les massacres perpétrés par la piétaille à Maarat al-Nouman. Saladin, quelques années plus tard, lorsqu'il prendra la ville de Jérusalem, se souviendra de cette barbarie: sa mosquée surplombera le Saint-Sépulcre. Ils affirmera, à travers l'architecture, que, désormais, les Chrétiens qui décideront de suivre le chemin du mal seront combattus, défaits et dominés par l'islam et ses vertus humanistes. Le chevalier francs de la fin du 12ème siècle est loin d'être un enfant de cœur.

Thème 2: XVe-XVIe siècle: un nouveau rapport au monde, un temps de mutations intellectuelles.

Séquence 4: La découverte du Nouveau Monde.

Leçon 1: Les voyages de découverte.
A- Le 12 octobre 1492.

Christophe Colomb (vers 1451-1506), marin né on ne sait où mais qui écrivait presque toujours dans un castillan un peu influencé par le portugais de l'époque, forma un jour l'idée de rejoindre le Japon (Cipango) en allant vers l'ouest. Entre 1483 et 1485, il fit part de son projet au roi Jean II de Portugal qui, après l'avis de trois conseillers, refusa d'y prendre part, certainement à cause du coût élevé de l'expédition. Colomb se décida alors à chercher des appuis en Castille. Cependant, son projet fut refusé par le Conseil royal. En janvier 1486, il rencontra la reine Isabelle de Castille pour forcer le destin. Intéressée par l'idée, la Reine demanda qu'un conseil de savants donne son avis sur l'expédition. Après trois ans de discussions, le conseil déclara qu'il était impossible de rejoindre l'Asie par l'ouest. Le marin demanda l'aide du duc de Medina Sidonia, qui lui refusa, et du duc de Medinaceli qui, lui, se montra intéressé. Entre temps, la Reine lui promit de s'occuper de son projet après la conquête de Grenade. En décembre 1491, le Conseil royal refuse une nouvelle fois de le suivre car ses exigences sont démesurées. Le 30 avril 1492, les souverains catholiques finissent par le nommer amiral d'une flotte de trois navires ayant pour but de rallier l'Asie.

Ainsi, son voyage aventureux commence le 3 août 1492 en rade de Palos de la Frontera (province de Huelva). A bord de la Pinta, de la Niña et de la Santa María, il y a l'Amiral, Quatre-vingt-dix hommes, et aucun prêtre. Colomb est persuadé qu'il arrivera en Asie parce que Marco Polo a déjà décrit cet endroit et que les Grecs anciens ont prouvé que la Terre est ronde. Tous animés par l'appât du gain, il n'en font pas moins un formidable saut dans l'inconnu; sont-ils d'ailleurs convaincus de pouvoir arriver à bon port et de revenir vivants? Le 6 septembre, ils font relâche aux Canaries: on répare le timon de la Pinta et on lui met des voiles carrée pour qu'elle aille plus vite. Les jours suivants, ils commencent à affronter l'océan Atlantique et leurs doutes. Entre le 13 et le 17 septembre les aiguilles de la boussole n'indiquent plus la bonne direction. Quelle importance? Les étoiles et le soleil leur ordonnent d'aller à l'ouest! Dans la nuit du 6 au 7 octobre, il y a un début de mutinerie à bord de la Santa María, mais tout revient vite dans l'ordre. Le mécontentement s'étend tout de même au reste des membres de l'expédition, le 6 et le 7 octobre. Pour calmer les esprits, les capitaines s'engagent alors à retourner en Espagne si dans trois jours aucune terre n'apparaît. Les jours passent, l'angoisse monte; le **12 octobre 1492**, monté sur le grand mât, Rodrigo de Triana hurle enfin: «tierra a la vista: terre en vue». Ils sont aux Bahamas, ils viennent de découvrir San Salvador et un nouveau continent: **les Amériques**. Par la suite ils reconnaissent les côtes de Cuba et de Haïti. Le 25 décembre 1492 la Santa María coule; ils décident alors de rentrer avec les deux navires restants, lesquels ne suivent pas la même route. La Pinta arrive, sans rencontrer de problèmes en route, à Bayona, le 18 février 1493. Le retour de la Niña est beaucoup plus mouvementé; le navire essuie une tempête terrible et est contraint de faire relâche aux Açores. Le 4 mars, après une autre tempête, ils sont obligés de s'abriter dans le port de Lisbonne. Le 15 mars les deux navires se rejoignent enfin en Andalousie et s'amarrent dans le port de Palos de la Frontera.

L'expédition suivante (septembre 1493-juin 1496) est beaucoup moins hasardeuse. Le but est d'explorer, de coloniser et de répandre la foi catholique dans les terres découvertes lors du premier voyage. Pour éviter de possibles conflits entre le Portugal et l'Espagne, il est même signé un traité (**traité de Tordesillas**), le **7 juin 1494**, qui clarifie la répartition des routes maritimes et possessions coloniales à venir. Une ligne situées à 370 lieues à l'ouest de l'île du Cap Vert marque désormais la limite entre les deux empires qui sont en train de se construire. A l'est de cette ligne, c'est le monde portugais qui veut se relier à l'Asie par la route du Cap de Bonne Espérance; à l'ouest, se situe le monde espagnol qui veut emprunter la route de l'ouest. A partir de 1499, les monarques espagnoles accélèrent le processus de découverte. Alonso de Ojada et Juan de la Cosa atteignent le Venezuela, cette année-là, alors que Vicente Yáñez Pinzón découvre l'Amazone. Durant son quatrième voyage (avril 1502-novembre 1504), Christophe Colomb explore les côtes du Honduras, du Nicaragua, du Costa Rica et de Panama. Il découvre également les îles Caïman.

B- Vasco de Gama.

La compétition entre Espagnols et Portugais est vive, et cela d'autant plus que les peurs initiales sur la rotondité de la terre se sont dissipées. Même si l'on n'est pas certain que Christophe Colomb ait découvert l'est du Japon, tout le monde sait que derrière ce vaste océan il y a des terres peu peuplées qui ne demandent qu'a être découvertes et conquises. Les aventuriers de toutes sortes trouveront bien des avantages économiques dans l'entreprise. La pauvreté plus ou moins relative de la Péninsule Ibérique pousse les gens à aller chercher fortune ailleurs. Il y a bien des terres fertiles à faire cultiver de l'autre côté et peut-être même des richesses insoupçonnées. Si la rumeur de l'Eldorado (endroit mythique regorgeant d'or et situé au nord de l'Amérique du sud) n'est pas encore forgée au tout début du 16ème siècle, derrière chaque conquistador, il y un bien un chercheur de trésors, de tout bien exotique qui pourrait se monnayer à prix d'or en Europe.

Dans cette fièvre de la découverte de ce qui s'appellera bientôt l'Amérique, Vasco de Gama (vers 1460/1469-1524) préfère tourner sont regard vers le sud et l'est. D'ailleurs, les Portugais, grâce à Bartolomé Díaz, ont déjà doublé le Cap de Bonne Espérance. Pêro da Covilhã est même revenu d'Inde par la côte orientale de l'Afrique. Ils savent que les richesses des Indes seront bientôt accessibles par ce chemin; ils veulent tellement se détourner des commerçants de la Méditerranée et de leurs fortes commissions sur les biens orientaux. Aussi, mandaté par Manuel I de Portugal, la flottille (composée de quatre navires) de Vasco de Gama quitte le port de Santa Maria de Belém le 8 juillet 1497 afin de contourner l'Afrique et d'ouvrir une voie maritime entre l'Afrique et l'Inde. L'expédition fut mouvementée. Ainsi, afin de chercher le vent, au niveau du Sierra Leone actuel, les navires doivent dévier de leur route et s'éloigner considérablement des côtes, mais le 4 novembre l'Afrique est à nouveau en vue. Le 16 décembre ils longent déjà la côte est de l'Afrique du sud. Le 2 mars 1498, les bateaux atteigne l'île de Mozambique après avoir subi une révolte des équipages et plusieurs tempêtes. Ils sont alors en territoire musulman et ne se pressent pas pour dire qu'ils sont catholiques. L'hostilité de la population locale les pousse à fuir l'île en tirant quelques coups de canon. Les habitants du port de Mombasa n'étant guère plus amicaux, ils s'enfuient vers le nord. En février 1498, ils sont reçus dans le port de Malindi (Kenya). Le sultan leur fournit un pilote arabe qui connaît bien les vents de mousson de l'Océan Indien. Le 20 mai, la flottille arrive alors à Kappakadavu, une plage située près de Calicut (dans l'actuelle région indienne du Kerala). Vasco de Gama vient d'ouvrir la route de l'Inde ; toutes les indications géographiques de la traversée notées sur son journal de bord serviront aux autres navigateurs lors des voyages suivants.

Les négociations commerciales avec le gouverneur de Calicut s'avèrent difficiles : les commerçants arabes voient d'un mauvais œil ces concurrents, les marchandises des portugais font figure de pacotille. D'ailleurs, ils feront beaucoup rire les gens et les échangeront contre de faibles quantités d'épices et de bijoux. Au vu de la lettre de mission du Roi du Portugal, le gouverneur concèdent toutefois quelques droits commerciaux aux Portugais à la condition qu'ils laissent la majorité de leurs biens matériels à Calicut. Quelques marins de l'expédition restèrent alors sur place pour les garder. Le voyage de retour commença le 29 août 1498. Luttant contre la mousson, ils mirent plus de quatre mois pour rejoindre les côtes africaines. Le scorbut (manque de vitamine C) fit des ravages. Les deux bateaux restants et 55 hommes (sur les 148 du départ) rejoignirent le Portugal en juillet et août 1499.

C- Fernand de Magellan.

Quoi qu'il en soit, l'exploit de faire le tour du globe terrestre revient à Fernand de Magellan (vers 1480-1521). Avant d'entreprendre son grand voyage du tour du monde, il séjourna 8 ans en Inde entre 1505 et 1512. En 1511, il participa même à la conquête de Malacca. Par la suite, on le retrouve à commercer avec les Maures au Maroc. En 1517, le roi Manuel I de Portugal lui refuse son aide pour monter une expédition vers les Moluques en passant par l'ouest, la voie de l'est venant d'être ouverte par Vasco de Gama. Aussi, il essaie de convaincre les Espagnols de le financer. En octobre 1517 il est à Séville; grâce à Juan de Aranda, il est autorisé à présenter son projet avec son associé, Rui Faleiro, au roi Charles Ier (Charles Quint). Leur idée est séduisante car, sans aller contre le traité de Tordesillas, les Espagnols pourraient se fournir à bon compte en épices asiatiques en empruntant une route s'éloignant des voies maritimes portugaises. Aussi, le 22 mars 1518, le Roi d'Espagne nomme Magellan et Faleiro capitaines dune flottille de cinq navires. Le 20 septembre 1519, Magellan, seul commandant de la flottille, et les cinq navires laissent Sanlúcar de Barrameda derrière eux. Un détachement naval portugais essaie bien de les poursuivre mais ils filent vers les Canaries. Le 27 novembre 1519, ils passent la ligne (de l'équateur) et le 13 décembre, ils jettent l'ancre près de ce qui s'appellera un jour Rio de Janeiro. Là, ils s'approvisionnent en eau et en nourriture. Au début de février 1520, ils atteignent le Río de la Plata. Ils sont déjà en Patagonie en fin mars. Il est alors hors de question de continuer la route plus au sud car, à cette époque de l'année, la mer est déchaînée. Afin de passer la mauvaise saison dans de bonnes conditions, ils

établissent un campement à terre (Puerto San Julian). Le 1er et 2 avril, trois des navires se mutinent; le capitaine de la Victoria, Luis de Mendoza, est tué par un bataillon envoyé par Magellan; le navire est récupéré; les autre mutinés se rendent rapidement. Gaspar Quesada, capitaine de la Concepción, est exécuté. Juan de Cartagena, le capitaine du San Antonio, est abandonné sur la côte. Le voyage reprend ensuite. Le 21 octobre 1520, les navires entrent dans ce qui ressemble à un fleuve très large; on lance un baquet dans l'eau, puis on le remonte: l'eau est très salée! C'est un passage protégé qui leur permettra de passer de l'autre côté de l'Amérique du sud en navigant sur une mer assez calme. Les trois navires restants continuent dans ce que Magellan nomme le Canal de tous les Saints (le Détroit de Magellan). Le 28 novembre, ils font face à une immense étendue d'eau complètement inerte; Magellan appelle alors l'endroit Mer Pacifique. Le 6 mars 1521, les navires atteignent l'île de Guam, et Homonhon, aux Philippines, le 16 mars. Le 27 avril, Magellan est tué sur l'île de Mactan par une sagaie en bambou lors d'une escarmouche avec une tribu qu'il voulait christianiser.

Il était alors temps de se dépêcher de retourner en Europe car il ne restait plus que deux navires. Ils passèrent par Brunei et les Moluques. La Trinidad commença à montrer des signes de fatigue (voies d'eau); il fallait la réparer. Pressée, la Victoria, commandée par Juan Sebastián Elcano, continua sa route vers l'ouest alors que la Trinidad fut rafistolée sur place et reprit son voyage plus tard en empruntant la voie plus calme de l'Océan Pacifique (le navire sera capturé par les Portugais et coulera du fait d'une tempête). Le 6 mai 1522, la Victoria passa le Cap de Bonne Espérance et, le 6 septembre 1522, elle arriva enfin en Espagne, presque trois ans après son départ. Pour la première fois dans l'histoire de l'humanité, des gens avaient fait le tour du monde. Les pressentiments des géographes grecs et leur calculs (Claude Ptolémée par exemple) étaient confirmés par les aventuriers des temps modernes. Ce monde qui faisait de la Méditerranée le principal espace d'échange commercial et culturel du monde tournait les yeux vers des endroits autrement plus vastes. D'un coup, cet univers étouffé se mettait à rêver des mers du sud; les esprits cloisonnés allaient pouvoir alors s'affronter à des hommes qui n'étaient absolument pas comme eux.

Leçon 2: La constitutions d'empires.
A- L'empire espagnol.

La dynamique de construction territoriale en Espagne et dans le reste du monde va faire naître un empire gigantesque. Dans la péninsule, le mariage d'Isabelle la Catholique et de Ferdinand d'Aragon crée une union dynastique qui ne produit pas immédiatement une centralisation du pouvoir politique mais accélère le processus de réunion de territoires éparpillés. Avec la conquête du royaume de Grenade, la volonté religieuse des souverains les conduit, les années suivantes, à lutter contre la piraterie en Afrique du nord et à conquérir, par exemple, Melilla (1497), Oran (1509), Alger (1510), Tripoli (1511). Le monde catholique du nord de l'Espagne s'implante très fermement dans l'Afrique du nord musulmane. Pour autant, la politique espagnole continue à s'intéresser au reste de l'Europe qui est en train de se recomposer. Le monde féodal laisse bientôt la place à des monarchies de droit divin qui désirent toutes redessiner les limites territoriales des États. Les princes européens se lancent dans des guerres hasardeuses, mais surtout des unions matrimoniales ayant pour but de concentrer les territoires dans les mains de quelques uns. Les filles du couple royal espagnol sont alors mariées aux familles régnantes d'Angleterre, de Bourgogne et d'Autriche. A la mort de Ferdinand, et à cause de l'invalidation de la candidature de sa fille, Jeanne, pour cause de troubles mentaux, c'est le fils ce cette dernière qui devient, en 1516, le nouveau souverain des Espagnes sous le nom de Charles Ier. Héritier de plusieurs familles puissantes, il est aussi duc de Bourgogne (ce qui lui vaudra beaucoup d'ennuis avec le roi de France), roi de Naples, de Sicile et de Jérusalem, Empereur du Saint Empire romain-germanique (sous le nom de Charles V, notre Charles Quint).

Cependant, sa puissance territoriale est encore plus impressionnante dans le reste du monde. Profitant très souvent des inimitiés entre les peuples d'Amérique, les conquistadors jouèrent des uns contre les autres. De plus, leur supériorité technologique (le cheval, les armes à feu) et les maladies épidémiques venues d'Europe (variole) facilitèrent leur progression. Ainsi, Hernán Cortés, grâce à l'appui de troupes amérindiennes, fit chuter l'Empire Inca entre 1519 et 1521. La ville de Mexico devint alors la capitale de la vice royauté de la Nouvelle Espagne. Cette dernière s'étendit vers le sud, de 1521 à 1525, englobant ce que l'on appelle aujourd'hui le Guatemala, le Honduras et le Salvador. Quant à Francisco Pizarro, il défit l'Empire Inca en 1531, lequel devint la vice royauté du Pérou. Les conquérants fondèrent alors les premières villes espagnoles des Indes Occidentales: Santiago de Quito, Santa Fe de Bogotá, Buenos Aires. Les territoires les plus reculés furent également explorés. Ainsi, dans les années 1540, Francisco de Orellana s'enfonça dans la forêt vierge et reconnut les rives de l'Amazone.

Les agitations du vieux monde ne ralentirent pas la conquête du « reste du monde ». Ni l'alliance improbable de François Ier avec Soliman le Magnifique, ni la lutte contre les Turcs en Méditerranée, n'empêchèrent les Espagnols de consolider leurs possessions aux Philippines, à Bornéo, aux Moluques, à Formose... En 1565, Pedro Menéndez de Avilés remonta très au nord et fonda même Saint Augustine, en Floride. L'empire espagnol devint alors la première organisation étatique à ce point dispersée sur toute la planétaire.

B- L'empire portugais.

L'empire portugais, quant à lui, était plus petit. Sa construction territoriale commence véritablement en 1415 avec la prise de Ceuta. A partir de l'ouverture de la route des Indes par Vasco de Gama, les Portugais, beaucoup plus marchands que conquérants, établissent des comptoirs commerciaux et des places fortes. La conquête de l'arrière pays n'est pas fondamental; ils veulent simplement rendre le commerce international plus sûr. Dans les comptoirs, les navigateurs trouvent non seulement les marchandises qu'ils recherchent mais aussi la protection diplomatique et militaire qui assurera l'arrivée des biens jusqu'au Portugal. D'ailleurs, toute la politique «coloniale» du Portugal vise avant tout à garantir la sécurité des lieux. Ainsi, certains petits pays musulmans de la côte du Mozambique, par exemple, deviennent des État vassaux obéissants; les plus puissants, quant à eux, deviennent des alliés.

La soif d'épices des Portugais les conduit à explorer des terres plus orientales. Ainsi, en 1506, Socotra est occupée alors que Ceylan est abordée. Madagascar est explorée en 1507; l'île Maurice est découverte la même année. Si la victoire de Diu fait des Portugais une puissance maritime indienne, la conquête d'Ormuz et d'Aden (1516) transforme l'Océan Indien en océan portugais. Le pourtour se couvre alors de comptoirs portugais (Mascat, Bombay, Goa...). La Mer Rouge elle-même devient un lac portugais. La route des épices est totalement sécurisée: le poivre et les clous de girofle ne courent plus aucun risque durant leur long voyage!

Si d'autres territoire orientaux furent mis en valeur par les Portugais (comme Malacca, Macao et Nagasaki), c'est le Brésil, découverte en 1500 par Pedro Ávares Cabral, qui deviendra bientôt le diamant de la couronne: les pierres précieuses, l'or, le sucre de canne, le café enrichiront certains producteurs et marchands portugais avant d'émerveiller la métropole.

En 1580, lorsque le Roi meurt sans héritier direct, le Portugal et son empire sont réclamés par Philippe II d'Espagne qui est le fils de Isabelle de Portugal, et donc le petit-fils de Manuel Ier de Portugal. En juin 1580, le Roi d'Espagne envoie donc le duc d'Albe et son armée réclamer l'héritage tandis que Don Antonio, l'autre prétendant, se replie aux Açores pour être bientôt battu par une armée espagnole. Les deux empires sont dès lors aux mains du même homme! Comment assurer la pérennité et la sécurité d'un espace aussi vaste et morcelé? Les Hollandais ne laissèrent pas Philippe II répondre: ils firent de Taïwan (Keelung est fondée en 1626, Tamsui, en 1629) l'avant poste pour combattre les Philippines espagnoles. Cependant, c'est dans le golfe du Mexique que les Espagnols subirent leur plus lourde défaite (Désastre de Matanzas en 1628). En effet, les cales des navires de la Compagnie espagnole des Indes furent vidées de leurs métaux précieux, ce qui permit aux Hollandais de financer leurs guerres européennes pendant 8 mois et leur permit de s'installer durablement au nord-est du Brésil. Les Espagnols étaient alors sur tous les fronts: lorsque les Portugais firent sécession en 1640, ils ne répondirent pas. En 1668, ils reconnurent même l'indépendance du Portugal.

Leçon 3: La structuration économique et sociale des empires.

A- De la encomienda à l'hacienda.

Les premières implantations espagnoles et portugaises ressemblent plus à des camps retranchés qu'à des exploitations agricoles. Quoi qu'il en soit, la question de la production de nourriture et de la gestion des populations indigènes se pause immédiatement. Les conquistadors étant tous des hommes, l'opposition entre Européens et indigènes est, dès lors, ténue: pour fonder une famille, l'Espagnol et le Portugais devront se marier avec une amérindienne; les enfants seront donc des métis. D'ailleurs, en 1514, le Roi d'Espagne stipule, dans un texte officiel, que c'est sa volonté que «les Indiens et les Indiennes aient, comme il se doit, toute liberté de se marier avec qui bon leur semblera, c'est-à-dire des Indiens, des gens originaires de nos possessions ou des Espagnols nés dans les Indes espagnoles». Il ajoute même: «j'ordonne qu'aucun ordre donné ou ayant été donné en notre nom puisse interdire, ni même empêcher, un mariage entre les Indiens, les Indiennes et les Espagnols et Espagnoles». L'aristocratie montre d'ailleurs l'exemple. Ainsi, Juan Cano se marie avec Isabel Moctezuma, la dernière impératrice des Aztèques. Les amérindiens ne peuvent, d'ailleurs, pas être réduits en esclavage. Le statut de la encomienda contractualise, ainsi, les rapports entre les communautés. Cette pratique vise à permettre à chaque conquistador et son fils, de recevoir de quoi vivre, grâce au travail des paysans autochtones qui possèdent de petites exploitations agricoles. La encomienda n'est pas à vie puisque le maximum est fixé à deux ans. En pratique, ce sont les chefs de villages qui réunissent les biens matériels (vêtements, métaux précieux, nourriture) dus aux Européens et qui leur distribuent. Ces derniers s'engagent alors à protéger les Indiens, à les évangéliser, et à défendre toute la région.

Les épidémies décimant les indigènes, les Européens doivent inventer un autre système pour pouvoir survivre.

Voulant développer l'agriculture, Hernán Cortés opte, quant à lui, pour la distribution des terres à tous les soldats et cavaliers ayant participé à la conquête. C'est dans cette logique qu'est fondée, en 1531, le village de Los Angeles, premier village de paysans où les terres sont cultivées par les conquérants eux-mêmes, sans l'aide des indigènes. Quoi qu'il en soit, le modèle agricole qui s'impose peu à peu est d'une autre nature. A partir du milieu du 16ème siècle, les Espagnols développent l'**élevage extensif** (sur de grands territoires). La main d'œuvre amérindienne rare est alors convoités par les Espagnols qui bénéficient du système de la encomienda et par ces nouveaux éleveurs. En 1549, la encomienda est supprimée pour être remplacée, l'année suivante, par le système par répartition. Les Amérindiens n'ont plus le temps de produire leur nourriture car ils sont obligés de travailler sur les terres des Européens, mais ils reçoivent de la nourriture, sous forme de salaire. Le lien de dépendance et de subordination entre les deux communautés devient extrêmement fort. Cependant, la population indigène ne cesse de baisser. A partir de 1570, les colons sont obligés d'acheter des esclaves (venus d'Afrique) pour cultiver les terres. Les esclaves africains forment alors la main d'œuvre permanente des exploitations agricoles; les Amérindiens deviennent la force d'appoint. En 1632 le travail forcé des Amérindiens étant supprimés, ils deviennent des salariés agricoles qui s'installent très souvent de façon permanente sur l'exploitation agricole.

L'hacienda devient, par la suite, la forme habituelle d'organisation du territoire agricole. Elle résulte elle aussi de l'obsession de trouver de la main d'œuvre. C'est l'adaptation de l'organisation agricole médiévale européenne à l'Amérique du sud. La majeure partie des terres est exploitée directement par le maître. Les autres parcelles sont allouées à des paysans qui la travaillent. Il y a même parfois des maisonnettes sur ces parcelles. Ils ne payent pas de loyer mais ils sont obligés de travailler sur les terres du maître pendant les périodes de forte activité agricole. Ainsi, le propriétaire ne paie pas de salaires et le tenancier ne paie pas de loyer. On n'est pas là dans une économie où la monnaie joue un rôle essentiel dans les rapports entre les gens. De toute manière, les métaux précieux ne sont pas destinés à rester en Amérique mais bien à alimenter les ateliers monétaires européens.

B- L'Eldorado.

L'Amérique est très vite regardée comme une sorte de caverne d'Ali Baba. La légende de l'Eldorado trouve son origine dans la Colombie du 16ème siècle lorsque les conquistadors espagnols entendirent qu'un roi du nord avait pour habitude de faire des cérémonies durant lesquelles il se couvrait le corps d'or. Cela laissait supposer que son pays fût particulièrement riche en or. Au nord, il y a Panama; Vasco Núñez de Balboa, lors de sa reconnaissance de Panama (en 1513), tombe sur un indien, du nom de Panquiaco, qui leur dit qu'il existe un endroit où l'or est tellement abondant que les Espagnols se lasseront d'en trouver. La région, appelée Tumanamá, se situerait à six jours de marche, derrière des montagnes. Les conquistadors se pressent alors de marcher vers l'ouest et finissent par découvrir... l'Océan Pacifique!

Peu à peu, c'est plus vers l'ouest que se tournent les rêves des chercheurs d'or, vers le Pérou. D'ailleurs lorsqu'en Avril 1528 Pizarro découvre ce pays, il est émerveillé par les richesses de l'endroit. Cependant, en Colombie, certaines tribus conquises possèdent déjà beaucoup d'objets en or; voyant les yeux brillants des Espagnols devant tout ce qui brille, ils inventent des fables sur des territoires fabuleux situés aux confins de la région. Avec l'envoi en Espagne des trésors pris par Pizarro, le Roi d'Espagne, prêt à croire à toutes les légendes dorées d'Amérique, ordonne la conquête de tous les territoires pouvant receler des métaux précieux (Pérou, Venezuela, Équateur). Les Espagnols finissent d'ailleurs par trouver de l'or mais c'est véritablement l'argent qui va être produit en très grande quantité. Hernán Cortés découvrit de nombreuses mines au Mexique et établit celle de Taxco en 1528. Dans la vice royauté du Pérou, les conquérants commencèrent par exploiter la mine de Porco pour se concentrer sur celle de Potosí (à partir de 1545). Afin de retirer la moindre trace de métal, dès les années 1570, les mineurs utilisaient le mercure. Ce métal dissout l'argent et, une fois chauffé, disparaît dans l'atmosphère en ne laissant que l'argent qui est, ensuite, mis en forme de lingots, lesquels étaient acheminés, à dos de mulets, jusqu'aux ports qui les expédiaient à Séville.

Il faut se garder de croire que cet afflux de métal précieux en Espagne entraîna un développement économique conséquent. Le métal précieux monétaire n'est pas une marchandise en soit. En d'autres termes, ce n'est pas une création de richesse due à l'activité humaine; il n'y a pas d'accroissement de richesse. La pièce de monnaie en argent, ou en or, frappée en Europe, ne fait que permettre l'échange facile de marchandises qui, elles, sont issues de l'activité laborieuse des hommes. De plus, le métal précieux permet de payer immédiatement les soldats qui participent activement à la destruction du système de production et d'échanges. Aussi, cet argent américain put fluidifier les échanges commerciaux; il n'accrut pas la richesse, et contribua parfois même à la détruire.

C- La christianisation de l'Amérique latine.

Dès le début de la découverte du territoire, il est entendu qu'il sera catholique. C'est ce que veulent Isabel de Castille, Ferdinand d'Aragon et le Pape Alexandre VI qui demande (dans sa bulle du 6 mai 1493) aux souverains espagnol d'envoyer des hommes de Dieu afin d'enseigner la foi catholique aux indigènes et de leur imposer de bonnes habitudes. Aussi, quatre mois plus tard, pour son second voyage, Christophe Colomb, cette fois-ci, amène des religieux avec lui. Par la suite, toutes les expéditions comprennent des missionnaires.

La première difficulté, et non des moindres, est la langue. Les prêtres s'arrangent alors pour maîtriser les langues principales du continent et pour enseigner le castillan, le plus rapidement possible, aux indigènes. Le système de la encomienda les aident beaucoup car les laïcs sont tenus d'enseigner la foi catholique à leurs encomenderos indigènes. Vivant avec eux, ils sont tout de suite amenés à leur parler en castillan et, donc, à leur enseigner le vocabulaire simple de la vie quotidienne, ce qui en fait des hispanophones assez rapidement. Plus le temps passe, plus les villages accueillent des missionnaires qui aident à évangéliser les Amérindiens. De nombreuses églises sont alors construites. En 1511, le premier diocèse américain est institué sur l'île de Saint Domingue; il devient archevêché en 1547. C'est à partir des Caraïbes que la christianisation se propage. La procédure suivie est toujours plus ou moins la même. Des mercédaires, des dominicains ou des franciscains s'installent dans un endroit pour baptiser déjà toute la population. Puis, ils réunissent les futurs fidèles dans un lieu particulier pour construire une église de fortune. Bien sûr, ils ont d'abord fait détruire les temples païens. Ensuite, ils apprennent le plus rapidement possible la langue du coin et commencent à enseigner le castillan, le catéchisme, les rituels, aux Indiens. Les années passant, les personnes qui habitent dans des endroits un peu plus éloignés viennent également recevoir cet enseignement. Ensuite, un prêtre arrive pour prendre la relève et le missionnaire part pour un autre territoire pour refaire la même chose.

La christianisation, à l'image de la conquête, ne fut pas toujours très pacifique. Bartolomé de las Casas (vers 1484-1566), frère dominicain (1522), passa sa vie à prêcher pour une conversion pacifique des Indiens. En Europe, les puissants sont d'ailleurs d'accord avec lui. On peut citer Isabelle la Catholique (dans son testament de 1504), le cardinal de Cisneros (dans sa décision de 1516 de le nommer défenseur universel de tous les Indiens des Indes), Charles Quint et surtout le pape Paul III qui, dans sa bulle de 1537, affirme que «les indigènes sont des hommes avec toutes les qualités et prérogatives que l'on accorde aux Chrétiens». En d'autres termes, les indigènes chrétiens doivent être traités comme des Chrétiens, pas comme des païens. En **1550**, pour clore définitivement les discussions sur la manière de traiter les Indiens, l'Assemblée de Valladolid (connue en France sous le nom de **controverse de Valladolid**) oppose principalement Bartolomé de las Casas à Juan Ginés de Sepúlveda. Les arguments principaux de ce dernier visent à démontrer que les indigènes sont incapables de s'administrer eux-mêmes, qu'ils commettent des actes contre nature comme le cannibalisme et qu'il est du devoir de tout Chrétien de protéger les victimes innocentes qu'ils sacrifient à leurs idoles. Aussi, il est juste de leur faire la guerre afin de les soumettre à une stricte surveillance et administration espagnole. Cette guerre faciliterait d'ailleurs la propagation de la foi sur ces terres païennes. Sepúlveda ne fait pourtant pas des Indiens des gens naturellement mauvais: c'est leur culture qui les pervertit. Sa guerre barbare pour les soumettre devient alors morale puisqu'elle vise à moraliser leur mœurs barbares!

Las Casas, au contraire s'attache à monter que ce sont les Européens qui sont les barbares. L'histoire de l'Espagne, selon lui, démontre que cette nation fut plus irrationnelle, désordonnée, vicieuse et brutale que la nation indienne. En outre, il insiste sur le fait que les Indiens, créature de Dieu, on le droit de recevoir la parole de Dieu mais que les Espagnols n'ont pas l'obligation de les évangéliser. Cela revient à sous-entendre que l'évangélisation devraient être conduite par des nations plus neutres et, donc, moins violentes; des frères italiens feraient très bien l'affaire. Cette discussion eut pour effet de pousser le roi d'Espagne à promulguer des lois protectrices pour les Amérindiens, comme celle de 1573 qui interdit de conquérir de nouveaux territoires.

Exercice de réflexion:

D'après ce texte historique, peut-on dire que les Européens du 16ème siècle considéraient les Indiens comme des êtres humains? (15 lignes).

Pietro Martire d'Anghiera, <u>De Orbe novo Petri Martyris ab Angleria</u>, Alcalá, 1530.

... Ces hommes qui étaient nus invitèrent Alonzo Nuñez à accoster sur leur île, ce qu'il fit. Il leur distribua des aiguilles, des bracelets, des anneaux, des perles de verre et d'autres babioles et, en moins d'une heure, il obtint d'eux, en échange, quinze onces de perles qu'ils portaient autour de leur cou et de leurs bras. Les indigènes étreignirent Nuñes avec affection en lui demandant, avec insistance, de venir dans leur village; ils lui promirent de lui donner alors toutes les perles qu'il désirait. ... Après 20 jours de relations avec eux, ils constatèrent que ces hommes sont amicaux, simples, innocents et accueillants. Très vite les Espagnols cessèrent d'avoir peur de rentrer dans leurs maisons, lesquelles sont construites en bois et couvertes par des feuilles de palmiers. Leur aliment principal est le mollusque qui est abrité par la

coquille de laquelle ils extraient les perles; il y a plein de ces coquillages le long de leurs côtes. ...

Ayant vécu de nombreux siècles au contact des berbères d'Afrique du nord, et même des Arabes et des Juifs venant de beaucoup plus loin, tous les Espagnols du 16ème siècle peuvent difficilement considérer que toutes les ethnies étrangères soient à la fois ennemies et inférieures. Ce texte qui représente l'historiographie officielle de l'empire espagnol illustre d'ailleurs cet état d'esprit. Ainsi, bien avant la bulle du pape de 1537 qui constate qu'un Chrétien indigène vaut bien un Chrétien européen, le «sauvage» du Golfe du Mexique est loin d'être dépeint comme un barbare sanguinaire, cannibale, idolâtre et adepte des sacrifices humains. Contrairement à ce que l'on a déjà vu avec les Croisés, l'étranger n'est pas considéré comme un suppôt de Satan. Il est juste dans un état de nature qui appelle, bien sûr, l'aide de l'Espagnol civilisé car catholique. Vous remarquez que les premiers conquistadors sont assez prudents lorsqu'ils abordent les premières îles de la Mer Caraïbe. L'attrait du gain et les mœurs paisibles des autochtones dissipent très vite leurs premières craintes. Ainsi, ce contact culturel et religieux est loin d'être le plus violent de l'histoire de l'humanité. D'ailleurs, pour des raisons morales plus que politiques ou administratives, ce qui est absolument unique, le roi d'Espagne met un frein à la conquête par son texte législatif de 1573. Ainsi, les Indiens, même combattus et assassinés, furent presque toujours considéré (par les autorités) comme des être humains et non des créatures d'une nature inférieure.

Séquence 5: La Renaissance.

Leçon 1: L'imprimerie.

A- La diffusion du savoir avant l'imprimerie.

La Renaissance est un grand mot qui décrit une réalité bien différente. En effet, si les dictionnaires affirment que les hommes de cette époque désiraient revenir aux valeurs de l'Antiquité, en laissant de côté l'héritage du Moyen Age, les faits sont moins péremptoires. Quoi qu'il en soit, au 15ème siècle, il y eut une véritable volonté d'étudier les auteurs de l'Antiquité. Cependant, au début de ce siècle, il est difficile d'accéder aux textes car ils sont éparpillés dans une multitudes d'endroits différents, principalement des bibliothèques d'institutions religieuses. Certains sont écrits dans des langues mal maîtrisées (grec ancien et arabe). Aussi, la personne intéressée doit suivre un véritable chemin de croix pour arriver à approcher ce savoir.

Au début du 15ème siècle, l'enseignement est encore très rudimentaire, d'ailleurs. Les enfants fréquentent des écoles qui sont souvent des établissements religieux (écoles de cloître, écoles cathédrales), mais il existe également des «classes» tenues par des laïcs (petites écoles). Les personnes les plus riches éduquent leurs enfants à la maison en employant un précepteur. Il faut noter, cependant, que les filles sont rarement concernées par l'éducation même s'il existe des petites écoles de filles. L'enseignement vise à faire de bons Chrétiens qui sauront lire et écrire (en latin), compter, et chanter (les psaumes). Cet enseignement dure de l'âge de 6 à l'âge de 15 ans environ. Ensuite, les adolescents peuvent suivre un enseignement supérieur dans une université de théologie, de droit canon, de doit civil, de médecine. Les livres étant chers, ils fréquentent les bibliothèques des institutions religieuses (collèges) qui sont situées près des universités. Au bout de trois ans, ils obtiennent une licence, mais force est de constater que le savoir acquis est très réduit: un grand nombre de domaines n'est jamais abordé.

En fait, pour avoir accès aux textes scientifiques, aux livres d'histoire, à la littérature, aux écrits de l'Antiquité, il faut être religieux. En effet, pour se cultiver, il faut disposer d'une bibliothèque composée de manuscrits qui sont très chers car tous les livres sont copiés à la main. Qui peut se payer de tels objets? Les monastères qui disposent de frères qui passent des journées entières à recopier des manuscrits. Gardons nous de croire, pour autant, que les bibliothèques monastiques et épiscopales conservent de nombreux livres: une bibliothèque de 1000 livres est considérée comme richement dotée. Les laïcs, s'ils possèdent un manuscrit, dispose des psaumes, de la bible, pour les plus aisés. Ainsi, un clerc aura accès a plus de connaissances et à un réseau intellectuel religieux qui pourra le mettre assez facilement en contact avec d'autres religieux qui pourront fournir, prêter, recopier les textes recherchés. Vous remarquerez tout de même que la diffusion du savoir est extrêmement difficile. De plus, elle dépend étroitement des clercs érudits qui passent leur temps à écrire à d'autres savants pour débusquer, dans toute la chrétienté, les livres peu connus mais intéressants.

B- L'invention de Gutenberg.

Avec l'invention de l'imprimerie, et donc la duplication des textes, le savoir va pouvoir être diffusé sur une plus large échelle, et d'une manière plus facile. En effet, celui qui cherche à se documenter n'aura plus besoin de fréquenter une école pendant des années pour apprendre des choses qui n'ont rien à voir avec le sujet qui l'intéresse. Il ira à l'école pour apprendre à lire et à écrire mais, très vite, il n'aura plus besoin d'un intermédiaire entre lui et le savoir: il deviendra lecteur! Dès qu'il saura bien maîtriser sa langue et le latin, et si, tout de même, il dispose d'un peu d'argent car le livre imprimé a un certain coût, il achètera une petite édition d'un livre traitant d'un sujet qui l'intéresse. Ce livre, il le prêtera à ses amis; il le léguera même à ses descendants. Un jour, au 17ème siècle, il pourra même le consulter gratuitement dans une bibliothèque publique.

Johannes Gutenberg, avant d'inventer l'imprimerie grâce à des caractères mobiles en plomb, n'est pas parti de rien. Le papier, une invention chinoises introduite en Europe par les Arabes, est déjà utilisé. De même, la xylographie, impression à partir d'une planche de bois gravée, n'est pas inconnue. Cependant, c'est lui qui invente vers 1448, le caractère mobile, la presse à main et l'encre grasse (qui ne coule pas en faisant des tâches sur le papier). Ancien apprenti orfèvre, il connaît bien les alliages de métaux, la fonte et la ciselure. Les caractères fondus sont placés, à l'envers, dans un cadre, pour former des mots, des phrases, des pages entières. On encre, ensuite, les caractères avec un tampon qui pose une toute petite quantité de matière sur les caractères; on positionne la feuille de papier ou de parchemin dessus en faisant attention de ne pas la bouger; puis on tourne la presse qui met en contact la feuille et les caractères; on dessert la vis et on prend la feuille pour la faire sécher. Les feuilles formeront, par la suite, des cahiers que l'on coudra ensemble pour former un livre.

Bien qu'issu d'une famille aisée, le financement de son entreprise ne fut pas facile. Il dut se faire aider par le banquier Johann Fust qui lui prêta beaucoup d'argent. Les premiers imprimés commercialisés par Gutenberg semblent être des petits travaux: vraisemblablement une grammaire de latin, des poèmes, des documents administratifs comme des lettres d'indulgence (rémission devant Dieu de la peine pour des péchés déjà pardonnés). Il imprima, également, un drôle de calendrier, le calendrier Turc, qui est une sorte de pamphlet politique appelant les gens à résister contre les Turcs qui viennent de pénétrer en Europe en prenant la ville de Constantinople et en mettant fin, ainsi, à l'Empire Romain d'Orient. Quoi qu'il en soit, c'est sa bible qui est véritablement le premier livre digne de se nom imprimé et distribué par Gutenberg.

C- Les premiers livres imprimés.

En effet, entre 1452 et 1455, il publie une très belle bible, nette et propre, qui, reprenant l'habitude des manuscrits de faire deux colonnes par page, est imprimée sur du papier ou du parchemin. Ce serait une édition de 180 exemplaires, ce qui représente aujourd'hui une petite édition. Pour donner un ordre de comparaison, de nos jours, un livre scientifique (qui se lit et se vend peu) est tiré à 300 exemplaires; un livre de poésies (qui se vend extrêmement mal) est tiré à 200 exemplaires (et il faut 20 ans pour les vendre!). S'il eut du mal à trouver des acheteurs pour ce libre très populaire à l'époque, c'est très certainement dû à son prix: la qualité technique est tellement bonne que ses ouvriers ont dû mettre un temps fou à imprimer les exemplaires, ce qui implique un coût de production élevé. Il n'avait pas encore compris que le but même de l'impression était de démocratiser le savoir en proposant un objet bon marché.

Bible de Gutenberg.

---

1. https://en.wikipedia.org/wiki/
File:Gutenberg_Bible,_Lenox_Copy,_New_York_Public_Library,_2009._Pic_01.jpg

Si le premier livre imprimé est la bible, ceux qui vont suivre ont des thèmes plus novateurs. D'ailleurs, le premier livre imprimé en France, à la fin de l'année 1470, est un recueil de lettres de Gasparino Barbiza. Contrairement à ce que l'on pourrait croire, l'imprimerie n'a pas imposé la langue des romains comme unique langue de l'édition: il n'y eut pas de renaissance du latin. On assiste même à une mise en valeur des langues nationales. Ainsi, en 1461, est publié le premier livre en allemand; en 1470, c'est le premier livre en italien; viennent ensuite, en 1472, des ouvrages en castillan, en 1475, en anglais, en 1476, en français. Même des langues plus discrètes sont abordées: en 1499, le *Catholicon*, est le premier dictionnaire de breton, français et latin à paraître.

Les hommes de la Renaissance veulent indubitablement retrouver le savoir antique oublié durant le Moyen Age. Aussi, dès le début de l'imprimerie, les érudits recherchent les manuscrits des savants grecs dans les bibliothèques des monastères. La chute de Byzance facilite, d'ailleurs, leur travaille car, avec la fuite du clergé orthodoxe du monde Musulman qui est en train de s'installer en Grèce, des manuscrits d'auteurs antiques arrivent en Occident. Aussi, en 1476, on publie, à Venise, une compilation de textes d'Aristote (traduits en latin) sur la biologie animale. En 1477, c'est la *Géographie* de Claude Ptolémée qui est imprimée à Bologne; c'est dans ce libre de compilation d'auteurs antiques sur la géographie que l'on apprend que la Terre est une sphère. En 1482, les Éléments (de mathématiques) d'Euclide paraissent.

Afin de rendre ces ouvrages attrayants et compréhensibles d'un point de vue visuel, la qualité de l'impression est extrêmement élevée. Les lettre utilisées sont plus faciles à lire que sur les manuscrits (utilisation des caractères romains à partir de 1475). Certaines lettres sont en couleur; on ajoute même des gravures; la taille du livre est réduite: vers 1499 on invente l'*in octavo*, un petit livre que l'on tient plus facilement entre les mains.

Leçon 2: Un retour à l'Antiquité?
A- Les ruines de la Rome antique comme inspiration.

Le retour à l'Antiquité est surtout visible dans les arts plastiques. Il faut dire que l'Italie, durant tout le Moyen Age, comme aujourd'hui, est un livre d'histoire romaine à ciel ouvert. Rome, au 15ème siècle, est d'ailleurs une sorte de grand musée. Les architectes, les sculpteurs, et même les peintres, peuvent monter sur le Palatin pour se laisser influencer par les souvenirs en marbre de leurs ancêtres. Ceux qui n'y habitent pas peuvent faire un voyage et venir admirer la grandeur des temps passés. C'est ce que firent Brunelleschi et Donatello. Brunelleschi se serait alors inspiré du Panthéon pour faire les plans du Dôme de Florence. A partir de 1485, les artistes qui ne peuvent pas voyager disposent de l'édition florentine du *De re aedificatoria* de Léon Barrista Alberti. Cet auteur eut une influence considérable dans l'architecture car il fait de son observation directe, et de son enthousiasme, les vecteurs de ce qui sera à la mode au 17ème siècle: l'architecture dite classique. Certains de ses collègues italiens sont d'ailleurs déjà convaincus par la supériorité esthétique de l'art de l'Antiquité. Andrea Palladio (né à Padoue en 1508), architecte en chef de la ville de Venise, construira de nombreuses villas très largement influencées par l'architecture romaine. Prenons, par exemple, la Villa Rotonda, située près de Vicence, dans la région de Venise, qui fut construite entre 1566 et 1571 d'après les plans de cet architecte.

Villa Rotonda.
https://upload.wikimedia.org/wikipedia/commons/a/aa/
Villa_Rotonda_side%282%29.jpg[1]

Comparons-là au Panthéon de Rome.

Panthéon, Rome, vers le 2ème siècle de notre ère.
https://upload.wikimedia.org/wikipedia/commons/thumb/0/06/
Rome_Pantheon_front.jpg/1024px-Rome_Pantheon_front.jpg

---

1. https://upload.wikimedia.org/wikipedia/commons/a/aa/Villa_Rotonda_side(2).jpg

On remarquera tout de suite la filiation stylistique entre les deux. Le fronton du Panthéon est plus massif, les colonnes sont surmontées de chapiteaux corinthiens, mais l'idée générale est bien la même: agrémenter un bâtiment géométrique banal d'entrées plus spectaculaires et décoratives montrant frontons et colonnes. Bien sûr, Palladio est tout de même un artiste: il ne peut pas se contenter de copier servilement un modèle. Alors en respectant une symétrie très systématique, il rappelle les frontons sur le haut des fenêtre du bas; il rajoute des chapiteaux ioniens sur le haut des colonnes; il réduit la taille de la coupole; il rajoute des statues. Il ne copie pas, il s'inspire, et l'inspiration renaissante finit par dépasser en élégance le modèle romain.

B- Un artiste célèbre: Michel-Ange.

L'artiste le plus connu de l'époque reste tout de même Michelangelo di Lodovico Buonarroti Simoni (1475-1564). Il représente exactement ce qu'est la Renaissance italienne dans les arts: la synthèse de l'analyse de l'antiquité et de l'observation de la réalité qui l'entoure. L'antiquité lui aurait alors permis de retrouver le chemin d'une certaine objectivité des formes avec le respect des perspectives, des volumes, des proportions. Ce départ l'aurait ensuite poussé vers plus de naturalisme et d'élégance, vers la reproduction et l'amélioration des formes qu'il voit devant lui.

Il commença son apprentissage, comme peintre, à Florence, auprès de Domenico Ghirlandaio qui était avant tout un peintre de fresques. De 1490 à 1492, il est élève de l'école humaniste des Médicis et commence véritablement à créer. Il sculpte, par exemple, cette *Madonne sur les marches*.

1

https://en.wikipedia.org/wiki/File:Buonarotti-scala.jpg

1. https://en.wikipedia.org/wiki/File:Buonarotti-scala.jpg

Âgé de 15/16ans, il ne réalise pas un chef d'œuvre; les traits sont lourds, surtout les mains de la vierge, la perspective n'est pas flatteuse: il est encore très près du bas relief grec antique. Il travaille alors un peu avec le sculpteur Bertoldo di Giovanni. A partir de janvier 1494, il commence à prendre des commandes pour des clients. Résidant à Rome, en novembre 1497, le cardinal Jean Bilhères de Lagraulas lui commande une sculpture de la vierge pleurant sur le corps de son fils (pietà). Il sculpte alors son premier chef d'œuvre.

2

https://en.wikipedia.org/wiki/File:Michelangelo's_Pieta_5450_cropncleaned_edit.jpg.

Le jeune Michelangelo est décidément très doué pour la sculpture. La lourdeur de son adolescence a complètement disparu. L'ensemble est d'une extrême finesse; regardez les mains des deux personnages. La massivité antique laisse place à l'élégante maigreur du réalisme renaissant. Dans cet ordre d'idée, de retour à Florence, il termine, en **1504** son ***David***. La sculpture est un prouesse technique: le personnage, haut de 4,34 mètres, est extrait d'un morceau de marbre

---

2. https://en.wikipedia.org/wiki/File:Michelangelo's_Pieta_5450_cropncleaned_edit.jpg

assez étroit. Comme les Grecs de l'Antiquité, pour tenir ensemble le socle et la statue, il positionne un tronc d'arbre le long de la jambe porteuse et prend soin de mettre la presque totalité du poids sur cette jambe. La nudité antique est respectée mais on remarque, immédiatement, que le côté très athlétique de la statuaire grecque laisse place à la minceur de David: il vous semble musclé alors qu'il n'est que bien proportionné. La géométrie irréelle des Grecs s'efface devant le réalisme anatomique du Florentin. On pourrait, à la rigueur, retrouver la simplification romaine dans le visage mais la chevelure bouclée, et quelque peu désordonnée, nous enlève des brumes anciennes pour nous ramener vers l'Italie du début du 16ème siècle.

3

https://en.wikipedia.org/wiki/File:'David'_by_Michelangelo_JBU0001.JPG4,

---

3. https://en.wikipedia.org/wiki/File:'David'_by_Michelangelo_JBU0001.JPG

Par la suite, il ne cesse de travailler, surtout pour le pape, d'ailleurs. En 1546, il deviendra même architecte de la Basilique Saint Pierre. Cependant, il est surtout connu pour ses fresque de la Chapelle Sixtine (voir plus loin). Cette fois-ci, la hauteur du plafond appelle plus de chair autour des personnages. On peut même dire que tout le monde est potelé. On aurait du mal à retrouver les corps idéalisés des Romains et des Grecs. Sur *La création d'Adam,* par exemple, le premier homme pourrait être un homme réel de cette époque; on dirait la même chose pour Dieu; et cette femme blonde, derrière, ne serait-ce par une Vénitienne avec ses cheveux décolorés au soleil? On passe bien, graduellement, de la Rome Antique à la Rome renaissante, puis à l'art italien.

---

4. https://en.wikipedia.org/wiki/File:'David'_by_Michelangelo_JBU0001.JPG

C- Un écrivain célèbre: Érasme.

Érasme (vers 1466-1536) est également un **humaniste** (savant) typique de son époque. A l'âge de 9 ans, il commença à fréquenter une école religieuse des Pays Bas dans laquelle on enseignait, bien sûr, le latin, mais aussi le grec ancien; il aurait d'ailleurs pu apprendre ici les bases de cette langue. En 1488, il devient moine, et prêtre vers 1492. C'est en 1495 qu'il se rend à Paris pour étudier à l'université jusqu'en 1499. Il gagne sa vie en donnant des cours particuliers de latin. C'est peut-être dans cette ville qu'il se serait perfectionné en grec ancien. C'est bien cette langue qui le relie à une partie du monde antique: à la bible. Homme lié au Moyen Age par sa bible en latin, il veut se libérer de cette traduction et retourner à la vérité du texte original grec. Ce retour vers le passé ne vise pas à se réapproprier la science afin d'appréhender l'homme et l'univers à partir d'outils objectifs. Ce n'est pas un homme de science, c'est un homme de foi. Quoi qu'il en soit, il cherche la même chose que les scientifiques; il se retourne alors pour rechercher les textes grecs qui sont supposés être les plus proches de la « version originale ».

Pour sa nouvelle traduction de la bible, il est en concurrence avec l'équipe du cardinal de Cisneros qui, en 1502, décide de publier une bible en quatre langues: grec, hébreux, araméen et latin. Érasme profite d'un retard de l'entreprise de Cisneros pour demander un privilège éditorial auprès du pape et de l'empereur Maximilien Ier: l'équipe espagnole ne pourra sortir son ouvrage qu'en 1520. En 1516, il publie alors sa version qui a été réalisée dans la précipitation. C'est loin d'être un travail soigné; on se demande d'ailleurs quelle est la version qui a servi à l'édition du texte final: est-ce la version grecque, est-ce la version latine? En fait, au cours de sa traduction, il se rend compte que les manuscrits grecs ne sont pas plus fiables que la vieille traduction latine, ce qui l'amène alors à conserver certains passages de la traduction du 5ème siècle. Son édition ressemble, en fait, à une sorte de synthèse de deux traditions issues de l'Antiquité Tardive: la chrétienté latine, la chrétienté grecque. Son travail bâclé produit une édition remplies d'erreurs de transcription, de traduction, de typographie. En revanche, après de multiples relectures, l'équipe espagnole réussit à sortir, en 1522, une édition presque parfaite. Ainsi, on a bien deux mondes qui s'opposent; celui qui se précipite sur l'Antiquité pour avoir une réponse immédiate, celui qui l'observe longuement, médite et, finalement, ne lui demande qu'une chose: continuer à exister.

Leçon 3: La Renaissance en France.

A- Un prince enthousiaste: François 1er.

La Renaissance, en France, dispose d'un médiateur très influent: François Ier (1494-1547), le roi! Il est un cousin éloigné de Louis XII mais, ce dernier n'ayant pas d'enfant, il est l'héritier légitime du trône. Devenu roi en 1515, il est loin d'ignorer ce qui se passe, d'un point de vue culturel, en Italie. Dès le début de son règne, il commande des travaux à de nombreux artistes italiens qu'il invite en France. Le plus célèbre d'entre eux, Léonard de Vinci, est installé au Clos Lucé, résidence située près du château royal d'Amboise. C'est ainsi que **La Joconde** entre dans la collection du Roi. François Ier utilise aussi les services de Pierre l'Arétin pour acheter des peintures des maîtres italiens les plus renommés comme Michel Ange, bien sûr, le Titien et Raphaël.

Bon vivant, il dépense sans compter pour agrémenter sa vie. La vie de cour est une suite de fêtes, de banquets, de tournois, de bals costumés. Protecteurs des lettres, il invente ce qui deviendra un jour le dépôt légal: tout éditeur d'un livre publié en France doit envoyer un exemplaire à la Bibliothèque Royale. Il fonde l'Imprimerie Royale. Il patronne des poètes comme Clément Marot et Claude Chappuys. Il fonde le collège royal, une université chargée d'enseigner des disciplines plus modernes (médecine, mathématiques, grec ancien, philosophie grecque, hébreux, éloquence latine) que celles enseignées à la Sorbonne.

Pour embellir le château de Fontainebleau, il fait venir d'Italie, en 1526, un groupe d'artistes. Vers 1530, le nouveau style (dit de l'**École de Fontainebleau**) est définit par Rosso Fiorentino et Francesco Primaticcio. Il est assez chargé. Il allie des boiseries, des fresques et des modelages en stuc. De nombreuses scènes inspirées de l'Antiquité animent les pièces. Cependant, cette antiquité est beaucoup plus italienne que romaine; on ne peut d'ailleurs pas s'y tromper: même les angelots grassouillets (putti) à la manière de Michel Ange, souvenir de l'éros des temps anciens, sont peints ou sculptés d'une manière qui ne rappelle pas du tout le style romain.

B- Une frénésie architecturale.

Cependant c'est bien dans l'architecture que la fantaisie renaissante du Roi s'est le plus exprimée. Le plus souvent, il fait modifier des constructions déjà existantes. Aussi, on cherchera en vain un château qui ressemblerait à un temple romain, ou même à une villa de Palladio. Il faudra attendre le 17ème siècle pour que des forêts de colonnes à la romaine rythment les façades des palais du roi et des aristocrates. Avec François Ier, ce n'est pas l'Antiquité qui s'invite sur les murs mais l'Italie qui revisite l'Antiquité. Il fait alors modifier les châteaux d'Amboise, de Blois, du Louvre. Il demande de construire un nouvel hôtel de ville à Paris. Il fait édifier le château de Madrid, dans le bois de Boulogne, ceux de Saint-Germain-en-Laye, de la Muette, de Villers-Cotterêts, de Folembray, de Challuau. Surtout, voulant faire de celui de Fontainebleau sa résidence principale, il fait tout raser, sauf le donjon, et tout reconstruire dans le goût italien à la mode. Quoi qu'il en soit, ces constructions sont à la mesure des moyens et ambitions des princes européens de l'époque: tout chef d'État doit résider dans un endroit qui montre son statut. Même le très austère Charles Quint se fait construire un très beau palais renaissant dans l'Alhambra de Grenade (il ne l'habitera jamais car les travaux s'éterniseront). Cependant, François Ier dépassera la mesure avec Chambord.

https://commons.wikimedia.org/wiki/
File:ChateauChambordArialView01.jpg?uselang=fr,

Ici, on n'est plus dans le tape-à-l'œil politique mais dans le rêve; il ne s'agit plus de chercher à imposer le respect par la pierre mais à abriter le corps assoupi de la Belle au Bois dormant. Par ailleurs, on ne peut même plus parler d'influence italienne; il y a bien des décors inspirés de la Renaissance italienne mais c'est bien, majoritairement, l'hallucination d'un Français qui demande d'utiliser des ornements à la mode et finit par créer un style composite.

C'est en 1519 que le Roi demande à François de Pontbriand d'ordonner toutes les dépenses nécessaires pour construire cette résidence de chasse. Le projet initial prévoit un donjon, à l'allure très médiévale, collé à un côté d'une enceinte rectangulaire. Les travaux commencent par la destruction des bâtiments préexistants et par la réalisation des fondations. Le site est dans une plaine marécageuse qui impose des travaux pharaoniques pour drainer le terrain et apporter un volume considérable de gravas afin de pouvoir asseoir fermement la future construction. En 1526, le Roi demande d'ajouter deux ailes latérales dont l'une doit accueillir ses appartements. En 1539, le donjon est terminé; François Ier, dans la

---

1. https://commons.wikimedia.org/wiki/File:ChateauChambordArialView01.jpg?uselang=fr

nuit du 18 au 19 décembre, y loge alors Charles Quint en route pour Gand. Le Roi de France, comme à son habitude, met les petits plats dans les grands; il fait mettre en urgence des tapisseries et des fleurs partout. En 1544, l'aile royale est terminée. À sa mort en 1547, le Roi n'y aura passé que très peu de temps: 72 nuits au total. Quoi qu'il en soit, cette œuvre unique, imaginée par un roi et des architectes rêveurs, fera de cette apparition de conte de fées, le bâtiment le plus français de l'histoire: Louis XIV terminera les travaux et, en 1821, les Français, par souscription nationale, l'offriront au denier prétendant sérieux au trône de France, qui se fera alors appeler Monsieur le Comte de Chambord!

C- Un désire de rationalisation: le français accepté par tous.

Plus le temps passe, plus cette Renaissance française devient... française! Le Roi qui ne garde pas forcément de bons souvenirs de ses années d'étude et de ses cours de latin, impose d'ailleurs le français aux administrations du pays.

En **août 1539**, il publie une ordonnance apparemment sans grande importance sur «le fait de justice» (**ordonnance de Villers-Cotterêts**). Pendant 110 articles, le texte égrènent des considérations ennuyeuses sur des règles de droit et, soudain, à l'article 111 l'improbable arrive: le Roi déclare qu'il y a tellement de problèmes de compréhension des textes latins dans les rapports juridiques qu'il impose le français comme langue des tribunaux, des notaires, des institutions. En somme, le français devient la langue des contrats entre personnes publiques et privées, langue qui est déjà très utilisée dans la vie courante. Le latin à fait long feu! Enseigné dans les écoles, il laisse tout de même place aux langues du coin. Mais que parle-t-on à cette époque en France? Pas uniquement le Français de l'Île de France; il y a toute la partie sud du territoire qui utilise des patois occitans! François premier, né à Cognac, arrivé à Paris à l'âge de 3 ans et demie, impose la langue du nord, pas celle du sud. Elle est déjà utilisée par l'aristocratie, par la diplomatie; elles s'est presque imposée en Angleterre après sa conquête par Guillaume le conquérant; elle est parlée par les puissants: n'est-ce pas la langue «maternelle» de Charles Quint? Surtout, elle a déjà produit une abondante littérature. On se souvient de *La Chanson de Roland* (11ème siècle), de *Lancelot ou le chevalier de la Charrette* de Chrétien de Troyes (vu plus haut, 12ème siècle), des poèmes de François Villon (milieu du 15ème siècle).

D'ailleurs, la sœur aînée de François Ier, Marguerite de Navarre (1492-1549), ne se prive pas de l'utiliser pour publier ses livres; voyons, il n'est plus question d'écrire en latin: c'est tellement démodé! Pourtant, comme son frère, elle a suivi un enseignement conventionnel avec latin et littérature latine. A priori, femme de son époque, sa vie ne peut pas dépasser un cadre assez familial, même si son statut social est élevé. Âgé de 17 ans, en 1509, elle épouse le duc d'Alençon. Sa vie est tracée: elle aura des enfants qu'elle transformera en bon Chrétiens. La vie au château d'Alençon ne lui laisse pas entrevoir d'autres perspectives: sa belle mère est très pieuse, son mari, militaire dans l'âme, n'aime pas du tout les livres et la culture. Cependant, sa vie monotone s'éclaire dès l'accession de son petit frère au trône de France. Elle devient plus mondaine et se met à fréquenter les gens brillants de la cour de France. Après la mort de son mari, elle monte encore dans la hiérarchie sociale car elle se remarie avec le roi de Navarre (en janvier 1527). Elle écrit déjà un peu, mais c'est une sorte de passe temps. C'est à partir de 1524 qu'elle commence à publier. Ses écrits sont des exercices de styles de gens qui ont tu temps devant eux: elle passe des heures à versifier en français. Il faut dire qu'au fil des années elle acquière une technique très sûre. Ses vers sont loin d'être ridicules. Son domaine de prédilection est classique: la bible. Lorsqu'elle ne réécrit pas la bible en forme de poème, elle invente des récits toujours surveillés par une morale chrétienne très présente. En fait, il faut attendre 1545 pour que, dans son *Heptaméron*, elle suivent une route plus originale en proposant une analyse plus psychologique de ses personnages. Ça reste un roman d'amour, mais les tourments des protagonistes sont mis en relief. Une fois encore, l'Antiquité s'efface devant le goût français.

Exercice de réflexion:

D'après cette peinture de la Chapelle Sixtine, peut-on dire que Michel Ange
pense que Dieu a crée l'homme à son image? (10 lignes).

Est-il difficile de déceler les intentions de quelqu'un à travers une œuvre d'art? Si l'artiste est assez doué, cela peut être assez facile. Dans la création du premier homme par Dieu, le message stylistique est assez évident. Dieu est dépeint en vieillard barbu et grisonnant dont le corps assez athlétique (il n'est pas gros) est recouvert d'une tunique légère qui souligne, tout de même, sa musculature. La volonté de Dieu instille l'âme d'Adam par le contact du doigt. Pleinement conscient de lui-même, Adam regarde son créateur: lui ressemble-t-il? Le traitement du corps par l'artiste est tout à fait comparable; la couleur de la peau est la même; il est beaucoup plus dévêtu; ne serait-il pas légèrement plus grand? Y aurait-il un air de famille dans les visages? Pas dans le nez, ni dans les yeux. Le visage de Dieu semble beaucoup plus volontaire, celui d'Adam est songeur. Quoi qu'il en soit, on peut constater que Michel Ange a pris le message de la bible et a essayé de l'exprimer sur la fresque. Cependant, le message a-t-il été compris? L'image de Dieu, n'est-ce pas plutôt la faculté de penser par soi-même, d'agir en suivant sa volonté, de créer librement? Comment peut-on, en somme, exprimer une idée abstraite dans une œuvre d'art? On peut bien s'appeler Michel Ange et être, finalement, limité par les possibilités techniques de son art. La peinture, n'est pas la littérature: on ne peut que très rarement exprimer des concepts abstraits.

Michelangelo di Lodovico Buonarroti Simoni, *La création d'Adam*, 1511.

https://commons.wikimedia.org/wiki/
File:Michelangelo_-_Creation_of_Adam.jpg?uselang=fr

Séquence 6: La religion.
Leçon 1: Le protestantisme.
A- Les origines de la doctrine.

A l'intérieur du Christianisme, il y eut rarement une communauté de vue sur le dogme et la fonction du clergé. Depuis le début, d'ailleurs, la nature même de Dieu fut remise en question: comment pouvait-on avoir une religion monothéiste en admettant l'existence du Père, du Fils et du Saint Esprit? De nombreux conciles essayèrent de codifier et d'expliquer ce trois qui fait un; toute la chrétienté ne fut pas convaincue.

La critique de l'Église catholique se fit insistante au début du 12ème siècle. Arnold de Brescia (vers 1090-1155), prieur d'un monastère, critiqua violemment le pouvoir politique de l'Église. Il se fit l'avocat de la pauvreté des moines; il osa se mettre du côté d'une révolte populaire qui déposséda le pape de son pouvoir politique sur la ville de Rome au profit d'une assemblée de citoyens. Il prêcha alors pour l'interdiction aux prêtres qui possédaient des biens matériels d'administrer les sacrements. Il poussa même un pape à prendre la route de l'exile. Les premières bases du protestantisme étaient posées: le refus du pouvoir du pape, le retour à la pauvreté des religieux. Excommunié (chassé de l'Église), il fut pendu en juin 1155. Quelques années plus tard, Pierre Valdo (vers 1140-vers 1205) commença à prêcher et propager ses idées. Lui aussi il prônait la pauvreté des religieux. Il condamnait même quelques dogmes bien établis comme l'existence du purgatoire et la réalité de la **transsubstantiation** (le pain et le vin devenant le corps et le sang du Christ). Vers 1170-1180 il demanda à un religieux de Lyon de traduire le Nouveau Testament en franco-provençal afin de rendre le texte sacré compréhensible par les fidèles. Il fut excommunié en 1184; ses adeptes se réfugièrent dans les Alpes italiennes.

Cependant, ce sont les cathares qui posèrent le plus de problèmes aux autorités religieuses officielles. Dans leur foi, le christianisme catholique était profondément modifié. Outre le refus de la propriété privée pour tous les croyants, Jésus-Christ n'était plus que le messager de Dieu (et non pas Dieu); il était un pur esprit. Marie, n'était pas sa mère mais sa protectrice. Ils niaient la validité des sacrements de l'Église et l'avait remplacé par un seul: le baptême par l'imposition des mains et de l'*Évangile de Jean* sur la tête. Le baptisé devenait alors une sorte de religieux. Il ne devait ni mentir, ni jurer, être toujours gentil, ne pas tuer, même les animaux, ne pas manger de viande, ni de produits venant des animaux, propager la nouvelle doctrine (en s'aidant d'une bible traduite en occitan). L'Église officielle n'avait plus aucune place dans leur monde, et elle se vengea: en 1165 elle fit de cette croyance une hérésie, en 1209 le pape lança même une croisade contre eux. Avec l'aide d'aristocrates français, l'hérésie périclita après 1244 et la prise du château de Montségur. Cependant, ce rejet de l'Église officielle, et la mise en place d'une foi chrétienne par le contact direct avec les textes sacrés traduits dans la langue de la population, ne disparurent pas.

B- Luther et Calvin.

Avec Martin Luther (1483-1546), la critique de l'Église se fait plus systématique. Sa définition de la foi dépend étroitement de ses doutes existentiels: séjournant au couvent des Augustins d'Erfurt, il essaie, par une vie de jeûne, de prières et de mortification, de rechercher les signes de son entrée au Paradis après sa mort, mais il reste convaincu qu'il n'y arrivera pas. C'est bien là la différence fondamentale entre catholiques et protestants. Pour les premiers, le fidèle a reçu la grâce de Dieu dès le baptême; avec l'aide du Christ et de son Église, le croyant accédera au Paradis si, volontairement et consciemment, il accepte de faire le bien. Pour les autres, Dieu, dès le début, a choisi ceux qui seront graciés et entreront un jour au Royaume des Cieux. Le croyant pourra faire ce qu'il veut, si Dieu a décidé de le faire mauvais, ni les fréquentes communions, ni son désir de s'améliorer ne feront rien: il ne changera pas de nature et sera destiné au feu de l'Enfer. Le libre choix, par l'individu, entre le bien et le mal, n'existe pas; la volonté guidée par la raison et l'humanité n'existe pas plus. Aussi, les protestants imposent l'humilité et l'absolue obéissance à Dieu. Pour Luther, même gracié par Dieu dès le début, l'homme reste fondamentalement un pêcheur; la foi et les bonnes actions durant la vie sont alors nécessaires pour accéder au salut accordé par Dieu. Bien sûr, on n'achète pas son salut en payant cher une indulgence; bien sûr, le purgatoire, lieu de transition destiné à racheter les âmes de ceux qui ne sont pas tout à fait dans le bien, ne peut pas exister. En 1517, il entre alors en conflit avec le pape au sujet de l'indulgence accordée à ceux qui financeront la basilique Saint-Pierre. Le 31 octobre 1517, il placarde sur l'église de la Toussaint de Wittemberg un affiche comportant 95 points (**thèses de Wittemberg**) dont les principaux visent à montrer en quoi le commerce des indulgences est absurde. Il est excommunié en 1521. Il fait cependant des émules et se trouve bientôt à la tête d'une communauté importante de fidèles. Au fil des années, la pédagogie luthérienne s'affine. Conscient tout de même que sa vision du christianisme repose sur le *Nouveau Testament*, il le traduit en allemand (1534) afin que les fidèles puissent se référer directement au texte sans passer par l'interprétation d'un membre du clergé catholique. Suivi par certaines personnes influentes, le luthéranisme devient la religion officielle de la Suède en 1544.

Quant à Jean Calvin (1509-1564), il croit que le péché d'Adam (qui vola le fruit de la connaissance de la différence entre le bien et le mal) s'est transmis à toute l'humanité. Le péché est donc la nature fondamentale de l'homme. Par la souffrance du Christ sur la croix, par son absolue obéissance à Dieu le Père, le contentieux entre l'homme et le créateur est désormais moins fort. Dieu peut ouvrir les portes du Paradis à ceux qui ont la foi et qui, par la repentance (regret sincère de ses fautes) et une lutte continue contre le mal, peuvent revenir à l'état de pureté de l'homme d'avant le **péché originel** (d'Adam). Là encore, ce n'est pas en achetant une indulgence que l'on obtiendra le salut. Malgré tout, Calvin suit la doctrine de le prédestination. Ainsi, seuls ceux qui ont reçu la grâce divine à leur naissance peuvent espérer le salut éternel après une vie vertueuse dans la foi. Puisque la connaissance de Dieu n'est pas inhérente à l'humanité et que l'observation de la nature ne permet pas de l'atteindre, le fidèle doit étudier les Écritures (traduites en langue vernaculaire). Plus que ses prédécesseurs, il fait de l'histoire de l'humanité une production de la volonté de Dieu; si l'homme ne comprend pas la situation dans laquelle se trouve la société, il n'a qu'à accepter la situation car c'est la volonté de Dieu. C'est en 1537 qu'il devient pasteur (protestant). A Strasbourg, il officiera dans plusieurs églises. Il arrive à Genève en 1541 pour y réformer le culte. Il y restera jusqu'à sa mort.

C- Henri VIII.

L'implantation du protestantisme en Angleterre se fit d'une manière différente: c'est le roi lui-même qui précipita la réforme du culte. Certes, un théologien d'Oxford, John Wyclif, avait remis en cause la hiérarchie de l'Église, mais c'est Henri VIII (1491-1547) qui, s'opposant au pape, imposa le changement de religion à son royaume.

Le majeur et futile problème qui présida à ce changement fut d'ordre matrimonial. Henri VII, père de Henri VIII, afin de lier le destin de l'Angleterre à celui de l'Espagne, signa un accord, en 1503, organisant le remariage de Catherine d'Aragon, veuve de son premier fils, avec son second fils, le très jeune prince Henri de Galles. Ce dernier, à partir de l'adolescence, fit connaître son désaccord. En 1509, après la mort de Henri VII, il accepta tout de même de respecter la volonté de son père et de se marier avec Catherine d'Aragon. Le mariage fut d'ailleurs consommé. Le 31 janvier 1510, Catherine donna naissance à une petite fille morte-née; le 1er janvier 1511, un petit garçon naquit mais il mourut quelques semaines plus tard; en 1514 et 1515 elle eut encore deux fils mort-nés; enfin, en février 1516, la petite Marie naquit. Cependant, le destin des rois du nord de l'Europe était d'engendrer des fils car, dans cette partie du monde, il n'était pas encore admis que l'on pût voir une femme devenir chef d'État. Aussi, d'une liaison avec Elizabeth Blount, il eut un fils, en juin 1519, qui prit le nom de Henri Fitzroy. Il pensa un moment le légitimer pour en faire son successeur. Il fallait toutefois l'accord du pape, ce qui était loin d'être acquis, surtout dans ce cas d'enfant illégitime conçu alors que son mariage avait toute la légitimité religieuse possible. Attendre que sa fille Marie donne naissance à un fils semblait encore trop hypothétique. Il ne restait alors que la solution de l'annulation de son mariage et le remariage avec une femme jeune qui lui donnerait un fils.

La dissolution du mariage fut refusée par le pape pendant de nombreuses années. De guère lasse, Henri VIII chassa sa femme de la cours et, secrètement, se maria avec Anne Boleyn à la fin de l'année 1532. Alors qu'elle était déjà enceinte, il y eut une deuxième cérémonie de mariage le 25 janvier 1533. Le 23 mai 1533, Thomas Cranmer, archevêque de Canterbury légalement investi par le pape, statuant comme juge au prieuré de Dunstable, prononça la dissolution du premier mariage du Roi. Le parlement anglais accepta cette nouvelle situation, pas le pape qui excommunia le Roi et l'archevêque. En 1534, le parlement reconnu même le Roi comme chef de l'Église d'Angleterre! On ne peut pas dire que, d'un point de vue théologique, il y eut un changement notable. L'établissement du protestantisme en Angleterre ressemble, en fait, à une sorte de coup d'État: pour un simple problème de succession, le pouvoir civil absorba le pouvoir religieux.

Leçon 2: Le catholicisme.
A- Une administration plus qu'une Église.

Si l'Église catholique est autant critiquée, c'est qu'il existe de sérieux problèmes. Il faut dire que la structure même de la société des 15ème et 16ème siècles est à l'origine de certains de ces problèmes. En effet, la transmission du patrimoine se fait très majoritairement du père au fils aîné, privant donc le reste de la famille de moyens de subsistance. On peut, bien sûr marier les filles, mais que faire des garçons? Lorsqu'on est issu de la noblesse, on ne peut pas faire n'importe quoi car on pourrait perdre sa noblesse. Le métier des armes est parfois une solution mais on meurt jeune! La voie religieuse semble alors la solution; il y a d'ailleurs de très forts liens familiaux entre noblesse et religion. La motivation pour devenir religieux serait donc souvent une histoire d'intégration sociale. Pour obtenir des postes rémunérateurs, les réseaux familiaux se mettent en action (népotisme). Une fois en poste, le religieux, même après une formation, continue à vivre comme dans la vie civile. L'exemple caricaturale de cela est bien Rodrigo de Borja. Issu d'une famille noble de la région de Valence, en Espagne, il est nommé par son oncle, le pape Calixte III, archevêque de Valence en 1456 alors qu'il n'a que 25 ans. Il devient même immédiatement cardinal (il a le droit de voter pour élire le pape). L'année suivante, son oncle le nomme vice-chancelier de l'Église: à 26 ans, il a le poste le plus élevé après le pape. Après des années d'intrigues et de malversations, il est élu pape, le 11 août 1492, et devient alors Alexandre VI. Prêtre, et donc voué au célibat et à la chasteté, il a de nombreuse maîtresses et engendre plusieurs enfants! Ainsi, les Protestants n'ont pas de mal à voir des vices partout dans l'Église catholique; ils sont donc fondés à rejeter l'autorité d'un individu qui ne respecte pas les règles qu'il impose aux autres.

Par ailleurs, le catholicisme de l'époque n'entend pas les revendications religieuses légitimes des fidèles. Pendant des siècles, il combat ce qu'il nomme hérésies comme une structure politique qui cherche à rester au pouvoir en éliminant ses opposants. Cette administration oublie même qu'elle traite de religion et non de pouvoir. A ce titre, l'histoire de Jeanne d'Arc est révélatrice d'une totale sclérose. En effet, l'Église est dominée par le pouvoir politique qui ordonne le procès. Les religieux ont un mal fou à trouver de véritables raisons de la faire passer pour une hérétique. Leur argument principal est sa manie d'invoquer le jument de Dieu au lieu du jugement de l'Église (c'est-à-dire eux qui forme sa structure hiérarchique). Dans cet ordre d'idée, elle communiquerait directement avec le ciel! C'est totalement impossible et inadmissible: seul un prêtre peut autoriser une telle action, car c'est sa fonction. Ces gens là sont des fonctionnaires, pas des missionnaires! Aussi, la religiosité bouillonnante de cette époque qui met en relation toute l'humanité grâce aux voyages de découverte ne trouve pas de réponse institutionnelle. Elle s'exprime alors dans un autre cadre.

B- La bible en latin.

L'autre écueil du catholicisme est la langue utilisée pour mettre le croyant en face de sa foi: le latin, quelle barrière! Déjà les Romains ne le maîtrisaient pas parfaitement! François Ier, qui n'est pas le pire des élèves, a du mal à le comprendre! Comment des personnes avec peu d'éducation peuvent comprendre ce qu'il y a dans la bible à travers le latin guindé de Jérôme de Stridon, le traducteur de la vulgate (vers 390-405)? Les hérésies médiévales ont répondu à la question: considérant que même les gens instruits ont un certain mal à comprendre le texte, il faut impérativement le traduire. Les protestants font exactement la même chose, pas les catholiques! Les Français sont d'ailleurs très à cheval sur l'absolue sainteté du texte en latin. Dès 1210, on fait brûler les manuscrits de théologie qui sont écrits en langue vernaculaire. En 1231, le Concile de Reims interdit de traduire les livres sacrés en Français. Cependant, au début du 16ème siècle, Lefèvre d'Étaples entreprend de traduire le *Nouveau Testament* en Français pour que les fidèles de la région parisienne puissent mieux comprendre le texte et son message. Il se fonde alors principalement sur la *Vulgate* pour établir son édition qu'il publie de 1523 à 1525. Les docteurs de l'Université de Paris montent immédiatement au créneau pour la faire interdire. L'affaire est portée devant le Parlement de Paris qui, en 1526, interdit toute publication des Saintes Écritures en français. Il continue alors de la publier à Anvers; les traductions en français d'autres auteurs seront d'ailleurs toujours publiées hors de France. Les papes, de toute manière, ne cessent de réaffirmer la supériorité de la *Vulgate* sur tout autre texte. La tradition a finit par faire passer cette version du 4ème siècle pour une sorte d'édition originale qui serait la seule authentique: Dieu se serait finalement exprimé en latin!

Cette routine intellectuelle cache la peur du clergé de voir apparaître de mauvaises interprétations conduisant certains à s'engager sur le dangereux chemin de l'hérésie. Sans aller jusque là, l'histoire même du catholicisme leur a montré que la lecture de la bible a mené à de nombreuses querelles religieuses qui n'ont cessé de diviser les membres du clergé depuis le début du christianisme. Surtout, la raison d'être du clergé est de servir de filtre entre le fidèle et Dieu. Si par malheur les individus parvenaient à comprendre la bible, leur présence perdrait toute légitimité. C'est d'ailleurs ce qui se passe dans le monde protestant qui est en train de vider le clergé d'une partie de sa substance. Les protestants lisent la bible dans leur langue; ils n'ont donc plus tellement besoin de tous ces intermédiaires pour leur dire quoi en penser. En somme, le pasteur s'occupe du minimum vital de la vie dans une communauté chrétienne (baptêmes, messes, mariages, enterrements); l'essence même de la religion, comprendre un message, ne lui appartient plus tellement...

C- Le concile de Trente (1545-1563).

En 1545, afin de donner une réponse au protestantisme qui est en train de se répandre à travers l'Europe, l'Église réunit un concile à Trente (nord de l'Italie). Si Charles Quint espérait réconcilier protestants et catholiques, l'aidant ainsi dans la gestion de son empire divisé entre terres catholiques et terres protestantes, les prélats ne l'entendirent pas ainsi. Pour eux, les Protestants n'étaient que des hérétiques; il fallait tout de même réformer l'Église (on parle alors de **Réforme Catholique** ou contre-réforme) car cette déviation de la foi reposait tout de même sur une constatation irréfutable: l'essoufflement profond du catholicisme.

Réforme ne veut pas dire révolution. Ainsi, les prélats du concile réaffirment la supériorité de la *Vulgate* de Jérôme de Stridon. Ils la considèrent comme le texte voulu par Dieu et affirment que, malgré de légères variations dans les éditions, elle est fiable. Par conséquent, l'Église surveillera désormais toutes les éditions de la Bible. Il n'est pas formellement interdit de la traduire dans une autre langue que le latin. Cependant, en 1559, toutes les traductions déjà publiées en langues vulgaires sont mises à l'index (interdites car jugées fautives). La bible en latin continue à être la norme; d'ailleurs, la messe doit être dite en latin mais les sermons peuvent, maintenant, être faits dans la langue des fidèles.

Quant à la nature de l'homme, elle s'oppose péremptoirement au dogme des Protestants: l'homme n'est pas naturellement mauvais. Certes, le péché originel jette un doute sur la nature du nouveau né, mais le baptême purge le contentieux entre Dieux et les hommes car l'enfant renaît alors dans ce monde divin qui le purifie. Dans le cours de sa vie, il devra s'efforcer d'être dans le bien pour mériter son salut. Les sacrements sont nécessaires pour espérer aller au Paradis, notamment l'eucharistie: le vin et le pain sont toujours regardés comme le sang et le corps du Christ. Le pêcheur peut toujours acheter des indulgences mais c'est bien une vie vertueuse dans le respect des principes et rites de l'Église qui donne droit au salut éternel.

La structure religieuse elle-même doit devenir vertueuse. Le concile fixe à 27 ans l'âge minimum pour devenir prêtre. On demandera désormais aux prêtres d'avoir suivi une formation sérieuse dans des séminaires avant d'entrer dans la prêtrise. Les religieux ne pourront plus cumuler les fonctions: un évêque ne disposera que d'un évêché, par exemple. D'ailleurs, l'évêque doit visiter toutes les églises de son diocèse chaque année. Tous les religieux doivent avoir une conduite digne; il ont l'obligation de porter alors l'habit ecclésiastique en permanence et ne peuvent pas fréquenter ces établissement douteux qui servent de l'alcool (les tavernes surtout). Il est entendu qu'il faut extirper le protestantisme de la chrétienté. Les évêques doivent donc prêcher, faire prêcher d'autres clercs, afin de reconquérir les âmes perdues. Le Concile de Trente, en fait, ne cherche pas à faire des concessions; il vise à clarifier des positions théologiques, à réformer quelques abus, à mieux relier les fidèles à la religion par l'intermédiaire d'un clergé toujours aussi présent et directif, afin de mieux imposer son opinion sur la nature de l'homme et de sa place dans la Création.

Exercice de réflexion:

D'après ce texte, quelle est l'opinion de Henri IV sur la coexistence des religions? (15 lignes).

Henri IV, Roi de France et de Navarre, <u>Édit de Nantes (en faveur de ceux de la religion prétendue réformée)</u>, 1598.

Défendons à tous nos sujets, de quelque état et qualité qu'ils soient, d'en renouveler la mémoire, s'attaquer, ressentir, injurier, ni provoquer l'un l'autre par reproche de ce qui s'est passé, pour quelque cause et prétexte que ce soit, en disputer, contester, quereller ni s'outrager ou

126

s'offenser de fait ou de parole, mais se contenir et vivre paisiblement ensemble comme frères, amis et concitoyens, sur peine aux contrevenants d'être punis comme infracteurs de paix et perturbateurs du repos public.

Henri IV fut protestant avant d'abjurer sa foi pour pouvoir devenir roi de France. On peut donc difficilement s'attendre à une attitude extrêmement sectaire. Il est, certes, le fils d'une austère et intransigeante protestante: Jeanne d'Albret, Reine de Navarre, fille de Marguerite de Navarre et, donc, nièce de François Ier. Il est également le fils de Antoine de Bourbon, un homme sans beaucoup de convictions religieuses mais beaucoup d'opinions politiques. Très proche du pouvoir parisien, il arrondit toujours les angles avec les catholiques et envisagea même de répudier sa femme pour hérésie. La vie personnelle de Henri IV fut, d'ailleurs, une incessante valse entre les deux religions, mais la possibilité de devenir roi de France lui recommanda d'être prudent. Le 18 août 1572, alors qu'il est officiellement protestant, il se marie avec la fille (catholique) de Henri II et de Catherine de Médicis, union qui symbolise la réconciliation des deux religions. Lorsqu'il promulgue cet édit qui cherche à faire coexister ceux qui se sont entre-tués pendant des nombreuses années, on voit nettement qu'il est fatigué et, même, qu'il a jeté l'éponge. Il sait qu'il ne réussira pas à éradiquer complètement le protestantisme. Notons que le Concile de Trente ne pousse pas les souverains à faire des concessions aux protestants. Seulement, la politique impose des solutions que la religion peut réprouver. François Ier ne s'était-il pas allié avec un musulman (Soliman le Magnifique) pour combattre les Habsbourg? Ici, on remarque qu'il demande aux partisans des deux religions d'oublier, déjà, ce qui s'est passé entre eux. Ensuite, il leur impose de vivre ensemble, sous la surveillance de l'État, en faisant de la religion un sujet secondaire que l'on ne doit surtout pas aborder en société. Cette attitude sociale de ne jamais aborder la religion en public est bien une nouveauté française. C'est, d'ailleurs, la meilleures des solutions possibles lorsque l'on sait qu'aucun argument ne parviendra à convaincre celui qui ne partage pas son opinion. Henri

IV intègre les limites de la puissance d'un roi qui aurait beaucoup de pouvoir: seul, avec une grande armée et un police efficace, on n'arrive jamais à dompter les consciences. Aussi, il faut occulter les sujets qui fâchent: le silence devient la meilleure des armes.

Thème 3: L'État à l'époque moderne: France et Angleterre.

Séquence 7: L'affirmation de l'État dans le royaume de France.

Leçon 1: Le roi.

A- Un pouvoir familial.

Depuis le début de la dynastie fondée par Hugues Capet, l'obsession de ses descendants est de maintenir la couronne de France dans la même famille. Le premier roi des Francs se fit élire par les Grands du Royaume; le principe de l'hérédité du pouvoir ne faisait donc pas partie d'un acte fondateur. Cependant, au 10ème siècle, les terres et les pouvoirs politiques qui y étaient attachés, étaient déjà gérées comme des patrimoines personnels que l'on pouvait léguer à ses descendants et même diviser. Ainsi, les fils d'un seigneur héritaient, de leur père, un territoire qui était donc partagé. Au bout de quelques générations, on aboutissait à un morcellement considérable du territoire et du pouvoir. Contrairement aux Carolingiens, les Capétiens ne voulaient pas obtenir ce résultat. Peu à peu, il imposèrent que le fils aîné du roi précédent hérite de la totalité du Royaume. Celui-ci devint même inaliénable (que l'on ne peut pas céder ou vendre). Certes, les fils seconds jouaient tout de même un rôle dans l'État. Il fallait bien les ménager car si leur frère mourait sans descendance masculine, ils héritaient du royaume. On leur concédait alors un apanage (une terre importante qui leur donnait des revenus conséquents mais qui ne leur appartenait pas). La filiation, très germanique, à partir de l'hérédité masculine, conduisit, tout de même, les membres de cette famille à pratiquer, parfois, des mariages à l'intérieur même du clan familial. Ce fut particulièrement visible au 16ème siècle.

En effet, les derniers Valois sentent que leur lignée masculine est assez fragile. D'ailleurs, lorsque François Ier hérite du trône, il n'est déjà qu'un cousin éloigné du roi précédent. Si Henri II et Catherine de Médicis ont une nombreuse descendance, la santé de leurs enfants et la sauvagerie des temps finit par tuer tous leurs fils. Il ne leur reste plus qu'a chercher dans l'arbre généalogique pour voir quel est le cousin qui succédera au dernier roi de la branche des Valois. On trouve, naturellement, le descendant, par voie masculine bien sûr, de Robert de France (vers 1256-1317), le sixième et dernier fils de Saint Louis. Si c'est un cousin extrêmement éloigné, c'est loin d'être un inconnu. Il est vrai que Henri de Bourbon, fils de Antoine de Bourbon et de Jeanne d'Albret, bénéficie d'un appui féminin: sa mère est la fille de Marguerite de Navarre, sœur aînée de François Ier. Il est donc un descendant des Valois par les femmes. Ça n'a peut-être pas d'importance d'un point de vue politique, mais d'un point de vue familial, ça en fait, tout de même, un parent proche. Pour resserrer encore les liens familiaux ont le marie avec Marguerite de Valois, la fille de Henri II et de Catherine de Médicis. C'est un cousin éloigné par les hommes, un cousin proche par les femmes, un gendre, un beau frère! Les femmes n'avaient pas de rôle politique dans la transmission du pouvoir mais elles jouaient le premier rôle lorsqu'il s'agissait de resserrer les liens familiaux.

B- Un personnage religieux.

Le membre de cette famille n'est qu'héritier, au début; il devient un personnage extraordinaire, par la suite, car il est sacré. En effet, ce n'est pas le couronnement qui confère un caractère particulier au roi de France mais bien le sacre car c'est l'huile sainte mise sur son front (onction avec le Saint Chrême) qui en fait un personnage religieux investi d'une mission divine; à partir de cet instant, ce n'est plus un laïc.

La veille de la cérémonie, le roi arrive à Reims et se rend assez rapidement à la cathédrale où l'archevêque de Reims le reçoit. Le roi va devoir se recueillir une première fois dans le chœur. Il va ensuite s'installer dans le palais du Tau (résidence de l'archevêque qui est collée à la cathédrale) et revient un peu plus tard pour une veillée de prière qui dure une partie de la nuit. Il doit se confesser et méditer longuement sur la nature religieuse et morale de sa future fonction. Le lendemain, un dimanche ou un jour important du calendrier religieux, il se présente au seuil de la cathédrale. À son entrée, un prière est dite; elle est suivie par un chant. À son arrivée dans le chœur, on dit la prière *Dieu, le souverain du ciel et de la Terre*, puis on chante et la Sainte Ampoule, portée par l'abbé et les moines de l'Abbaye de Saint-Remi, rejoignent le roi. Suivant la légende, c'est une Colombe descendue du ciel qui, le jour du baptême de Clovis, aurait apporté l'ampoule. Le roi prête alors serment; il promet notamment de défendre les privilèges du clergé français et de chasser les hérétiques du royaume. Même les symboles de sa puissance laïque sont entourés d'un mystique toute religieuse. L'épée du guerrier qui défend et conquière des territoires est sortie de son fourreau et donnée au roi par l'archevêque de Reims.

C'est l'onction qui est le centre de la cérémonie du sacre. L'évêque de Laon apporte l'ampoule; on extrait une goutte d'huile que l'on mélange à un autre corps gras et du parfum pour confectionner le Saint Chrême. L'archevêque en prend un peu pour l'appliquer sur plusieurs endroits du corps du roi en prononçant des paroles rituelles. À cet instant, le roi n'est plus un laïc mais le **Lieutenant de Dieu sur terre**. En suivant un rite emprunté à la consécration des Évêques, le chambellan revêt le roi de vêtements d'inspiration religieuse: une tunique de sous-diacre, une dalmatique de diacre, une chasuble de prêtre. À la fin de cette très longue cérémonie qui voit le roi suivre des rites plus laïcs, l'archevêque le fait asseoir sur un trône; il reçoit l'hommage des 12 pairs du royaume et assiste à sa première messe en tant que Roi sacré et très chrétien. En suivant la logique de la Bible, ayant reçu l'onction, il est devenu l'oint du Seigneur: un personnage sacré qui ne doit pas être attaqué. Il y a, dès lors, un énorme distance entre lui et le peuple. La distance religieuse est matérialisée par un cérémonial étouffant. Suivant la personnalité du monarque, en famille, l'étiquette est moins présente. Cependant, sous Louis XIV, certains membres de sa famille proche ne semblent pas comprendre qu'il est bien au dessus d'eux. Son frère, Philippe de France, est assez capricieux et exige parfois des choses avec une certaine véhémence, ce qui est tout à fait déplacé; le roi ne semble pas trop le lui reprocher cependant. Sa belle sœur, la Princesse Palatine, quant à elle, n'a pas du tout saisi la nature religieuse de ce **monarque de droit divin**. Elle le voit beaucoup plus comme un homme que comme un monarque, au demeurant. Après la mort de leurs époux respectifs, elle pense tout naturellement qu' il doit se remarier avec elle car, à la cour de France, elle est la personne la plus titrée. Elle n'a pas compris que tous les ancêtres, tout l'argent, toutes les vanités du monde doivent plier devant lui. L'onction a fait pénétrer en lui la volonté de Dieu. S'il ne perd pas son libre arbitre, il est tout de même continuellement guidé par le Saint Esprit. Aussi, une logique purement familiale ou relationnelle ne peut pas le contraindre à suivre la logique, ni la conduite de tout le monde. Le roi de France, même au 17ème siècle, reste un personnage extraordinaire.

C- Une obsession géographique.

Il est impossible de savoir ce qui conduisit cette suite impressionnante de rois de France à vouloir, à chaque génération, agrandir le territoire national. Chaque souverain a peut-être eu sa propre raison. Pour les premiers Capétiens, il s'agit de consolider leur pouvoir régional en se battant contre les seigneurs vindicatifs de l'Île-de-France. Ce qui sera un jour le territoire français ne fait même pas partie de leurs rêves. Au fil des siècles et des ajouts territoriaux, on remarque que les circonstances politiques ont joué un rôle fondamental. Ce fut notamment le cas avec l'annexion, par Philippe Auguste, des fiefs des Plantagenêt. Il s'agissait bien là de se débarrasser d'une famille dangereuse qui introduisait un élément de désordre profond à l'ouest des possessions du roi de France. D'ailleurs, à chaque nouvelle conquête, le roi fait tout pour réduire le désordre que représente le système féodal. En somme, la construction territoriale suit le renforcement politique, et de commandement, du roi de France sur ses possessions. Il y a quelque chose de très romain dans leur conception du pouvoir: il s'agit bien de maintien de l'ordre et non pas d'une sorte de logique patrimoniale qui voudrait une sorte d'accumulation de richesses. Ces gens-là sont des guerriers, pas des comptables!

Au 16ème siècle, cette lutte contre le monde féodal s'accélère alors que le pouvoir du roi se renforce en se centralisant très nettement. La guerre n'étant pas toujours la plus efficace des tactiques, les mariages deviennent un instrument de conquête. C'est ainsi que la Bretagne entre dans le domaine royal (union effective en 1532). C'est également de cette manière que la Basse-Navarre de Henri IV finit par devenir française. Au 17ème siècle, c'est la puissance des Habsbourg qui semble apeurer les rois de France. À partir du traité de Westphalie (1648), la carte de France que nous connaissons aujourd'hui commence à se dessiner; le traité des

Pyrénées (1659) confirme le processus en ajoutant du sens à cette construction territoriale. En effet, l'article 42 stipule que ce sont bien les montagnes qui matérialisent, comme sous les Romains, la limite entre la France et l'Espagne. La notion de limite naturelle apparaît dans la délimitation des territoires. Manifestement, l'acharnement de Louis XIV a quelque chose à voir avec la géographie.

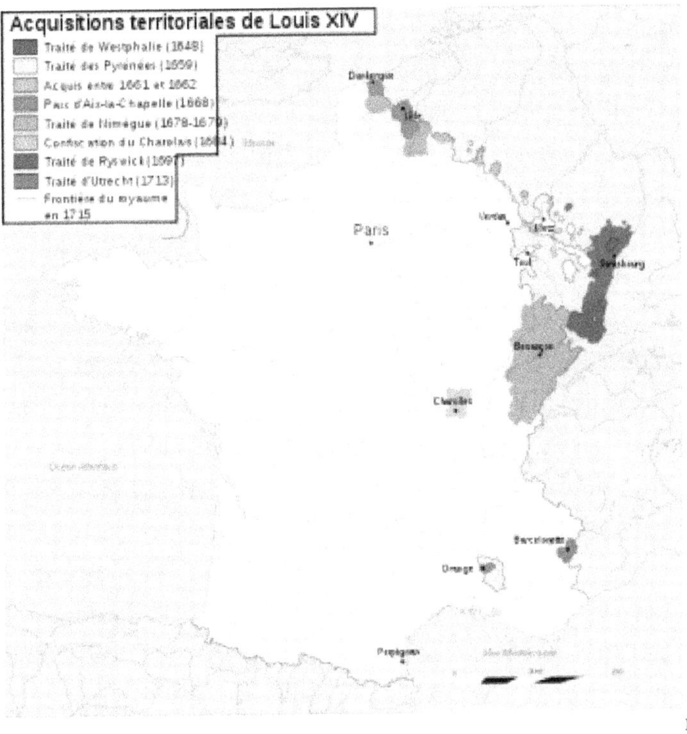

https://commons.wikimedia.org/wiki/File:France_1643_to_1715-fr.svg?uselang=fr

Les montagnes et collines doivent matérialiser les frontières; les cours d'eau comme le Rhin peuvent également servir de séparation. Bien sûr, les limites, même géographiques, peuvent toujours être repoussées un peu plus loin; Louis XIV mènera une autre guère pour mettre son petit fils sur le trône d'Espagne: la géographie a pour limite l'ambition familiale des souverains!

1. https://commons.wikimedia.org/wiki/File:France_1643_to_1715-fr.svg?uselang=fr

Leçon 2: Centraliser le pouvoir.
A- La nécessaire domestication de la noblesse.

La construction de ce territoire politique réalisé au détriment de l'indépendance des seigneurs locaux, amena de longues résistances de la part de la noblesse terrienne et toute personne privée détentrice d'un parcelle de puissance publique. Alors que Louis XIV est encore petit, la **Fronde** fait rage. En 1648, le Parlement de Paris s'oppose à la lever de nouveaux impôts pour financer une campagne militaire en Espagne. Après de multiples tractations et rebondissements, le cardinal de Mazarin (principal ministre), Anne d'Autriche (la régente) et le roi (mineur à l'époque) quittent l'agitation parisienne pour s'installer au château de Saint-Germain en Laye et organiser une expédition de maintien de l'ordre dans Paris (menée par le prince de Condé), afin de remettre tous ceux qui se plaignent dans l'étroite obéissance du cardinal de Mazarin. À Paris, c'est le frère de Condé, le prince de Conti, qui est désigné général en chef des troupes du Parlement de Paris. On a bien là l'alliance de la **noblesse de robe** (les juristes parlementaires qui sont nobles) et de la **noblesse d'épée** (ceux qui tiennent leur noblesse de la guerre), en fait, de ceux qui voudraient avoir un véritable rôle politique dans le royaume. Ce caractère nobiliaire se renforce encore en 1650 avec la Fronde des princes.

En effet, du fait de l'emprisonnement des princes de Condé, de Conti, et du duc de Longueville, leurs alliés provinciaux se mettent en action pour chassez Mazarin et, finalement, se rapprocher de la Régente afin de l'obliger à abandonner des morceaux de ce pouvoir royal qui se voudrait de plus en plus absolu. L'oncle du jeune Roi, Gaston d'Orléans, n'est pas le dernier à intriguer. Il s'allie à monsieur de Gondi et au duc de Beaufort pour fomenter une émeute dans Paris qui oblige Mazarin à s'exiler. La foule envahit le palais royal pour prendre en otage la Régente et le Roi. Le même Gaston d'Orléans demande à sa fille, Anne-Marie-Louise d'Orléans, la cousine germaine du Roi, de faire tirer le canon de la Bastille sur les troupes royales, pour appuyer son autre cousin: le prince de Condé. Ce dernier fait régner la terreur dans la capitale en brûlant l'hôtel de ville et en faisant tuer les magistrats municipaux favorables au Roi. Gaston d'Orléans se fait alors proclamer lieutenant général de l'État, le 20 juillet 1652, par le Parlement de Paris. Tout cela commence à ressembler à un coup d'État.

Avec un infatigable aplomb, la Régente, le Roi et le Cardinal, luttent pour se maintenir au pouvoir. Le sacre de Louis XIV, le 7 juin 1654, et la lassitude des français, aident à rétablir l'ordre. Le monarque est devenu un personnage sacré; toute attaque devient alors un sacrilège. De plus, il n'hésite pas a sanctionner les membres de sa famille. S'il a la politesse de demander à son oncle de ne plus jamais quitter son château de Blois, il envoie un ordre d'exil à sa cousine. Quant au Parlement de Paris, il est désormais interdit de se mêler de politique; il ne devra plus qu'enregistrer les décisions du Roi. Par la suite, en ce qui concerne les membres de la noblesse d'épée, il les transforme en dociles animaux domestiques prisonniers du conformisme social et de la munificence du roi. La cour et cette efficace prison dorée, le château de Versailles, sont là pour surveiller l'aristocratie la plus dangereuse: celle qui a les moyens financiers pour lever une armée. Toujours près du roi, celui-ci pousse les nobles à jouer, à perdre, à dépenser leur argent. Versailles est un casino qui doit ruiner les puissants, c'est une foire aux vanités où l'on doit obéir servilement au monarque afin d'obtenir les offices et gouvernements qui épongeront les dettes. Louis XIV, en obligeant les grands nobles à résider chez lui, finit par les couper de leurs attaches territoriales. La cour est un formidable miroir aux alouettes où tout le monde finit par espérer quelque chose du monarque: les uns, de l'argent, les autres, une reconnaissance sociale, les derniers, un regard du soleil qui les élève au dessus de leur condition. Ce grand théâtre de marionnettes fut dominé, jusqu'à sa mort, par un marionnettiste qui avait appris, dès son enfance, à se méfier des gens puissants, lesquels sont rarement animés de bonnes intentions.

B- L'empereur en son royaume.

Avec Louis XIV, on atteint la dernière évolution de la monarchie française. La lutte acharnée contre toutes les forces de désordre et de dissolution vient d'être gagnée. C'est finalement un roi qui met le point final à la logique de l'Église médiévale qui voulait pacifier le pays, faire cesser les luttes entre les seigneurs, en imposant la morale du christianisme. Le roi de droit divin, ultime suzerain de cette pyramide féodale composée de seigneurs avides et belliqueux, est, bien sûr, le premier des chevaliers, mais son épée est sanctifiée par Dieu. Et cela, ça n'admet pas de contestation. Le roi est véritablement empereur en son royaume (souverain) pour les matières qui relèvent du maintien de l'ordre intérieur et extérieur et, donc, de la justice, de l'élaboration des lois, de leur application. Louis XIV est d'ailleurs un roi avec une intense activité de législateur: le *Code Louis* (code civil) paraît en 1667, l'*Ordonnance criminelle*, en 1670, le *Code forestier* et l'*Édit sur les classes de la marine*, en 1669, l'*Ordonnance de commerce*, en 1673. Parallèlement, il est celui qui décide de tout; aucun «principal ministre» ne peut lui dicter ce qu'il doit faire. Tous les conseillers, même les plus écoutés, restent des conseillers: ils n'ont aucun pouvoir de décision. Ainsi, le Roi préside la majorité des conseils et surtout le **Conseil d'en Haut**, qui est le véritable conseil de gouvernement. C'est là que sont décidées les choses les plus importantes, la guerre et la paix, et force est de constater que dans ces domaines il a des idées bien arrêtées. Colbert, contrôleur général des finances, disait que sur dix projets, le Roi suivait neuf fois ses conseil; la dixième fois, il allait dans le sens contraire, juste pour affirmer que c'est lui qui décidait. Cela reste tout de même à prouver et ne peut en aucun s'appliquer à ce qui l'a préoccupé pendant toute sa vie: le domaine militaire.

En ce qui concerne la justice, les parlements étaient les tribunaux ordinairement compétents. Ils rendaient la justice au nom du roi.

Cependant, si le souverain le jugeait bon, il pouvait retirer une affaire au parlement et la juger en son conseil. En outre, il avait un droit de grâce qui pouvait adoucir considérablement la décision de ces cours. Ainsi, il commuait systématiquement les peines de bagne pour les femmes en réclusion dans des couvents. Cependant, les parlements étaient aussi des structures qui émettaient des décisions législatives (arrêts de règlement) sur des sujets limités de droit public, privé, criminel et d'ordre public. Dans cet ordre d'idée, ils estimaient pouvoir faire des réflexions (remontrances) sur les lois du roi afin que les textes soient modifiés; la procédure était longue et avait pour résultat, même lorsque le monarque ne voulait rien changer, de retarder l'application des lois. À partir de 1673, les parlements durent enregistrer d'abord les édits et faire les remontrances après. Leur pouvoir de faire évoluer la décision du pouvoir souverain devenait donc nul, mais cela ne les découragea pas pour autant: ils ne cessèrent de continuer à faire des remontrances jusqu'à la Révolution.

Dans, les provinces, les décisions de Versailles s'imposent aussi. Les gouverneurs militaires étant souvent à Versailles et, donc, étroitement surveillés par le Roi, les possibilités de soulèvements sont de plus en plus minces. Dans les autres domaines de l'administration, les agents de droit publics (officiers) sont titulaires de leur charge, ils ne sont donc pas choisis par le pouvoir souverain, ce qui ne facilite pas l'application des décisions. Cependant, le roi peut utiliser des personnes choisies par le contrôleur général des finances: les intendants de police, justice et finances. Il les nomme et les révoque à sa guise. Ils ont pour mission d'exécuter ses décision. Issus de milieux sociaux privilégiés, ils résident dans les provinces et correspondent beaucoup avec Versailles; ce sont toujours des personnes de confiance. Ils surveillent alors les tribunaux (sauf les parlements), les officiers de justice. Chefs de la maréchaussée (police), ils veillent au maintien de l'ordre et surveillent l'opinion publique. Compétents en matière de finances, ils surveillent les officiers de finances, de même que la répartition et le paiement de certains impôts. Ils s'occupent encore du réseau routier, des dépôts de poudre, des postes, des aménagements urbains, de la charité publique, du ravitaillement en nourriture en temps de crise... Ces intendants sont de grands chefs haïs par beaucoup de personnes car ils imposent un contrôle perpétuel sur les agissements des provinciaux.

C- Gagner de l'argent pour dominer et régner: le colbertisme.

La solidité du régime politique dépend également de l'argent dont dispose l'État. On ne peut faire la guerre, par exemple, que si l'on peut payer les fournisseurs des armées, car si les soldats peuvent toujours s'indemniser en pillant les endroits conquis, les «munitionnaires» exigent de l'argent liquide. À l'époque, la réflexion économique est encore assez frustre: est riche celui qui possède des métaux précieux. Ainsi, l'État riche est, par nature, celui qui possède de l'or dans ses réserves. On pense alors à l'Espagne qui voit arriver, à Séville, des navires remplis principalement d'argent métal, d'ailleurs. Cependant, si cet argent sert à faire la guerre, à tuer la population, à ravager les cultures et les rares manufactures, cet argent-là n'amène que pauvreté et désolation. Colbert le sait, et il est loin d'apprécier les campagnes militaires imposées par le Roi. Quoi qu'il en soit, il faut bien les financer, comme il faut financer les routes, les agents de l'État, les bâtiments et ouvrages publics, les bagnes, et tant d'autres choses. Aussi, sa vision de l'économie (ce que l'on appellera un jour le **colbertisme**) repose sur l'inlassable recherche d'argent qu'il vise à attirer en France grâce au commerce.

En effet, puisque la France ne dispose pas de mines d'argent et d'or, il faut fabriquer des biens manufacturés pour les vendre et en tirer du liquide. Certes, les premiers clients sont les Français eux-mêmes, mais le marché étant assez étroit, il faut favoriser les exportations pour capter une clientèle riche et nombreuse. Bien sûr, cela repose sur la notoriété, la qualité et la mode françaises. Versailles étant une visite incontournable pour toute personne qui compte dans la société de l'époque, on espère bien en faire une sorte de vitrine éblouissante du savoir-faire Français. Le surintendant institue alors des manufactures privées et publiques qui attirent les meilleurs ouvriers d'Europe. Le gouvernement se rémunérera sur la vente du produit ou par une taxe dessus. C'est ainsi qu'est créé la manufacture des Gobelins (on y fabrique des tapisseries de grande qualité). Dans un premier temps, on subventionne les exportations et on protège le marché intérieur par des barrières protectionnistes sur le bien que l'on veut vendre sur le marché international. On espère, seulement, qu'un fois l'habitude prise d'acheter le produit français, on pourra arrêter les subventions et, donc, gagner plus d'argent.

Cette politique industrielle s'accompagne d'une politique de développement des transports: on améliore la qualité des routes terrestres, on creuse le canal du midi, on améliore la sécurité des routes maritimes. Surtout, on met en place des compagnies de transport pour embarquer des produits français qui seront échangés contre des produits exotiques. Ainsi, en 1665, est instituée la Compagnie des Indes orientales (Extrême Orient). Il existe aussi une Compagnie du Levant (vers l'est du bassin méditerranéen), une Compagnie des Indes occidentales (Antilles), une Compagnie du Sénégal. Il faut se garder de penser pour autant que l'on arrive toujours à monnayer sa marchandise. Certes, les rapports commerciaux sont souvent fondés sur un échange d'argent liquide, mais le troc se pratique encore couramment. Ainsi, en ce qui concerne le **commerce triangulaire** (échanges entre la France, l'Afrique et les Antilles), les produits français qui arrivent en Afrique sont échangés contre des esclaves, lesquels sont envoyés dans les Antilles et échangés contre du sucre et du rhum; et ce sont ces marchandises qui reviennent en France pour, en dernier, être vendues contre de l'argent liquide.

Leçon 3: Sa volonté face à la réalité sociale.

A- Toujours l'hérédité.

Être monarque de droit divin, avec tous les pouvoirs militaires et beaucoup de pouvoirs civils, fait de Louis XIV un individu isolé au milieu d'un océan de problèmes. Le pouvoir absolu, s'il ne corrompt pas absolument les gens vertueux, les isole assurément, car les grandes décisions, si elles suivent des conseils, sont assumées, d'un point de vue moral, par un seul homme: le monarque. De plus, c'est un pouvoir qui se transmet à ses descendants. Le roi en exercice passe donc, une partie de sa vie, à concevoir des enfants, et surtout des garçons car, depuis le début des Capétiens, on n'imagine pas pourvoir faire d'un femme l'héritière d'un royaume. Le roi de France étant un guerrier, il est juste inconcevable qu'une femme endosse ce rôle. Il y a d'ailleurs un article de la vieille loi salique (recueil de lois utilisé dès Clovis) qui stipule que les terres saliques (ayant des droits politiques) ne peuvent jamais devenir la propriété des femmes. Quant à la logique du fils aîné qui hérite de la totalité du bien, elle est mise en place dès le début, pour ne pas morceler, justement, le royaume. l'État est un bien patrimonial (qui appartient à un famille) mais il respecte une logique de droit public: on ne coupe pas en petits morceaux une nation!

Louis XIV est donc obnubilé par sa descendance car il veut que ce qu'il a construit continue à exister après lui, suivant la logique qu'il a définie. Cependant, en 1711, le Grand Dauphin, son héritier, le seul fils légitime qui lui reste, meurt de la variole! Les fils qui lui restent sont illégitimes; ils ne peuvent donc par hériter de la couronne. Au niveau de ses petits-enfants, Le duc de Bourgogne meurt en 1712, et le duc de Berry, en 1714. Il ne lui reste plus qu'un arrière-petit-fils légitime, Louis, fils du duc de Bourgogne, dont la santé semble fragile. Le duc d'Anjou, quant à lui, est bien un petit fils de Louis XIV, mais il a dû renoncer au trône de France pour devenir roi d'Espagne. Le 29 juillet 1714, en opposition totale avec les coutumes de dévolution du royaume, règles non écrites qu'un roi n'a pas le droit de changer (appelées aussi **lois fondamentales du royaume**), le monarque fait enregistrer un édit dans lequel il impose ses fils naturels légitimés (le duc du Maine et le comte de Toulouse) comme successeurs si son arrière-petit-fils ne devait pas survivre! Philippe d'Orléans, le fils de son frère, est outré: c'est lui qui devrait devenir roi dans ce cas. Louis XIV lui montre alors sa propre définition de la filiation. Pour lui, le statut de sa femme n'a pas d'importance, la naissance dans le cadre du mariage n'est pas plus essentiel, ses fils nés hors mariage restent ses fils. Vieillissant, pressé par le temps, sa volonté s'impose encore plus qu'avant; mais la volonté n'est pas la raison. Le régime montre ici son extrême fragilité: aucune logique intellectuelle n'entre en ligne de compte. On peut raisonnablement penser qu'un chef d'État ne peut être que quelqu'un qui a les compétences intellectuelles et scientifiques pour occuper un tel poste. Ici, personne ne s'en soucie.

Il faut dire que toute la société française fonctionne ainsi. Suivant la famille dans laquelle on naît, la vie prend un certain chemin. La **société d'ordre** d'Ancien Régime est un cadre très étouffant. Au sommet, on trouve le clergé, au milieu, les nobles, en bas, le tiers état. Il est clair que la noblesse est héréditaire. Un ancêtre s'étant distingué sur le champ de bataille, le roi l'ayant anobli, sa dignité devient transmissible: toute sa descendance porte le nom d'une terre et est exempte de la **taille** (un impôt dû par ceux qui ne vont pas à la guerre). Au 17ème siècle, c'est un ordre assez fermé mais, avec beaucoup d'argent, on peut devenir noble. Pour devenir membre du clergé, pas besoin de verser d'argent, il suffit d'avoir la vocation. Cependant, les grands nobles qui veulent entrer dans cet état deviendront des membres du haut clergé. L'ordre d'origine est donc fondamental. Quant au tiers état, c'est la base de la société; cet ordre a pour but de faire vivre les deux autres ordre, donc, de payer des impôts. Aussi, la mobilité sociale est assez réduite car le principe d'hérédité ralentit l'ascension sociale. Cela a d'ailleurs gêné le souverain qui rappelle à son fils dans ses *Mémoires pour l'instruction du Dauphin*, que les gens du tiers état sont d'une importance fondamentale pour la bonne marche du pays. Quoi qu'il en soit, il ne fit rien pour remettre en cause la base même de l'organisation sociale.

B- Trop de guerres et de grands monuments.

En ce qui concerne la guerre et la construction d'édifices imposants, la volonté du Roi s'imposa vite. C'était un homme assez timide qui composait son personnage pour paraître en société. À la guerre, il n'avait pas besoin de jouer un rôle; il était simplement lui-même. Il passa alors presque tout son règne à faire des guerres, ce qui eut pour conséquence d'accroître le territoire national, de réduire considérablement la puissance des Habsbourg, de limiter les volontés expansionnistes des nations protestantes, d'augmenter la pression fiscale et, donc, d'attiser les mécontentements car le Roi avait tellement besoin d'argent qu'il fit inventer de nouveaux impôts. Par exemple, en 1695, on créa la capitation: tout le monde devait la payer, même le clergé et la noblesse! En 1710, on inventa encore le dixième. Quoi qu'il en soit, à la fin de son règne, les dettes de l'État représentaient environ 10 années de revenu (de l'État).

En comparaison, les grands monuments furent moins coûteux et, surtout, plus durables. On ne retrouvera pas, dans ses projets, le côté féerique et délirant du Chambord de François Ier. Il s'inscrit d'ailleurs dans le goût du temps en écoutant ses architectes. Certains de ses bâtiments sont des œuvres utilitaires, comme l' hôtel des Invalides qui a pour but de loger les invalides des armées du roi, une population qui ne trouve pas d'emploi et qui grossit les rangs de la petite délinquance parisienne. Son œuvre la plus connue reste le château de Versailles.

Il existait déjà un petit château, qui appartenait à son père. Il ne commence à s'y intéresser qu'en octobre 1660. Il voudrait agrandir le jardin et créer un très grand parc. Le bâtiment étant vétuste, au début de 1661, il charge Charles Errard de remettre les appartements en état. La première grande campagne de construction commence en

1664. Ce sont les jardins qui sont la priorité pour le Roi. Il les fait orner de statues à l'antique; il fait creuser le grand canal et construire la grotte de Téthys. Suivant les conseils de Colbert qui veut limiter les dépenses, il fait entourer le vieux château par de nouveaux bâtiments de style classique. Les travaux bien avancés, il en fait sa résidence permanente en 1682. Ses appartements sont confortables, sans être gigantesques. La décoration intérieure semble tape-à-l'œil mais elle a été beaucoup modifiée par la suite. En fait, à l'époque, c'est le côté luxueux qui devait frapper les visiteurs (à cause, notamment, du mobilier en argent). Le roi n'aimant pas franchement Paris, il se trouve alors dans un univers qui lui convient totalement. Il adore chasser, la forêt est en face; il adore les arbres fruitiers et les plantes comestibles, le verger et le potager sont sur le côté gauche; il adore les jardins d'eau et les grands alignements de buissons bien taillés, le grand parc n'attend que lui. Son existence familiale s'arrête définitivement ici. Lorsque les portes de son appartement se ferment, il tombe la perruque et le masque; lorsqu'elles s'ouvrent il redevient le comédien de la pièce qu'il écrit chaque jour: il prend une posture austère, se plie totalement au cérémonial de cour pour répondre simplement à la pression sociale. C'est un souverain présent; il ne se cache pas; il joue simplement un rôle et, finalement, tout le monde y trouve son compte. Ses contemporains sont flattés d'avoir vu le Roi; lui, il est soulagés de constater que son image en impose tellement que personne n'ose plus vraiment lui tenir tête. Les années passant, la pièce se raffine. Le souverain est toujours le personnages principal; le château est plus que jamais le théâtre; les courtisans ne sont plus les spectateurs; ils finissent pas être les coauteurs et les acteurs de la même comédie. Tout le monde se hais, tout le monde complote, tout le monde s'adore, et, finalement, tout le monde accepte qu'une seule personne décide du sort de la France.

C- La révocation de l'édit de Nantes.

Si son grand-père était relativement indécis en matière de religion, Louis XIV est beaucoup plus convaincu et pénétré par sa mission. Vu de l'extérieur, il est très croyant et pratiquant. On peut se poser de nombreuses questions sur la raison d'interdire la religion protestante par l'édit de Fontainebleau (en date du 18 octobre 1685). Certains évoqueront ses guerres contre les nations protestantes, d'autre le besoin de se montrer conciliant avec le pape alors qu'il essaie d'imposer son droit à proposer les candidats aux évêchés et à contrôler leur patrimoine. Il est évident que les personnes qui gravitent autour de lui sont amenées à donner leur opinion. Ainsi, Louvois, le secrétaire d'État à la guerre est pour l'éradication de cette religion. Il est un des instigateurs des **dragonnades**: on envoie les soldats indisciplinés dans une région pour faire peur et provoquer les conversions. Le Grand Dauphin préférerait qu'elle disparaisse d'elle-même. Bossuet, ancien précepteur du Dauphin et conseiller de Louis XIV en matière religieuse, n'imagine même pas que le protestantisme puisse exister en France puisque les sujets du roi doivent suivre la volonté du roi et, donc, la religion du roi. Trop souvent, on oublie d'évoquer l'opinion religieuse du monarque. Dans le préambule de l'édit, il affirme que du fait de la paix qui règne dans le royaume et du grand nombre de conversions de Protestants, il est temps d'oublier les guerres de religions et de faire du catholicisme la seule religion en France. Le texte, loin de prôner la guerre sainte, se termine sur une idée extrêmement modérée: les Protestants qui ne voudraient pas se convertir peuvent rester dans le royaume, continuer à exercer leur métier, disposer comme ils le veulent de leurs biens, à condition qu'ils ne pratiquent plus leur culte. Comme Henri IV autrefois, son petit-fils affirme que l'important n'est pas de changer d'idées mais de ne pas exposer ses idées afin de préserver la paix sociale et l'ordre public. Le roi de droit divin est véritablement conscient des ses limites: il n'estime pas pouvoir avoir une grande influence sur les consciences de ses sujets.

Exercice de réflexion:

En vous aidant de ce texte, peut-on dire que Louis XIV a raison d'être méfiant? (20 lignes).

Louis XIV, Roi de France et de Navarre, <u>Mémoires pour l'instruction du Dauphin</u>, 1666.

... je ne crus pas encore lui devoir accorder (à son frère) ce point (le gouvernement du Languedoc), étant persuadé qu'après les désordres que nous avons vus si souvent dans le royaume, c'était manquer de prévoyance et de raison que de mettre les grands gouvernements entre les mains des fils de France, lesquels, pour le bien de l'État, ne doivent jamais avoir d'autre retraite que la cour ni d'autre place de sûreté que dans le cœur de leur frère... Car, enfin, dans tout ce qui regarde la conduite des hommes, on peut établir pour un principe général que tous ont une pente secrète vers leur avantage particulier, et que la vertu des plus honnêtes gens est malaisément capable de les défendre de ce mouvement naturel, si elle n'est quelquefois soutenue par la crainte ou par l'espérance.... Entre les ministres corrompus, il s'en trouve fort peu d'assez hardis pour mettre ouvertement la main dans la bourse de leur maître, et pour s'approprier directement le bien dont il leur a donné la direction, parce que ce serait un crime dont ils seraient trop facilement convaincus. ...

Enfant, Louis XIV a été très impressionné par les désordres de la Fronde. S'il est toujours difficile d'évaluer les opinions et motivations des gens, lorsqu'ils ont laissé une trace écrite, l'exercice devient beaucoup plus facile. Dans le cas de ce roi, nous disposons des <u>Mémoires pour l'instruction du Dauphin</u>, un drôle de document qui visait à donner quelques conseils à son fils et, certainement, à justifier certaines de ses actions. Force est de constater que la méfiance est de mise. Ici, il se méfie de son frère, des ministres, de toute personne, car il ne croit pas franchement au côté désintéressé de la majorité des gens qui l'entourent. En ce qui concerne les puissants, ils ne veut pas les laisser avoir une seule once de pouvoir politique; il est, très tôt, son propre premier ministre; il dirige alors les choses importantes de son gouvernement. Pour les gens moins dangereux, il sait récompenser ceux qui sont méritants en leur donnant des pensions, comme certains auteurs et musiciens, et en laissant les autres dans la pauvreté, ce qui est une arme très efficace aussi. En ce qui concerne les membres de sa famille, c'est tout de même plus délicat. D'ailleurs, il craint les scènes, même avec ses enfants; aussi, il envoie très souvent madame de Maintenon régler les différents. Lorsqu'il s'agit de son frère et sa belle sœur, il se sent obligé de s'adresser directement à eux. Son oncle ayant essayé de prendre le pouvoir, il n'est pas du genre à se laisser impressionner par les liens du sang en matière de politique. Il est important de noter que lorsqu'il parle de l'État, toute forme d'affection est bannie. Ainsi, sa mère, personne qui a tout fait pour l'aider à devenir roi de France, devient, dans le texte, «cette Reine». Aussi, on ne s'attendra pas à des torrents d'émotion en ce qui concerne son frère. Vous voyez que sa méfiance le conduit à lui refuser un gouvernement militaire. Plus tard, il sera encore plus méfiant avec le fils de ce dernier, le futur régent. Il n'hésitera pas, d'ailleurs, à le mettre, dans l'ordre de succession au trône, derrières ses deux fils naturels. Un petit garçon qui a vu son oncle faire une tentative de coup d'État contre soi, devenu adulte, a peut-être raison de se méfier de sa propre famille.

Séquence 8: Le modèle britannique et son influence.

Leçon 1: La monarchie contestée.

A- Charles 1er.

Au 17ème siècle, l'Angleterre entre à nouveau dans une période de graves troubles politiques et sociaux. Il faut dire que la relation entre le roi et la chambre des communes est loin d'être facile.

Alors que Charles (1600-1649) n'est pas encore roi, le Parlement commence à s'inquiéter de la religion de la femme avec laquelle il voudrait se marier. Il ambitionne une union avec une princesse catholique espagnole, ce qui, dans un pays protestant, déplaît fortement aux parlementaires. Son père, Jacques Ier, et lui considèrent qu'ils ne devraient se mêler que de politique intérieur (c'est-à-dire de fiscalité); le père dissout alors l'assemblée. Finalement, c'est avec une princesse catholique française qu'il est marié, en 1625. Beaucoup de parlementaires sont hostiles au mariage, d'autant plus que Henriette-Marie est assez intransigeante en matière religieuse: elle refuse de participer à toute cérémonie religieuse protestante. C'est donc seul que Charles Ier est couronné roi, à l'abbaye de Westminster, le 2 février 1626. Charles n'est, d'ailleurs, pas, lui-même, un protestant classique. Il protège le très controversé Richard Montagu, lequel affirme que la prédestination n'existe pas. Pour lui, et le anti-calvinistes (Arminians), tout individu peut influer sur sa destinée grâce à l'exercice de son libre arbitre; les portes du Paradis s'ouvriront s'il décide, consciemment, de faire le bien. C'est exactement ce que pensent les Catholiques!

Par ailleurs, le Parlement voudrait que le roi cesse de le dissoudre lorsqu'il n'est pas d'accord avec lui. En février 1641, les deux camps arrivent à un accord (Triennial act): le parlement devra être réuni obligatoirement au moins un fois tous les trois ans, même si le monarque ne peut pas le faire (pour quelque raison que ce soit). Au début du mois de mai 1641, le Souverain accepte, en outre, que le parlement ne soit dissout que si ses membres sont d'accord. C'est à ce moment que des troubles religieux éclatent, en Irlande, entre les Irlandais catholiques (Gaelic Irish) et les immigrants protestants (New English). Les descendants des Normands (Old English), venus dans le pays à partir de Guillaume le Conquérant, se mettent du côté des Irlandais car ils sont majoritairement catholiques. En Ulster, le conflit est particulièrement grave car la population irlandaise catholique n'accepte pas de voir que des terres qui lui appartenaient sont en train de devenir des possessions de nouveaux-venus protestants. La mise sous tutelle du parlement irlandais, par le parlement anglais, ajoute de l'huile sur le feu. Ce dernier, influencé par des rumeurs de complot catholique, soupçonne le Roi de vouloir utiliser son armée, non pas pour combattre les Irlandais mais pour intimider les parlementaires. Après avoir entendu des rumeurs comme quoi le Parlement voudrait faire enfermer sa femme car il suppose qu'elle est du côté des insurgés irlandais catholiques, Charles Ier le somme de lui livrer cinq hommes accusés de collusion avec les forces protestantes écossaises. Il commet même une sorte de sacrilège politique: il entre dans la chambre des communes escorté d'un garde armé afin de demander au président de l'assemblée (le Speaker) où ont fui les accusés. Il ne reçoit pas de réponse, mais les forces du Parlement (la milice) prennent possession de Londres, ce qui force le Roi à se replier sur le château de Windsor. C'est le début de la **guerre civile anglaise**.

Les hostilités durèrent des années sans laisser deviner un possible vainqueur. Cependant, au siège de Oxford, en avril 1646, les troupes écossaises réussirent à capturer le Roi. En échange de 100.000 livres, il le livrèrent, en janvier 1647, aux envoyés du parlement anglais.

Après diverses péripéties, assigné à résidence, il passa un accord avec les Écossais pour qu'il envahissent l'Angleterre, ce qu'ils firent en mai 1648. Défaits, en août 1648, à la bataille de Preston, la position de Charles Ier devint très délicate. Les 6 et 7 décembre 1648, les militaires exclurent les parlementaires les plus modérés afin de former un nouveau groupe (Rump House of Commons) qui inculpa le Roi pour haute trahison (en janvier 1649). La haute court de justice, composée de 68 parlementaires, le rendit coupable, du fait de son pouvoir de commandement, de tous les méfaits commis durant la guerre. Le Roi, partant du principe que Dieu l'avait investi en tant que roi, suivant les lois du royaume, déclara que le procès était illégal. Selon lui, faisant référence à l'Ancien et au Nouveau Testament, le roi ne peut pas se tromper. Les parlementaires répliquèrent que sa fonction n'était occupée que par une personne, disposant de pouvoir limités, soumise aux lois du royaume. Il fut condamné à mort le 26 janvier et décapité le 30 janvier 1649. Les Anglais devenaient, dès lors, une nation régicide!

B- Oliver Cromwell.

Dès sa mort, le Parlement déclara la fin de la monarchie. Il mit en place la république du Commonwealth d'Angleterre. Le parlement (principalement la chambre des communes) s'occupait de faire les lois et de les exécuter; il était aidé par un conseil d'État. Oliver Cromwell (1599-1658) était un protestant puritain membre du parlement et du conseil d'État. Les royalistes s'étant organisés en Irlande, en signant un traité d'alliance avec les Irlandais (connu sous le nom de confédération des Catholiques), Cromwell fut choisi pour commander l'armée chargée de les combattre. Dans l'opinion publique, il y avait un sentiment grandissant en faveur de la souveraineté populaire, du droit de vote étendu, de l'égalité devant la loi, et de la tolérance religieuse; cela déplaisait fondamentalement aux grands seigneurs et à Cromwell qui désiraient donner le droit de vote uniquement aux propriétaires terriens. Il y eut même quelques révoltes (mutinerie de Banbury par exemple) qui furent réprimées par Cromwell. Sur le front irlandais, la campagne se transforma en croisade protestante contre les catholiques. Au siège de Drogheda, en septembre 1649, Les troupes protestantes tuèrent près de 3500 personnes (des soldats et hommes portant armes, mais aussi des prêtres catholiques). En octobre 1649, il y eut un autre massacre à Wexford où 2000 soldat irlandais et 1500 civils furent exécutés. Au même moment, Charles II (fils de Charles Ier) débarqua en Écosse et se fit reconnaître roi par les autorités écossaises. En avril 1653, les dernières troupes irlandaises capitulèrent. Le catholicisme fut interdit dans toute l'île, les prêtres furent exécutés, la majorité des terres possédées par des catholiques furent confisquées et données à des Protestants.

La campagne d'Écosse fut aussi une guerre de religion, mais entre Protestants (les Puritains anglais contre les Presbytériens écossais). On assista, cependant, aux mêmes massacres (à Dunbar, et surtout

Dundee où 140 femmes et enfants furent tués). Le général Cromwell réussit à chasser Charles II et à imposer un stricte contrôle de l'armée anglaise sur l'Écosse. Une nouvelle constitution fit du général le **lord protecteur** à vie de l'Angleterre, de l'Écosse et de l'Irlande, le 16 décembre 1653. Dès lors, il avait le devoir de gouverner et le pouvoir de convoquer et de dissoudre le parlement, mais il devait tout de même avoir l'accord de la majorité des membres du conseil d'État pour faire exécuter ses décisions. Ce n'était donc pas une dictature militaire, mais on n'en était pas très loin. En 1657, le Parlement lui proposa de devenir roi; après six semaines de réflexions, il refusa en déclarant que Dieu s'était déjà prononcé contre la monarchie et qu'il «ne chercherait pas à restaurer ce que la Divine Providence avait détruit et réduit en cendres». Il fut alors confirmé dans son rôle de lord protecteur le 26 juin 1657. Il mourut subitement le 3 septembre 1658. Inhumé à l'abbaye de Westminster, son corps fut exhumé, le 30 janvier 1661, pour être exécuté à titre posthume (par pendaison)! Il faut dire que les Anglais gardèrent un très mauvais souvenir de cet homme, en faisant de lui le symbole de l'intolérance religieuse et de ses conséquences.

C- Charles II et Jacques II.

C'est Richard, le fils de Oliver Cromwell, qui lui succéda comme lord protecteur mais, dépassé par sa tâche, il démissionna. Après les élections, la nouvelle chambre des communes était très équilibrées entre monarchistes et anti-monarchistes, Anglicans et Presbytériens. Charles, le prétendant au trône, eut la bonne idée de faire un déclaration officielle (déclaration de Bréda) dans laquelle il promit d'assurer la liberté de conscience de ses sujets; il garantit qu'il n'exilerait pas ses ennemis passé et que leur biens ne seraient pas confisqués. Les régicides seraient, bien sûr, punis. Il ajouta qu'il gouvernerait avec le parlement. Après autant de massacres, et dans une nation aussi divisée, le Parlement Anglais accepta de le proclamer roi. En Irlande, une convention nationale le proclama également roi. De retour à Londres, il fut couronné roi d'Angleterre, le 23 avril 1661. Cette restauration s'accompagna d'une nette inflexion religieuse: l'extravagante intolérance des Puritains fut infléchie par les Anglicans. Il faut dire que les alliances politiques forcèrent Charles II à s'allier avec des Catholiques (la France) contre des Protestants (les Pays-Bas). Il essaya bien de revenir sur sa parole mais le Parlement ne le laissa pas faire. Pour autant, il y eut bien quelques troubles religieux. Il faut citer, par exemple, en 1678, l'affaire **Titus Oates**. Cet ancien prêtre anglican et catholique (mélange improbable, d'ailleurs!) avertit le roi d'un complot du pape visant à l'assassiner, afin de mettre son frère, Jacques (qui était catholique), sur le trône, à sa place. La supercherie de Oates engendra une telle émotion populaire que les juges du royaume finirent par trouver et condamner à mort de soit-disant conspirateurs catholiques.

Ce qui effraya le plus les parlementaires, c'est l'absence de descendance légitime du Monarque. En effet, s'il eut des enfants illégitimes, il n'en eut aucun avec sa femme (Catherine de Bragance). Par conséquent, après sa mort, le trône devait passer à son frère catholique, Jacques, le duc d'York. C'est ce qui arriva. Le 23 avril 1685, il fut couronné à Westminster. Jacques II n'inquiéta pas pour autant les Protestants même s'il favorisa le Catholicisme. Ainsi, sous son règne, les Catholiques purent occuper les postes les plus importants de son administration. Ne voulant pas continuer à voir les Anglais, les Écossais et les Irlandais se déchirer pour des questions religieuses, en 1687, il publie une *Déclaration d'indulgence* dans laquelle il affirmait son droit d'annuler les peines prononcées contre les dissidents protestants et catholiques. Pour promouvoir sa politique, il fit une campagne de propagande, dans l'ouest de l'Angleterre, durant l'été 1687. L'éducation étant un monopole protestant, il insista pour que des professeurs catholiques soient employés (comme à l'université d'Oxford). Le fait que sa déclaration d'indulgence dût être obligatoirement lue dans toutes les Églises anglicanes du royaume déplut fortement au clergé anglican. En avril 1688, sept évêques anglicans, dont l'archevêque de Canterbury, demandèrent au roi de reconsidérer sa politique; il les fit arrêter et juger pour propagande séditieuse. Lorsque sa deuxième femme donna naissance, le 10 juin 1688, à son premier fils, il fut clair que ses deux première filles (protestantes) allaient devoir céder le trône, un jour, à leur petit frère (catholique). l'idée de voir une dynastie catholique s'installer durablement sur le trône des îles britanniques ne réjouit pas les parlementaires. Certains d'entre eux étaient déjà en contact avec le prince d'orange; ce dernier se décida à envahir l'Angleterre, le 5 novembre 1688. Jacques II ne voulut pas lancer son armée contre l'envahisseur; le 11 décembre, il s'enfuit, pour être rattrapé par les troupe du prince d'Orange; ce dernier le laissa embarquer pour la France, où il passa le reste de sa vie (Louis XIV était son cousin du côté maternel). Le Parlement, constatant sa fuite, enregistra son abdication. Sa fille Mary fut déclarée reine; on lui demanda de régner avec son mari. Les parlementaires profitèrent de la situation pour interdire l'accès au trône aux catholiques et le mariage du chef d'État avec un ou une catholique.

Leçon 2: La mise en œuvre de contre pouvoirs.

A- Le parlement.

Contrairement à la France, l'Angleterre du 17ème siècle n'est pas dirigée par la volonté d'une seule personne. On se gardera d'ailleurs de comparer le parlement de Paris et le parlement anglais car le premier n'a pas vraiment de pouvoir politique tant le roi a réussi à le museler. On vient d'ailleurs de voir que la monarchie absolue, avec un pouvoir absolu dévolu à un monarque de droit divin, fut combattue avec efficacité par le parlement de Londres. Ce dernier commit même ce qui passa pour un sacrilège inouï dans les pays catholiques: un régicide!

L'histoire de cette institution, on l'a déjà dit, remonte à la Magna Carta. Le but était de discuter de la fiscalité. Ceux qui payaient des impôts entendaient devoir défendre leur point de vue pour payer le moins possible. On ne peut pas dire qu'ils voulaient tous, déjà, avoir un droit de regard sur la manière dont le souverain utilisait cet argent. C'est, en fait, en 1264 que l'on voit naître un véritable désir, de la part de certaines personnes, de gérer la vie politique de la nation sans la tutelle d'un roi. En effet, le très encombrant comte de Leicester, Simon de Montfort, après avoir kidnappé le roi, convoque une assemblée composée d'archevêques, d'évêques, d'abbés, de comtes, de barons, de chevaliers et de bourgeois. Le but est d'accepter que Simon de Montfort devienne le légitime gouverneur du royaume. Ce parlement a donc, pour la première fois dans l'histoire de l'Angleterre, un pouvoir politique: il s'agit bien de désigner le chef de l'État.

Au 17ème siècle, la critique de la monarchie par le parlement devient systématique. On voit bien qu'il voudrait devenir un élément fondamental de la prise de décision politique. Les souverains, qui regardent du côté de la France absolutiste, n'entendent pas suivre cette logique. Ils ne cessent de le dissoudre mais, ayant besoin de lever de l'argent par les impôts, ils sont toujours obligés de le convoquer à nouveau. En fin de compte, c'est le parlement qui inculpe le roi de haute trahison, qui le fait juger par des parlementaire et qui le condamne à mort. L'exécution de Charles Ier, en janvier 1649, pourrait passer pour l'ultime victoire de cette institution car elle supprime la monarchie au profit d'une sorte de république, c'est-à-dire d'un régime qui met en place des politiciens chargés de gérer l'État pour une période déterminée: le principe de la naissance et de l'hérédité disparaissent. D'ailleurs, la chambre des lords est dissoute (les seigneurs sont membres de cette assemblée car leur père l'était avant eux). Oliver Cromwell est, lui-même, un ancien membre du parlement; on pourrait penser qu'il allait alors faire de l'institution réformée une sorte de collaboratrice. Il n'en fit rien; en fait, c'est sa volonté qui devait s'imposer, ce qui le fit dissoudre les parlements qui n'allaient pas dans son sens.

Par la suite, le parlement conserve son rôle de faiseur de rois. En 1660, il fait de Charles II le nouveau souverain en réintroduisant le principe héréditaire; il en profite alors pour reformer la chambre des lords. Dans un premier temps, le gouvernement du monarque cherche à aller dans le sens des parlementaires mais, en 1681, Charles II dissout le parlement et gouverne seul jusqu'à sa mort en 1685. En 1688, une fois encore, ce sont les parlementaires qui déclarent le trône vacant, après la fuite de Jacques II, et qui demande à Mary si elle veut devenir reine. Celle ci accepte à la condition que son mari puisse avoir les mêmes droits politiques qu'elle. Cette institution est donc bien un contre pouvoir qui limite l'arbitraire du monarque, mais elle n'arrive pas, pour autant, à être un instrument efficace pour établir le calme et la concorde dans le pays.

B- L'Habeas Corpus de 1679.

L'arbitraire de l'administration fut aussi combattu durant cette période. Ainsi, en 1679, un acte juridique est pris afin de protéger les prisonniers (sauf ceux inculpés pour des crimes très graves ou pour trahison). Il stipule que le criminel, ou quelqu'un agissant pour son compte, peut demander l'examen juridique de sa détention au lord chancelier, aux juges du roi ou aux barons de l'échiquier. Ainsi, lorsque le shérif, ou tout autre officier disposant d'un pouvoir de police, arrête une personne, il a l'obligation de présenter le prévenu devant l'autorité judiciaire, qui a ordonné l'arrestation, dans un délai de 3 jours. La raison de l'emprisonnement doit être donnée à l'accusé. Les geôliers n'ont pas le droit de changer le prisonnier de place afin de le soustraire à l'autorité de la cour de justice qui a ordonné l'acte d'emprisonnement. Dans le cas contraire, ces geôliers sont astreints à payer de très grosses amendes au prisonnier lui-même.

Ce n'est pas la première fois dans l'histoire de l'Angleterre que l'on chercher à protéger les accusés. En effet, dans la Grande Charte on trouve déjà un article qui dispose que les hommes libres ne peuvent être pris, emprisonnés, dépossédés de leurs biens ou tués que s'ils ont été jugés par leurs pairs ou suivant la loi du pays. Cependant, avec l'acte de 1679, il y a tout de même un net progrès en ce qui concerne la procédure d'internement. À la même époque, en France, le roi peut enfermer quelqu'un sans lui notifier la raison de son internement. La durée n'est pas, non plus, indiquée. De surcroît, il n'y aura pas de procès. Cette procédure évite une procès qui pourrait révéler des choses qui compromettraient trop de personnes. C'est aussi, dans les milieux aristocratiques, un moyen de calmer quelqu'un de désobéissant. Par exemple, un père de famille peut demander, au monarque, une **lettre de cachet** afin que son fils passe quelques mois à Vincennes ou à la Bastille, histoire de le rendre plus docile.

L'Habeas Corpus act garantit, au moins, un jugement. Cela n'implique pas, pour autant, que le procès sera équitable! Quoi qu'il en soit, on voit nettement que le roi d'Angleterre ne peut pas facilement enfermer ses opposants politiques car il serait obligé de notifier la raison (politique) de l'enfermement, ce qui ne manquerait pas de faire se soulever les parlementaires. Cet acte, s'il n'est pas d'une grande utilité pour la justice, est une arme politique extrêmement efficace.

C- The Bill of Rights.

Dans cet ordre d'idée, ce que les Français appellent la *Déclaration des droits*, est aussi un net frein à l'arbitraire du chef de l'État. C'est le 29 janvier 1689 que la Chambre des Communes a l'idée de définir très nettement les droits du parlement afin que les nouveaux souverains (Mary et le prince d'Orange) voient les limites de leur pouvoir. Le 2 février, un comité spécial établit une liste de points importants (dont certains étaient des revendications débattues depuis de nombreuses années) que les députés approuvèrent et complétèrent. Le 13 février, le greffier de la chambre des lords lu la déclaration des droits devant les futurs monarques; le marquis de Halifax leur demanda ensuite d'accepter le trône. Guillaume d'Orange répondu, pour lui-même et sa femme, qu'ils acceptaient. Le 11 avril, ils furent couronnés et durent prononcer un serment, d'un nouveau type, affirmant qu'ils gouverneraient le royaume en suivant les points qu'ils avaient acceptés le 13 février. Les précédents serments ne faisaient référence qu'au respect des lois et coutumes accordées par les rois d'Angleterre. Le serment du trône devenait alors une sorte de contrat passé avec le parlement, lequel définissait la fonction de monarque. Le pouvoir royal était alors subordonné à un autre pouvoir (celui du parlement); les îles britanniques devenaient une monarchie constitutionnelle.

Désormais, le monarque ne peut plus suspendre ou refuser de faire respecter les lois sans l'accord du parlement. Ce dernier est le seul a avoir le droit de lever les impôts. Le monarque doit recevoir les pétitions sans exercer de sanctions, après, sur les pétitionnaires. Il ne peut pas conserver une armée en temps de paix sans l'accord du parlement. Les élections des parlementaires doivent être libres. Les discours et débats au sein de l'assemblée ne peuvent pas être empêchés ni remis en cause par d'autres institutions. Le parlement doit être réuni fréquemment. Ce texte qui nous montre des parlementaires extrêmement méfiants a le mérite de définir les compétences de ces deux ennemis qui doivent gérer le bien public. Le roi s'occupe du maintien de l'ordre sous le contrôle du parlement; il gouverne avec l'argent levé par le parlement; il fait juger les contrevenants et criminels sous la surveillance du parlement. Qui commande maintenant? Certainement pas le roi!

Leçon 3: L'Angleterre influence le monde.

A- John Locke et le libéralisme.

Ce pays, apparemment désordonné, eut une influence considérable sur la marche du monde. D'ailleurs, c'est dans ce désordre inouï que John Locke (1632-1704) forgea ses opinons.

Son approche de l'univers est fondée sur l'expérience. L'homme ne peut comprendre ce qui l'entoure que par l'observation de la Création. Le savoir ne peut donc pas être inné. Sachant que l'homme qui pense par lui-même ne peut être soumis à la volonté d'un autre homme, il affirme que les hommes sont naturellement égaux. La domination de l'un sur l'autre est donc une erreur de la société. Puisque chaque individu a la capacité de penser, les lois, librement consenties par tous ces êtres pensants, sont les seuls instruments capables d'instituer une hiérarchie dans la société. Même si la liberté individuelle est le fondement des rapports entre les gens, l'anarchie ne peut pas exister car Dieu a institué des lois naturelles que tout le monde doit respecter; à savoir, de protéger la vie, la liberté, le droit de propriété, de respecter la parole donnée, d'exécuter les contrats, de vivre dans la paix. Le droit de propriété est d'une importance capitale dans sa doctrine. Affirmant que le travail est un bien qui appartient exclusivement à l'individu, dès que celui si fait fructifier la planète (concédée à l'homme par Dieu), le morceau de terrain qui lui a servi à obtenir cela devient sa propriété. C'est donc son travail (qui est un commandement de Dieu) qui fait sortir la terre du domaine public pour la faire entrer dans la propriété privée. Bien sûr, tous les gens doivent disposer d'un lopin de terre pour assurer leur subsistance. Aussi, personne ne peut être exclue du droit à posséder de quoi vivre. L'individu peut, dès lors, échanger librement ce qu'il produit, ainsi que son patrimoine.

Ce libéralisme économique est garanti par l'État. Les citoyens sont d'ailleurs obligatoirement des propriétaires fonciers. Ils votent pour élire les membres du parlement, lesquels sont chargés de faire respecter le droit de propriété, la liberté du commerce, la protection de l'individu. Ils instituent donc des lois qui doivent respecter les lois naturelles de Dieu. S'ils ne le faisaient pas, le peuple aurait légitimement le droit de se révolter. Le parlement devient l'organe le plus important de l'État; les juges et les rois, avec leur pouvoir de maintien de l'ordre, ne peuvent être que surveillés et contrôlés par lui. Il les suspecte de vouloir aller contre les règles fondamentales de la nature. Quant à la religion, c'est une affaire personnelle qui ne peut être réglementée par le gouvernement. Notons que sa société égalitariste butte sur la réalité culturelle et sociale de son époque. Il ne réfute pas véritablement l'esclavage; il est extrêmement évasif sur les femmes.

B- Les Français intrigués.

Les idées libérales des Anglais trouvent un certain écho en France. Dans les ***Lettres philosophiques*** de Voltaire (1734), on voit bien que l'évolution de l'opinion publique française est prête à accepter des idées plus égalitaristes. Voltaire n'est cependant pas hostile à la supériorité du pouvoir royal. On se demande même s'il a bien compris l'organisation politique anglaise car, dans sa huitième lettre sur l'Angleterre, il fait du monarque un arbitre plus important que la réunion de la chambre des lords et de la chambre des communes. En fait, c'est véritablement la manière d'aborder les questions financières et économiques qui l'intéresse.

Ainsi, il est convaincu que la justice passe par la justice fiscale et admet, sans aucune restriction, que l'on doive payer des impôts en fonction de ses biens, de sa richesse, et non de son statut social. Selon lui, c'est la richesse, alimentée par le commerce, qui a amené la liberté du peuple anglais. Il insiste même sur le soutien de cette bourgeoisie marchande, tant détestée en France, à la monarchie qui conquiert des terres noblement. Il prend l'exemple de marchands qui soutinrent financièrement le prince Eugène de Savoie, ce qui lui permit de payer ses troupes et de gagner une victoire décisive contre Louis XIV. Il en arrive à penser que l'aristocrate maniéré qui se donne des airs et ne fait qu'obéir servilement à des hommes plus importants que lui (un ministre ici) est bien moins utile à la nation que le négociant qui donne des ordres à ses agents du bout du monde pour l'enrichissement de la nation française et du monde. La hiérarchie sociale de Voltaire n'est plus celle de l'Ancien Régime qui insistait sur l'hérédité et le métier des armes. Observant les Anglais avec attention, il avoue que l'argent, la création de richesses, sont des critères plus objectifs. Avec lui, on passe à une perception ploutocratique (fondée sur l'argent) de la société.

Quant à Montesquieu, il n'est pas particulièrement impressionné par leur système politique. Il est certainement trop aristocrate pour s'éloigner de la monarchie et trop juriste pour imaginer une république de marchands. Dans **De l'esprit des lois** (1748), il est, d'ailleurs, très critique vis-à-vis de l'histoire de l'Angleterre au 17ème siècle. Selon lui, c'est le manque de vertu des politiciens qui amena ce désordre inouï et l'incessant changement de gouvernement, ce qui les conduisit à accepter le retour de monarques à la tête de l'État. Même la liberté du commerce n'est pas forcément regardée comme une qualité; pour lui, c'est même la possibilité pour la noblesse de faire du commerce qui a affaibli la monarchie. À un autre moment, il écrit que c'est le peuple qui a le mieux su se prévaloir de la religion, du commerce et de la liberté, mais on aurait du mal à considérer sa phrase comme un véritable compliment. En fait, il a séjourné assez longtemps en Angleterre et il semblerait qu'il les considère tous comme des créatures assez étranges, en somme; il écrit: «Nous ne voyons point dans les histoires que les Romains se fissent mourir sans sujet; mais les Anglais se tuent sans qu'on puisse imaginer aucune raison qui les y détermine, ils se tuent dans le sein même du bonheur». Il y a tellement de distance entre eux et lui!

C- La première révolution industrielle.

En fait, ce n'est pas franchement en France que l'on voit véritablement, pour l'instant, une véritable influence anglaise. C'est le formidable développement industriel et économique de ce pays qui va amener le monde entier à se poser des questions sur la place de la richesse dans la gestion des sociétés. Le libéralisme économique, à l'anglaise, va amener les penseurs du monde entier à se demander, un jour, surtout au 19ème siècle, si c'est un certain régime politique qui a conduit à cela; d'autres intellectuels s'attacheront plus à vouloir redistribuer équitablement cette richesse.

Pour l'instant, les Anglais en sont encore au stade de l'invention et de l'expérimentation. Force est de constater que la voie choisie est celle du machinisme, c'est-à-dire du remplacement du travail humain ou animal par la machine. Au 18ème siècle, cela ne porte pas à conséquence car pour produire les biens manufacturés nécessaires, compte tenu de la technologie disponible, il n'y a pas assez de travailleurs. Les premières inventions importantes visent à perfectionner les métiers à filer et à tisser. C'est en 1764 que James Hardgreaves invente la spinning jenny.

Spinning Jenny, vers 1764, musée de Wuppertal.

Ce métier à filer est bon marché et est utilisé par des fileurs qui travaillent prioritairement chez eux. En 1769, Richard Arkwright dépose le brevet du métier à filer mis en action par la force de l'eau. En 1771, il fonde une usine dans le comté de Derby pour mettre en application son invention. La qualité du fil de coton obtenu est assez bonne, ce qui permet de tisser, désormais, en Angleterre, toutes les toiles de coton. Quoi qu'il en soit, le minerai de charbon concurrence déjà l'eau comme force de propulsion. Depuis 1712, la machine à vapeur de Newcomen est utilisée comme pompe à eau dans les mines de charbon. Cependant, en 1778, James Watt perfectionne considérablement l'invention, ce qui permet de consommer moins de charbon. En 1783, son moteur à vapeur peut alors être raccordé aux machines des filatures. L'être humain n'est plus une force de propulsion, il est là pour surveiller et réapprovisionner les machines en charbon et fibres textiles. Il ne se révolte pas encore contre l'automate qui lui vole son travail.

Exercice de réflexion:

Peut-on dire qu'à partir de fin décembre 1689 le roi d'Angleterre devient un monarque sans couronne? (15 lignes).

Parlement d'Angleterre, <u>Déclaration des droits</u>, 1689.

... Le pouvoir royal ne peut pas, contrairement à ce qu'il a fait récemment, ignorer les lois, ne pas les faire respecter, car ceci est illégal... Lever ou entretenir une armée, dans le royaume, en temps de paix, à moins que le parlement ne l'approuve, est contre la loi... Les élections des membres du parlement doivent être libres. La liberté d'expression, ce qui inclut les débats et procédures parlementaires, ne doit pas être empêchée ou remise en question par une cour de justice qui ne serait pas le parlement lui-même...

Quel est donc le pouvoir d'un roi? La logique contemporaine voudrait qu'on lui confère le pouvoir exécutif, c'est-à-dire le devoir de faire exécuter les lois. Cette logique est totalement absurde pour le 17ème ou le 18ème siècle. Le monarque de cette époque, comme l'empereur romain avant lui, est celui qui maintient l'ordre intérieur et extérieur. Suivant la logique de Bossuet et de Louis XIV, il est aussi à l'origine de la justice et de toutes les lois. C'est beaucoup pour un roi d'Angleterre, d'Écosse et d'Irlande. La monarchie absolue n'a d'ailleurs pas pu s'installer car depuis le début du 13ème siècle, les grands seigneurs sont un frein considérable au renforcement du pouvoir monarchique. Avec la Bill of Rights, on perçoit l'extraordinaire méfiance du parlement. Le souverain est toujours celui par qui, et avec qui, l'ordre est maintenu, mais sa fonction habituelle n'est réelle qu'en temps de guerre. Qui fait le travail en temps de paix alors? La police contrôlée par le parlement. On peut d'ailleurs se demander, avec ce texte, si le roi peut encore gouverner. On devine qu'il doit aller dans le sens de ce que veut le parlement car, sinon, celui-ci refusera de financer sa politique. Toutes les choses ne sont pas encore claires en ce qui concerne la gestion de l'État. On se gardera donc de parler encore de monarchie constitutionnelle car le gouvernement de la nation n'est pas décrit. Les parlementaires de l'époque sont encore dans l'urgence: ils ne veulent plus de guerre civile, plus de massacres, plus de bains de sang. Le meilleur moyen d'obtenir cela est de désarmer tout le monde. Interdire le maintien d'une armée dans un pays est un gage de calme relatif; désarmer son chef est encore plus efficace. Le roi n'est peut-être pas découronné mais il n'a plus d'épée.

Thème 4: Dynamiques et ruptures dans les sociétés des XVIIe et XVIIIe siècles.

Séquence 9: L'esprit scientifique au 18ème siècle.

Leçon 1: Le monde décrit tel qu'il est.

A- Les progrès de la cartographie.

L'apaisement des relations entre les gens, ne vient pas de nulle part. On pourra toujours croire que c'est un système politique et social répressif qui, en enfermant les gens dangereux dès qu'ils provoquent le moindre désordre, pacifie les sociétés. Cela ne se passa pas ainsi au 18ème siècle. En fait, c'est l'ouverture d'esprit, l'intelligence, l'exercice de la raison, la découverte du monde tel qu'il est, qui conduisirent les personnes de cette époque vers une nécessaire reconsidération des rapports entre les individus.

La cartographie les aida beaucoup à se rapprocher d'une méthode plus objective pour regarder le monde. Certes, depuis les portulans catalans, les navigateurs disposent, tout de même, de cartes qui ont une certaine fiabilité. Cependant, ce n'est véritablement qu'à partir de 1749, et la publication de la Description géométrique de la France (appelée improprement **carte de Cassini**), que, grâce à la triangulation, la technique de la cartographie devient véritablement précise. Pour la première fois, la France apparaît non pas comme elle est, car on triche toujours un peu pour réduire un volume en quelque chose de bien plat, mais comme nous la dessinons aujourd'hui. Cependant, même si le géographie d'avant 1749 n'est pas d'une grande précision, les Français connaissent, plus ou moins, la physionomie de leur pays. En revanche, la carte du monde est assez mystérieuse. En effet, les récits de voyages qui sont un genre littéraire très apprécié, ne cessent de décrire des peuples et des contrées extraordinaires que personne n'arrive franchement à localiser. De plus, même les spécialistes, c'est-à-dire les marins, sont loin de connaître tous les continents. L'Antarctique est encore au stade de la supposition et l'Australie est à peine devinée. En règle générale, l'Océan indien est rempli d'erreurs, ce qui oblige les capitaines de navires à noter systématiquement les coordonnées géographiques. La Compagnie (française) des Indes dispose d'un dépôt de cartes, plans et journaux (situé à Lorient) qui est dirigé, à partir de 1762, par Jean-Baptiste D'Après de Mannevillette.

Ce dernier n'est pas un inconnu. Il a effectué une longue carrière de marin qui l'a amené à voyager autour du monde. Intéressé par la cartographie des côtes, il a étudié la géographie et l'astronomie à Paris. De 1735 à 1742, il a voyagé principalement dans l'Océan indien et a pu amasser un grand nombre de données sur cet espace. En 1745, il publie alors la première version de son *Neptune oriental*. Pas tout à fait satisfait du résultat, les années suivantes, il ne cesse de voyager et de recalculer les positions. Ainsi, Il détermine avec précision la position des villes de Rio de Janeiro et du Cap, puis effectue des relevés des côtes des îles de France et Bourbon. Il rectifie les cartes de la côte sud de Madagascar et observe les côtes sud-est de l'Afrique. En 1753, promu capitaine de vaisseau de la Compagnie des Indes, il est envoyé en Chine via Pondichéry et le détroit de Malacca. Il en profite pour reconnaître une nouvelle route dont il dresse la carte; il arrive près de Canton, le 12 octobre 1753. Avec les informations recueillies auprès des autres capitaines de la Compagnie des Indes et les sources bibliographiques disponibles, il publie une nouvelle version du *Neptune oriental* en 1775.

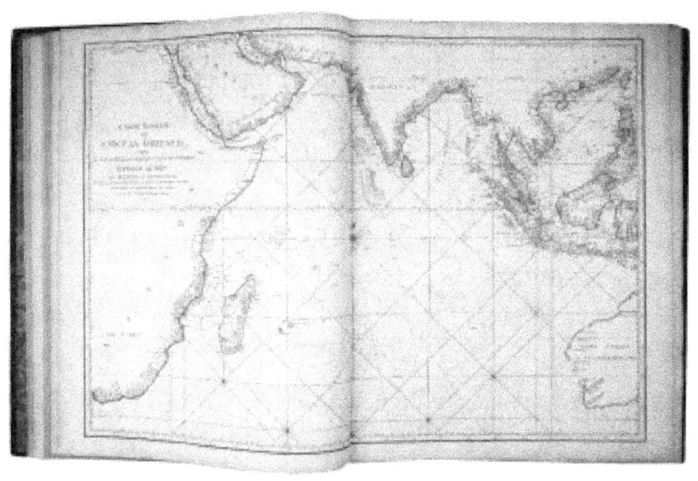

Jean-Baptiste D'Après de Mannevillette,
Le Neptune oriental, Brest, 1775.
https://pictures.abebooks.com/INLIBRIS/21595254536.jpg

Cette fois-ci, sa Terre nous montre l'ouest d'un nouveau continent: l'Australie. Il y a bien quelques trous, mais on reconnaît bien la forme. La géographie qui terrifiaient les premiers explorateurs et plongeait les peuples dans la perplexité est révélée au grand public; plus qu'au 16ème siècle, les navigateurs rapprochent les peuples; la méfiance des premières heures à laissé place à l'envie de découvrir ces contrées et ces êtres exotiques. Les esprits européens rêvent en lisant les récits de voyages et ils adorent pleurer en lisant le roman de Bernardin de Saint-Pierre, *Paul et Virginie* (1788), lequel décrit un amour impossible sur l'Île Maurice.

B- Bougainville et la grâce des peuples indigènes.

L'exemple le plus parlant qui décrit ce nouvel état d'esprit des Européens est, sans aucun doute, le *Voyage autour du monde* du chevalier de Bougainville (1771). En effet, pour un navigateur, il est extrêmement savant. Il a fait ses études au collège de Beauvais et s'est révélé être un très bon élève en mathématiques. D'ailleurs, quelques années plus tard, en 1754 et 1756, il publiera (à Paris), un traité de mathématiques en deux volume, sous le titre austère de *Traité du calcul intégral, pour servir de suite à l'Analyse des infiniment-petits de M. le marquis de l'Hôpital*. Il étudia également le droit car son père voulait qu'il devienne avocat. Esprit très éclairé, il est membre de la Royal Society, association londonienne qui a pour but de développer les sciences.

Après une carrière comme militaire, fin 1766, il entreprend le premier voyage français autour du monde. C'est véritablement un voyage scientifique: il embarque un naturaliste, Philibert Commerson, un cartographe, Charles Routier de Romainville, un astronome, Pierre-Antoine Véron. Le voyage est loin d'être facile. Il y a les habituels attaques de scorbut, les tempêtes, l'eau et la nourriture qui s'abîment. Arrivé à l'entrée du détroit de Magellan, dans la baie de la Possession, il rencontre des Patagons. Lors de ses expéditions au Canada, il a déjà été mis en contact avec des Amérindiens, mais ici, c'est un homme extrêmement cultivé qui rencontre des autochtones; on pourrait alors s'attendre à l'habituel jugement hautain du parisien regardant ces êtres dans un «état de nature», des sauvages, en fait. Cependant, ce n'est pas du tout sa réaction. On a même des qualificatifs relativement élogieux; ces Américains sont de «bonnes gens»; il leur fait donner des biscuits (de marins) et du pain frais; les indigènes aident Commerson à ramasser des plantes pour son herbier: il est venu au bout du monde pour découvrir de nouvelles plantes, la science botanique peut bien se faire aider par quelques assistants patagons. Lorsque Bougainville décrit ces hommes, on a l'exactitude du naturaliste avec l'agréable étonnement du militaire qui les trouve grands et athlétiques. Ils ne ressemblent pas aux Français mais il ne juge pas l'humanité par rapport à ses aprioris culturels, il dit simplement que leurs dents seraient regardées comme trop larges par un Parisien.

Le 4 avril 1768, au petit matin, au large de Tahiti, un nombre considérable de pirogues se dirigent vers les deux navires. L'une d'elles précèdent les autres; douze hommes peu vêtus présentent des feuilles de bananier; le chevalier prend cela pour un signe de paix; la pirogue accoste le navire; l'un des hommes présente un petit cochon et un régime de bananes; les membres de l'équipage sont heureux de hisser le tout sur le pont du navire. En échange, ils leur donnent des bonnets et des mouchoirs. Ce n'est pas la première fois que des Européens rencontrent des indigènes mais, cette fois-ci, la scène décrite est féerique. Plus d'une centaine de pirogues à balancier entourent les navires; elles sont chargées de noix de coco, de bananes et d'autres fruits exotiques; aucun des Tahitiens n'est armé. Tout la journée se passe à monter la nourriture sur les bateaux. Le 6 au matin, ils trouvent une rade assez profonde pour jeter l'ancre. Un nombre considérable de pirogues se pressent autour des navires. Cette fois-ci, il y a des femmes à bord. Bougainville est trop mathématicien pour croire en la supériorité de la nature sur la culture; il n'est pas du tout un adepte de Jean Jacques Rousseau. Cependant, il est ébloui par leur beauté; il compare l'une d'elles à Vénus. Il réussit, par je ne sais quel miracle, à ramener les 400 hommes jeunes qui composent l'équipage à la réalité de la navigation: ils virent le cabestan en soupirant. Les scorbutiques sont descendus à terre pour être soignés; Véron calcule la longitude de l'île; Commerson explore la flore et conclue que la majorité des espèces se retrouvent en Inde; le chevalier joue aux ethnologues. Il décrit alors deux peuples qui parlent la même langue, ont les mêmes coutumes et vivent ensemble. Ils sont simplement différents physiquement. Le premier peuple est composé d'hommes athlétiques; selon lui, il n'en a jamais vu d'aussi bien faits; vêtus et moins au soleil, ils ressembleraient aux Européens. Le deuxième peuple est beaucoup moins gracieux mais il est plus intelligent! En fait, il est tellement enthousiaste qu'il finit par décrire le monde plus beau qu'il n'est.

C- les naturalistes et l'obsession de la classification.

La nature est décidément une source d'inspiration sans fin pour les hommes du 18ème siècle. Cependant, les sciences naturelles sont loin d'être détachées de la religion. Avec Linné (1707-1778), d'ailleurs, la description des espèces animales et végétales ne vise qu'à mettre en avant l'œuvre de Dieu. Il ne s'agit surtout pas d'y introduire des modifications. Pour lui, donner un nom à chaque élément de la Création est un but en soit: c'est un acte de foi, pas une recherche scientifique. Lors de la Genèse, toutes les espèces furent créées telles qu'elles sont. Il n'y a pas eu d'évolution. En rapprochant les formes, il essaie de créer des familles mais il ne va pas plus loin.

Avec Buffon (1707-1788), le côté religieux laisse la place à la véritable particularité du naturaliste: la description maniaque de la nature. Certes, son style permet au lecteur de ne pas trop s'endormir, et il en faut des artifices littéraires lorsqu'un ouvrage fait 36 volumes (*Histoire naturelle* publiée de 1749 à 1789). Heureusement que de très nombreuses gravures agrémentent l'ensemble. Quoi qu'il en soit, sa démarche est véritablement scientifique car il accumule des observations pour pouvoir en déduire quelque chose d'autre, souvent en comparant les faits. S'il fait de très nombreuses erreurs, il arrive tout de même à découvrir quelques vérités. Ainsi, en géologie, il ose traiter de la formation de la Terre; en observant des couches de calcaire, il se rend compte qu'elles sont le résultat de la sédimentation au fond des océans; il est l'un des premiers à penser que les continents bougent. En outre, il ne croit pas du tout en l'absence de mouvement de la nature. Selon lui, les animaux des premiers temps ont parfois donné naissance à d'autres espèces. Ce n'est pas encore l'évolution des espèces à la Charles Darwin mais c'est une véritable remise en question du fait que les choses aient été créées une fois pour toute.

Leçon 2: La nature comprise et apprivoisée.

A- Voltaire et les sciences naturelles.

C'est en 1759 que Voltaire achète sa propriété à Ferney. Considérant qu'il doit rentabiliser son domaine agricole, il se met à se documenter sur les choses de la nature. Il part, tout de même avec un gros handicap: c'est un Parisien qui a surtout vécu dans de grandes villes. Charmé par la vie à la campagne mais assez rebuté par le froid hivernal du lac Léman, il ressemble à ces citadins ignorants qui croient pouvoir dompter la nature grâce à un bonne bibliographie. Honnêtement, est-ce que l'on apprend à cultiver en lisant des livres?

l'intellectuel parisien se met alors à lire tout ce qui traite d'agriculture, d'élevage, de botanique. Il ne néglige pas pour autant l'observation directe. C'est d'ailleurs ce qui le mène à relativiser ce qu'il a lu. Cependant, il reste ouvert aux nouveautés exposées dans les publications à la mode. Il expérimente alors la culture de ce tubercule tant vanté par Antoine Parmentier: la pomme de terre. Quoi qu'il en soit, ce sont les abeilles qui l'intéressent le plus car elle fournissent la cire nécessaire à la fabrication de bougies et le miel utilisé en pâtisserie. Dès son installation dans sa propriété, il y met de nombreuses ruches. Dans son livre *Des singularités de la nature* (Londres, 1768) il cite Jean-Baptiste Simon, un apiculteur qui a publié un traité très célèbre et plusieurs fois réédités: *Le gouvernement admirable ou la république des abeilles*, 1740 (édition originale). Voltaire est tout sauf un scientifique: il n'accepte une idée nouvelle que si elle lui convient et non parce qu'elle est du domaine de la vérité. L'avantage de Simon est qu'il réfute l'évidence découverte par Réaumur: les abeilles étant stériles, la reine étant la seule dans la ruche à pouvoir pondre, toutes les abeilles de la ruche sont les enfants de la reine. La compréhension de la nature par Voltaire butte sur ses aprioris sociaux: il n'est pas prêt à accepter qu'une abeille, fusse-t-elle reine, puisse passer son temps à pondre. De surcroît, chaque année, elle pondrait 40.000 œufs! Sa pudibonderie ne peut pas accepter de faire de la souveraine de la ruche une Messaline, une fille sans vertu. Simon a l'avantage de ne pas aller contre les croyances du philosophe. Pour lui, dans chaque ruche, il y a forcément un reine mais aussi un roi; l'union de l'une et de l'autre engendre des rois et des reines qui ont pour fonction de gouverner le petit peuple formé d'ouvriers et d'ouvrières. L'union des deux produit les 40.000 œufs qui occupent les cellules de la ruche et garantit son approvisionnement en miel et en cire. Voltaire est l'exemple parfait de l'ignorant du 18ème siècle qui veut bien verser dans la science pour comprendre le monde à condition que ses convictions ne soient pas du tout remises en cause.

B- La fée électricité.

Les scientifiques quant à eux, sont beaucoup plus ouverts d'esprit. Ils ne cherchent pas fondamentalement à mettre en accord leurs découvertes et leurs croyances. Dans le cas de l'électricité, cela aurait d'ailleurs été très difficile tant ce flux est abstrait.

Si l'électricité est connue depuis l'antiquité, on n'en a pas encore fait grand-chose. En fait, il faut attendre Benjamin Franklin, en 1752, pour qu'une invention liée à l'électricité ait une véritable utilité: il s'agit du paratonnerre. Bien sur, quelques années plus tôt, en 1745, on avait déjà inventé la bouteille de Leyde, une sorte de générateur de courant, mais elle n'était utilisée que comme divertissement: les gens étaient ravis de recevoir une petite décharge électrique lors d'une manifestation festive. Cette électrisation, pendant toute la deuxième partie du 18ème siècle, reste l'occupation de charlatans qui veulent faire croire à des gens crédules qu'ils guériront les paralysies de cette manière ainsi que plein d'autres maladies.

Avec Luigi Galvani, à partir de 1780 environ, la relation entre électricité et mouvement des muscles est établie d'une manière beaucoup plus méthodique et sérieuse. Il prépare des grenouilles afin de ne garder que les pattes. Disposant d'une bouteille de Leyde pour produire l'électricité, il constate que lorsque la machine produit une étincelle et que l'expérimentateur touche à la fois la bouteille et le nerf de la grenouille avec son scalpel métallique, les cuisses de la grenouille bougent violemment. Le flux électrique passerait donc du générateur à la grenouille. Intrigué par ce phénomène, il cherche à vérifier la conductivité électrique des corps. Il utilise alors un fil de fer assez long qui relie la bouteille de Leyde à la grenouille: le fil doit bien être conducteur car les cuisses de la grenouille s'agitent à chaque étincelle électrique. Par la suite, il cherche à savoir si l'électricité naturelle de l'orage peut produire le même effet, et il constate que le résultat est le même.

L'étape suivante dans la compréhension des phénomènes électriques revient à Alessandro Volta. En 1799, il empile alternativement des disques de cuivre et de zinc séparés par des disques de feutre imbibés de saumure (mélange d'eau et de sel). Il crée ainsi la première pile de l'histoire. Il faudra attendre bien des années avant de lui trouver une utilité pratique. Pour l'instant, on remarque tout simplement que cette nature mystérieuse leur semble un peu plus compréhensible car ce flux électrique à peine visible semble être à l'origine de quelques uns des phénomènes physiques qui animent la Création.

C- La vapeur qui remplace le cheval.

La grande victoire scientifique de l'époque reste tout de même la domestication de la vapeur. On a déjà vu que des machines à vapeur servaient de pompes à eau dans les mines et de force de propulsion dans les usines textiles. Avec Nicolas Joseph Cugnot, l'ambition est beaucoup plus élevée: il s'agit de créer un véritable véhicule automobile!

Convaincu qu'il peut réussir son entreprise, il quitte l'armée française en 1763 pour se consacrer uniquement à ses recherches. Le duc de Choiseul, secrétaire d'État à la guerre, voulant développer l'artillerie, se décide à faire financer par l'État le véhicule de Cugnot. En octobre 1769, les premiers essais d'un modèle réduit, le cabriot, montrent un engin qui fonctionne. On décide alors de construire à grands frais un prototype grandeur nature.

Le fardier de Cugnot, 1770-1771
https://commons.wikimedia.org/w/
index.php?title=File:FardierdeCugnot20050111.jpg&oldid=99442748

Le fardier est prêt en 1770; les premiers essais ont lieu en novembre. La machine fonctionne mais on n'a pas encore l'habitude de conduire; les expérimentateurs ont donc le premier accident de

---

1. https://commons.wikimedia.org/wiki/File:FardierdeCugnot20050111.jpg?uselang=fr

voiture car ils n'arrivent pas à freiner. Une fois réparé, le véhicule n'arrive pas à convaincre les militaires. Outre son prix, l'eau de la chaudière est longue à chauffer, le combustible se consume rapidement (ce qui implique de nombreuses pauses pour recharger le moteur), les côtes sont impossibles à monter, le frein freine mal, la vitesse est faible (4 km/h). Le projet est donc vite abandonné.

Ce sont les Anglais qui vont alors reprendre l'idée d'un véhicule utilisant un moteur à vapeur. Leur véritable invention sera de le mettre sur des rails biens rectilignes, les routes étant dans un état désastreux. Ainsi, en 1784, James Watt dépose le brevet d'une locomotive à vapeur. Cependant son moteur est assez faible, ce qui ne permet pas de passer de l'invention à la réalisation. Son brevet retarde d'ailleurs la fabrication de la première locomotive qui possède une chaudière à haute pression générant assez de puissance pour tirer des charges importante à petite vitesse (3,5 km/h). En effet, c'est après l'expiration de son brevet, en 1800, que Richard Trevithick peut véritablement fabriquer la machine à vapeur à haute pression qu'il a mise au point entre 1797 et 1799. En 1804, il réussit même à faire fonctionner la première locomotive à vapeur sur rails.

Leçon 3: La science qui sauve l'homme. A- L'encyclopédie qui éduque.

Le temps passant, les convictions d'autrefois sont remises en question par les découvertes ou, simplement, par les opinions du moment. Dans la deuxième moitié du 18ème siècle, on ne peut plus se dire une personne éduquée si on se contente de répéter les lieux communs véhiculés par les livres depuis le Moyen Âge. Les écoles et universités n'étant pas beaucoup plus novatrices, ce sont les imprimeurs-éditeurs qui s'emparent de la mission sociale salvatrice d'éduquer l'homme nouveau afin d'améliorer sa condition grâce au savoir éclairé par la raison. Ces gens-là sont pleinement conscients de leur importance. Ainsi, en 1745, Le Breton a l'intention de faire traduire une encyclopédie anglaise pour mettre à disposition du public français les dernières découvertes technologiques. Très vite, le projet prend une ampleur considérable: il ne s'agit plus de traduire quelques volumes mais de produire une œuvre originale colossale visant à résumer et à vulgariser toutes les connaissances de l'époque. Diderot et d'Alembert sont mis à la tête de la réalisation scientifique et même matérielle de l'ouvrage, dès octobre 1747. L'entreprise se financera par souscription: les lecteurs achètent le livre avant qu'il ne soit imprimé. Le premier volume de l'***Encyclopédie, ou dictionnaire raisonné des sciences, des arts et des métiers*** paraît en 1751. Diderot commet une erreur de taille; dans son introduction (discours préliminaire), il justifie la production d'une telle œuvre par la nécessité de ramener l'homme vers la pensée autonome, celle qui permet à l'individu, libre de toute tutelle, surtout celle de l'Église, de découvrir les choses telles qu'elles sont. Il ose même citer l'exemple de Galilée découvrant le mouvement de la Terre et étant condamné, par un tribunal ecclésiastique, pour avoir décrit un phénomène physique véritable. Dès 1752, l'Église essaie donc de faire interdire sa publication. Grâce à l'appui du directeur de la librairie (personne chargée de la censure), Chrétien-Guillaume de Lamoignon de Malesherbes, la publication continue. Après la tentative d'assassinat de Louis XV par Damiens (en 1757), certaines personnes très dévotes qui ont une certaine influence politique soulignent le côté séditieux de la publication; ils ne manquent pas de mettre en relief certains articles assez hostiles à l'Église et au gouvernement. En mars 1759, le pape Clément XIII met le livre à l'index: toute personne le détenant sera excommuniée! En mars 1759, l'autorisation de publication du roi est retirée mais, en septembre 1759, Malesherbes s'arrange pour obtenir l'autorisation pour la publication des gravures qui illustrent les articles. Le texte continuera à être imprimé de manière clandestine. A partir de 1762, la situation politique se détend, les volumes de texte, s'ils ne sont pas officiellement édités en France, peuvent quand même être distribués. En 1772, l'entreprise se termine avec la parution des deux derniers tomes; au total, l'encyclopédie comprend 28 volumes.

Cette œuvre monumentale n'est pas la première encyclopédie, elle est d'une qualité très inégale, son objectivité est souvent douteuse, son parti-pris politique est évident, son côté scientifique est très primitif, mais elle reflète un état d'esprit totalement novateur: une absolue confiance dans le genre humain. Cela ne fait absolument aucun doute: les encyclopédistes sont persuadés que, par la lecture et la découverte de la vérité des choses qui l'entourent, l'homme pourra, consciemment, améliorer sa condition et faire que le futur soit meilleur que le présent. C'est un ouvrage partisan et donc assez peu objectif mais ça reste tout de même le premier travail de véritable vulgarisation du savoir. La pédagogie est certainement plus un art qu'une science mais elle a l'avantage de faire comprendre une partie, pas la totalité, des choses. Si on a du mal à évaluer son rôle dans la genèse de l'esprit révolutionnaire, nous sommes tous certains qu'il reflète l'état d'esprit d'une époque: la naissance, le statut social des personnes, doivent s'incliner devant les qualités humaines et intellectuelles des individus. En somme, une société raisonnable et humaine ne peut voir le jour que si ce sont des gens raisonnables et humains qui l'organisent. La société d'Ancien Régime est profondément remise en cause.

B- La physiocratie qui donnerait du pain.

Au milieu du siècle, une véritable pensée économique naît. Dire qu'avant cette époque les gens ne s'intéressent pas à la production de richesse serait faux, mais celle-ci n'est considérée que sous le rapport de l'enrichissement de l'État et non de la nation. Avec les physiocrates, c'est tout le système de production et la société qui s'y raccroche qui sont repensés. Leur approche est extrêmement conventionnelle. Pour eux, la richesse repose sur la nature car, à chaque printemps, invariablement, elle refait verdir les prairies et fleurir les arbres fruitiers. Inlassablement, le blé se ressème pour donner de la nourriture aux bêtes et aux hommes. On l'a vu, Hésiode l'avait compris, mais il avait aussi compris que sans beaucoup travail de la part de l'homme, il ne fallait pas espérer une grosse récolte. La vision de la campagne des physiocrates est, somme toute, assez idéaliste. De plus, faire de l'agriculture la seule activité réellement productive est absurde. Ils pensent que l'industrie ne fait que transformer les matières premières que l'agriculture lui apporte. Ainsi, ils ne voient pas l'évidence: si le tisserand n'existait pas, le lin cultivé ne trouverait pas d'utilité, la production de cette fibre s'arrêterait et il n'y aurait pas de production de «cette richesse». On ne peut pas, à l'époque, dissocier ces deux mondes. Colbert misait trop sur l'industrie, eux survalorisent l'agriculture. Les trois classes d'agents économiques ne sont donc plus les trois ordres de la nation française de l'époque, mais elles ne sont pas pour autant révolutionnaires. La classe des paysans est appelée classe productive; la deuxième classe, composée de marchands et d'industriels est qualifiée de classe stérile; la troisième comporte les propriétaires terriens. L'opposition entre noblesse et roture (absence de noblesse), et même le clergé et le monde laïc, disparaît sans choquer profondément la société de l'époque. Il y a eu une évolution des sociétés européennes au 18ème siècle; les Anglais jugent moins les gens suivant leurs titres nobiliaires; pourquoi les Français ne feraient-ils pas la même chose? Le but de l'État est alors de favoriser la production agricole en laissant circuler librement les produits afin qu'un équilibre se crée entre offre et demande, ce qui ne manquerait pas de faire augmenter les prix, de les stabiliser et de mieux rémunérer les producteurs. Pour ne pas limiter les échanges, tout de même, l'État se rémunérerait sur les revenus engrangés par les propriétaires. Inutile de dire que la physiocratie inquiète vraiment la noblesse.

En 1761, un de ces physiocrates, Anne Robert Jacques Turgot, est nommé intendant de la généralité de Limoges. La théorie se confronte alors à la réalité. Il affronte donc la famine de 1770-1771. Il ne se laisse pas impressionner par la situation et oblige les propriétaires terriens à aider, en priorité, leurs pauvres. Ceux qui sont sans travail sont employés dans les ateliers des bureaux de charité de la province. Regrettant que le blé n'arrive pas dans sa région pour que tout le monde puisse manger à sa faim, il écrit à l'abbé Terray, contrôleur général des finances, pour lui demander de libéraliser le commerce des grains. Devenu, à son tour, ministre de la marine et contrôleur général des finances, en 1774, il s'efforce, dans l'urgence, de réduire les dépenses de l'État et y réussit. Les dettes étant tellement importantes, il ne peut pas véritablement réformer le système fiscal dans sa totalité; il supprime juste quelques petites taxes. Le 13 septembre 1774, il signe un décret sur le libre circulation et commercialisation des grains. Ceux qui spéculent justement sur la vente du blé, voient d'un très mauvais œil ce décret. Cependant, c'est la mauvaise récolte de l'été 1774 qui entrave la politique libérale du ministre. Le prix du pain augmente beaucoup pendant l'hiver et le printemps; des troubles apparaissent à Dijon, en avril 1775; en mai, le mouvement contamine le nord, l'est et l'ouest de la France. Les émeutiers pillent les boulangeries, les entrepôts de grains, les meuneries. Le 3 mai, les boulangeries de Paris sont même pillées! Le prix forcé du blé (prix abaissé et contrôlé par l'État) est rétabli, et Turgot est alors obligé de faire réprimer durement les émeutes. Le premier essai de libéralisation est franchement un échec. Ce n'est manifestement pas la nouvelle science économique qui nourrira les peuples mais bien la compréhension de la nature et l'augmentation de la production.

C- La médecine qui soigne.

Quant à la médecine, elle quitte, peu à peu, le domaine de la littérature pour entrer dans le monde de la science expérimentale. Depuis la fin du Moyen âge, à force d'observations et de dissections du corps humain, nombreux sont les médecins qui ne contentent plus de suivre les théories obscures d'Hippocrate. La faculté de médecine de Montpellier à beau perpétuer les vieilles théories antiques, l'École de médecine de Paris, les chirurgiens de la marine et les médecins étrangers finissent par amener le rationalisme nécessaire à la découverte de processus pathologiques.

On peut d'ailleurs prendre un simple exemple: le scorbut. C'est l'écossais James Lind qui publie la première véritable étude méthodique sur le sujet. En donnant certains aliments (différents) à plusieurs marins infectés par ce manque de vitamine C, suivant les rumeurs sur l'effet bénéfique des agrumes, il se rend compte que les citrons et les oranges arrivent à guérir la maladie. Il ne comprend absolument pas pourquoi ces fruits fonctionnent mais il publie tout de même sa découverte dans un livre, en 1753: *A treatise on the survy*, Édimbourg, 1753. Les français sont tellement préoccupés par cette maladie qui décime les équipages, qu'ils publient une traduction l'année suivante. Ils expérimentent tout de suite la découverte, comparent l'effet antiscorbutique des agrumes avec la choucroute (les hollandais qui la consomme souffriraient moins de la maladie), l'absorption de viande fraîche, de sucre, de fruits et végétaux frais et finissent pas comprendre que, manifestement, c'est bien, principalement, la consommation de fruits frais qui améliore la condition des scorbutiques. La qualité de la nourriture des marins du roi de France, de même que leur hygiène, s'améliorent. Le fonctionnement de la marine est tellement coûteux en argent et en vies que le secrétaire d'État à la marine ne refuse ni de donner de l'argent, ni d'autoriser l'expérimentation de toute invention ou découverte pouvant améliorer la situation. À la veille de la révolution, le scorbut n'a pas encore disparu mais, dès que les navires arrivent en rade, les commandants ordonnent immédiatement d'aller acheter des fruits frais car tout les monde est infiniment convaincu, à juste titre, qu'ils ont un effet protecteur.

La grande découverte du siècle reste, malgré tout, la vaccination contre la variole. Au début du 18ème siècle, une pratique ramenée d'Orient commence à être pratiquée en Angleterre; il s'agit de la variolisation. Afin d'éviter la forme mortelle de la maladie, on inocule une forme mineure à une personne bien portante. Le pari est risqué car ce n'est pas le virus mort qui est inoculé mais le virus vivant; l'organisme peut fabriquer des anticorps ou directement développer la maladie. C'est d'ailleurs ce que reprochent les français à cette méthode. Appliquée en France à partir de 1756, elle n'a pas beaucoup d'adeptes. Quelques aristocrates s'y soumettent. Louis XVI se fait inoculer la maladie, en 1774 (la variole avait tué sont grand-père). La véritable vaccination, et première étude sur le procédé, revient cependant à Edward Jenner. Loin de se contenter des approximations de son époque, il observe la nature pour la comprendre. Ainsi, il avait remarqué qu'une maladie infectieuse, la vaccine, se transmettait des chevaux aux vaches. Les femmes qui trayaient les vaches infectées contractaient cette maladie assez bénigne mais semblaient être exemptes de variole. En mai 1796, il inocule la vaccine à James Phipps, petit garçon de huit ans. L'inoculation provoque de la fièvre et un malaise général mais pas de maladie grave. Plus tard, il inocule plusieurs fois la variole au petit garçon, lequel ne développe pas la maladie. Il en conclue alors que c'est la vaccine qui l'a protégé de la variole. À ce moment là, la médecine tourne d'une manière fracassante le dos au passé pour entrer consciemment dans l'aventure des grandes découvertes du 19ème siècle.

Exercice de réflexion:

La description que fait Voltaire de la formation des montagnes est-elle scientifique? (10 lignes).

Voltaire, <u>Des singularités de la nature</u>, Londres, 1768.

... Prenons la chose d'un autre biais. Presque tous les naturalistes sont persuadés, aujourd'hui, que les dépôts de coquilles au milieu de nos terres sont des monuments du long séjour de l'Océan dans les provinces où ces dépouilles se sont trouvées... D'un côté on nous dit que l'Océan vient peu à peu couvrir les Pyrénées et les Alpes, de l'autre on nous assure qu'il s'en retourne tout entier par degrés. Il est évident que l'un des deux systèmes est faux; et il n'est pas improbable qu'ils le soient tous deux...

Quel esprit confus! On voit qu'il n'arrive pas à concevoir un mouvement double de l'eau: une période géologique avec les océans qui recouvrent les terres, une autre période qui assiste à un long reflux. Contemporain de Buffon, il n'a manifestement pas compris comment se formait le calcaire: à savoir par une longue accumulation de coquilles qui, tombant sur le fond de l'océan, aidées par la pression de l'eau, se compactent et finissent par former de grosses épaisseurs. Voltaire n'est pas du tout un scientifique. On l'a déjà vu avec son opinion sur la vie d'une ruche: il n'accepte une idée que si elle s'accorde avec ses croyances. Il n'est donc pas du tout un homme de son temps car, en somme, il est réfractaire à l'observation de la réalité et à la mise en relation des données. D'ailleurs, son esprit primitif, n'arrivant pas à trouver un lien entre deux variables, finit par le faire douter de l'existence des deux variables! Pour lui, les débris de coquilles qu'il trouve dans les terres sont, indubitablement, les coquilles des mollusques d'eau douce qui vivaient dans des points d'eau (douce) qui auraient disparus. Sa position est, d'ailleurs, très paradoxale car il ne cesse d'invoquer la raison pour percevoir et agir sur le monde, sans faire de l'acceptation de la réalité des faits une partie du processus mental nécessaire à la découverte de la vérité. Avec Voltaire, on voit naître alors l'opposition, dans la diffusion scientifique, que nous connaissons toujours aujourd'hui: les scientifiques peu lus, d'un côté, les journalistes et mauvais écrivains, très lus, vulgarisateurs sans talent, diffusant des erreurs à toute la société. Ces derniers sont dangereux car ils maintiennent les gens dans leurs illusions.

Séquence 10: Tensions, mutations et crispations de la société d'ordres.

Leçon 1: La société d'ordres.

A- Le clergé en premier.

La société est, depuis longtemps, divisée en trois ordres. Au 17ème, aussi bien qu'au 18ème siècle, rien ne semble remettre en cause la supériorité sociale du clergé. Quiconque entre dans cet ordre devient, dès le premier moment, un privilégié. Ainsi, les clercs ne sont pas soumis à la justice des laïcs. En 1652, par exemple, lorsque Louis XIV fit arrêter le cardinal de Retz, un insupportable comploteur, le Clergé protesta lors d'une délégation solennelle. Finalement, en 1657, l'Assemblée du Clergé obtint du Roi une déclaration réservant le jugement des évêques aux juges d'Église. Par conséquent, le Parlement de Paris fut déchargé du jugement du Cardinal.

Par ailleurs, les clercs, dans les pays de taille personnelle (impôt qui pèse sur les individus) ou de taille réelle (impôt qui pèse sur la terre), ne la paient pas. Il sont également exempts de taxe sur le sel (gabelle) et sur le vin de leur région. Étant, par nature, dispensés de tout service militaire, ils ne doivent pas le service de garde et de guet, le logement des gens de guerre, le paiement de la subsistance des troupes. Par ailleurs, la qualité d'ecclésiastique implique le droit à bénéficier de revenus liés à leur fonction. Ne nous imaginons pas des moines riches pour autant. Cependant, cet état permet aux personnes humbles de vivre dignement toute leur vie. Quant aux membres du haut clergé, ils sont loin d'être pauvres et, finalement, ont des revenus comparables à ceux de la haute noblesse (dont ils sont issus).

L'alliance entre le clergé et la monarchie est tellement ancienne que le couple ainsi formé est devenu une union politique et religieuse impliquant un certain contrôle de l'un sur l'autre. Il n'est pas difficile de comprendre que même dans un régime absolu, il y ait, tout de même, des contre-pouvoirs. Ainsi, le roi ne se prive pas d'influencer le pape dans le choix des évêques. En échange, dans tous ses actes privés et publics, il est soumis à la loi de Dieu. Louis XIV jeune est un monarque qui prie beaucoup, vieux, il est, en plus, très dépendant de la religiosité de Madame de Maintenon. Le contrepoids de la menace de l'excommunication papale ne peut même pas s'envisager pour quelqu'un qui n'a besoin de personne pour lui rappeler les obligations des monarques très chrétiens. Continuellement entouré de religieux, il a souvent des ministres qui sont des clercs. Le 18ème siècle suit le 17ème en cette matière. Ainsi, le Cardinal de Fleury, de précepteur du petit Louis XV, était devenu, dès 1726, son principal ministre. Ce mariage d'intérêt entre la monarchie et le Clergé catholique n'engendra pas d'évolution notable dans la nature de cette union. Jusqu'à la fin, l'une et l'autre s'épaulèrent.

B- La noblesse.

Le deuxième ordre privilégié est constitué de la noblesse, héritée par voie masculine, bien sûr. Là encore, les membres de cet ordre sont exempts de la taille, mais c'est peut-être le seul véritable point commun. En effet, l'origine de l'appartenance à cette caste est un attribut social qui oppose. Ainsi, la vieille noblesse guerrière, celle qui porte les vieux noms du territoire français et dont les ancêtres figurent, au côté des rois, dans les chroniques du Moyen Âge, sont très conscients d'appartenir à une sorte d'élite: celle des familles qui construisirent la France. Ce n'est pas tant leur richesse qui les distingue mais bien leur arbre généalogique. Leurs descendants mâles, s'ils ne peuvent pas suivre une profession militaire, continuent, cependant, à penser à cet ancêtre qui, un jour, il y a longtemps, facilita la retraite de l'armée royale sauvagement attaquée par un ennemi étranger. Il y a véritablement une conscience nationale parmi eux car il y a toute une mythologie de la construction du territoire. A l'intérieur même de cette noblesse, on rencontre une élite: les princes. Ils sont, au fil des siècles, plus ou moins proches, par l'hérédité, du roi. Connaissant les aventures de la famille de France, se souvenant tous de Henri IV, certains d'entre eux rêvent d'un destin royal. Ce fut le cas des Condé, ce sera le cas des d'Orléans. En dessous d'elle, se situent les pairs du royaume et les grands nobles. Tous vivent noblement. Leurs revenus (majoritairement fonciers) les dispensent de tout travail. Les plus athlétiques peuvent être militaires, bien sûr, les autres voudraient conseiller le roi, ce qu'ils font parfois. Notons tout de même que dans cette noblesse ancienne, il y a, en province, des gens disposant de moins d'argent et, donc, vivant assez difficilement (les hobereaux). La petite noblesse est alors très dépendante des œuvres caritatives de l'État (collèges militaires pour les fils de familles nobles). Dans ce cas, le métier des armes est une nécessité économique absolue.

Le deuxième groupe est constitué de la noblesse de robe, c'est-à-dire de gens qui, travaillant pour le roi, ont acquis ce statut privilégié. Les membres des parlements, compte tenu du prix de leur office, sont forcément nobles. Ces charges sont transmises aux fils de la famille. Il y a forcément un certain mépris de la part de la noblesse d'épée vis-à-vis d'eux car il n'y a pas de noblesse sans courage, souffrance, danger et acte chevaleresque. Ce monde d'hommes qui font la guerre a du mal à faire d'intellectuels qui disent le droit des frères. Après un certain nombre d'années, cette charge anoblissante confère la noblesse d'une manière héréditaire. C'est donc, pour la bourgeoisie aisée, un moyen efficace, au bout du compte, mais avec un coût de départ élevé, de s'affranchir du paiement de la taille et, surtout, de donner des airs à sa famille, par la suite.

L'avantage de l'exonération fiscale a, durant les siècles, attiré les fraudes et les fraudeurs. Colbert a cherché à débusquer les usurpateurs. Ce ne fut pas si facile car l'achat d'une terre noble pouvait, au bout de plusieurs générations, conférer la noblesse aux propriétaires. Avec les notaires, il fallait alors justifier l'achat, le statut de la terre, la durée de détention et, finalement, le détenteur pouvait prouver assez facilement sa noblesse. En revanche, les hobereaux désargentés qui n'étaient pas militaires et étaient donc forcés de travailler (on dit qu'ils dérogent) furent privés de leur noblesse et relégués dans le tiers état.

C- le tiers état.

Le dernier état, sujet à la taille, est encore moins homogène. Les théoriciens de l'époque voudraient en faire la classe qui travaille: cela dépend de ce qu'on entend par travail. En haut, on trouve la bourgeoisie des négociants, banquiers et «industriels». Ensuite, apparaissent les avocats, très nombreux car, dans un monde plein d'entraves, surtout en ce qui concerne le commerce, il y a un nombre considérable de procès. On trouve également quelques médecins, apothicaires (pharmaciens), professeurs et personnes disposant d'un patrimoine qu'ils exploitent. Ces derniers ne travaillent pas vraiment; ils louent leurs terres, leurs bâtiments et prêtent de l'argent (contre intérêt).

Dans une France fondamentalement rurale, la plus grosse partie du tiers état est composée de paysans. Les plus gros paysans (les laboureurs) sont propriétaires mais ils louent également des terres pour les exploiter. En dessous, on trouve des exploitants plus petits et, immanquablement, des manouvriers, c'est-à-dire des paysans sans terres qui sont, toute leur vie, obligés de travailler pour les autres. Il est difficile d'évaluer leur pauvreté mais leurs révoltes nous la font deviner très facilement. Ainsi, en Normandie, en 1639, la révolte des **va-nus-pieds** nous montre une **jacquerie** (révolte paysanne) classique. C'est la pression fiscale sur des petits revenus qui provoque les mécontentements. En janvier 1639, le gouvernement décide de soumettre tout le Cotentin à l'impôt sur le sel. Le 16 juillet 1639, Charles le Poupinel, qui est chargé de collecter les impôts, est assassiné par la population d'Avranches. La révolte fiscale gagne alors Caen, Rouen et Bayeux. Tous les mécontentements s'agrègent vite: on ne trouve pas que des pauvres mais aussi de riches paysans, des membres du clergé, des petits nobles. Selon les révoltés, ce sont les Normands qui doivent fixer le montant de l'impôt en Normandie, pas le roi de France. La réponse du pouvoir parisien est efficace et définitive: on tue les meneurs, les villes normandes perdent leur privilèges, le parlement de Normandie est suspendu (de 1639 à 1641).

Enfin, il a également des gens qui fabriquent des produits manufacturés. Doit-on les appeler ouvriers? En fait, le travail manuel est effectué par les paysans qui, en période d'absence de travaux agricoles, sont très contents de pouvoir gagner un peu d'argent en faisant du tissage (chez eux ou dans une manufacture), par exemple. Il existe tout de même déjà une élite ouvrière. Sans parler des orfèvres, sculpteurs et autres artistes, dans chaque gros village, on trouve un forgeron qui fabrique ou répare les outils, et qui peut même fabriquer des armes. D'ailleurs, le travail du fer, ou du verre, n'est pas considéré, à l'époque, comme quelque chose de dévalorisant: un noble peut exercer ce métier sans perdre sa noblesse.

Leçon 2: Nouveautés et pesanteurs du 18ème siècle.

A- Manger à sa faim.

Plus on avance dans le siècle, plus on constate que la famine n'est pas la norme applicable à tout le pays. Dans la deuxième moitié du 18ème siècle, il y a des années plus difficiles que d'autres mais on n'assiste pas vraiment à un état de famine généralisée. Il faut dire que l'on a bien mis en valeur le territoire français: les défrichements et améliorations de terres ont accru la surface agricole disponible. Par ailleurs, depuis le 17ème siècle, les pratiques agricoles se sont un peu perfectionnées. Sans le recours en masse d'engrais, et compte tenu de la qualité des terres, on pratique encore la jachère, c'est vrai. Ainsi, un partie de la terre est laissée en repos une année sur trois pour que les composants minéraux du sol se reconstituent (principalement l'azote). Dans certains cas, sans pratiquer une véritable jachère, on ne cultive pas la terre une année pour laisser pousser l'herbe qui fournira sa nourriture au bétail. Dans d'autres cas, les engrais verts commencent à être utilisés. Ainsi, on remarque que la culture des pois (qui se mangent, d'ailleurs) on la capacité à pousser sans engrais et à faire entrer dans le sol, autour de leur racine, l'azote qu'ils prennent dans l'air. Enfouir le reste de la plante dans le sol, après la récolte, amène encore plus de fertilisants. On peut dès lors rentabiliser mieux sa terre en plantant des poids, une année, du blé, ensuite; la jachère peut alors disparaître. L'activité inlassable des agronomes est aussi là pour fournir, à terme, une nourriture abondante à la population. Le tubercule de monsieur Parmentier commence à être planté. Fournit-il plus de nourriture que le blé? C'est très difficile à répondre à cette question car faire pousser du blé est déjà, en soit, quelque chose de très facile: franchement, ce n'est pas une plante exigeante. Cependant, lorsque l'on dispose d'une terre sablonneuse, ou simplement bien aérée, c'est encore plus facile de faire pousser des pommes de terre! Là, il est inutile de bien labourer, de planter en automne, de surveiller les oiseaux tout l'hiver, d'attendre une petite pluie au printemps, de prier pour que le vent ne couchent pas les tiges. Avec le tubercule, on en plante un petit déjà germé en mars, dans une terre un peu froide et relativement humide, on attend entre 3 et 4 mois et on récolte. Il n'y a guerre que le radis qui soit plus facile à faire pousser! D'ailleurs, on ne peut pas se tromper, si on assiste à des révoltes paysannes localisées du fait du manque de nourriture (on l'a déjà vu plus haut, durant les années 1770), on peut dire que l'on meurt rarement de faim en France, à cette époque; d'ailleurs, il y a toujours un monsieur Turgot pour rappeler leurs devoirs sociaux à ceux qui en ont les moyens. Et puis, il y a la forêt, le fleuve, la mer pour améliorer l'ordinaire: la France n'est pas un désert stérile.

B- L'évolution des mentalités populaires.

D'un point de vue culturel, les Français restent conditionnés par leur religion; cela est d'autant plus vrai dans les zones très rurales qui n'ont pas la chance d'avoir une école permanente. La majorité des gens ne savent donc ni lire, ni écrire. Le curé est alors la seule personne cultivée dans leur entourage. Le seigneur pourrait, à la rigueur, faire figure d'intellectuel mais il n'y a que des échanges professionnels brefs entre lui et les paysans. Dans des endroits moins délaissés par la culture, plus de personnes savent lire et écrire. Les colporteurs de livres bon marché (comme la bibliothèque bleue) apportent des almanachs, des livres de cuisine, des contes. Après le travail, celui qui lit bien raconte alors ce qu'il y a dedans. On écoute ceux qui font des commentaires. Le lendemain, tout le monde repense à ce qui a été dit la veille et espère découvrir, le soir venu, une histoire aussi merveilleuse que la veille. On s'évade ainsi d'une vie qui, dans les campagnes, peut-être extrêmement conflictuelle: les haines entre voisins sur la possession d'un champ, d'un arbre fruitier, ou concernant une promesse de mariage jamais tenue, se transmettent de génération en génération.

Dans, les villes, l'accès à la culture est beaucoup plus facile d'un point de vue matériel; c'est différent, d'un point de vue intellectuel. La dureté de la vie citadine enferme les individus dans une sorte de carapace. Côtoyer la pauvreté implique des comportements qui s'éloignent du livre. Le peuple sait qu'il faut fréquenter les cabarets pour rencontrer le peuple, après les heures de travail, et, dans ces lieux-là, on ne lit pas: on boit! Et après, on cause. De quoi? C'est impossible à savoir car on ne dispose ni de sources directes (les analphabètes n'écrivent pas!), ni d'un Victor Hugo pour nous dire ce qu'ils pensent. On se gardera bien d'imaginer donc des milieux populaires gagnés par la philosophie des lumières. On peut bien penser, tout de même, qu'ils voudraient plus de biens matériels; l'amélioration de la condition humaine devrait d'abord passer par eux. En fait, ça fait des siècles qu'ils attendent cela!

C- Une fiscalité lourde, une mobilité sociale problématique.

Quant on n'a pas beaucoup d'argent, payer plus d'impôts, surtout lorsque ceux-ci sont recueillis par des gens qui n'en manquent pas, est toujours très mal accepté. Les luttes légitimes des pauvres sont doublées des contestations légitimes de gens plus riches qui ne veulent pas être dépossédés. L'histoire de l'Ancien Régime est une litanie de revendications fiscales, jamais satisfaites, et d'impôts nouveaux devant aider une monarchie dépensière. A la mort d'un roi, on espère que ses impôts mourront avec lui. Et puis, tout de suite, on se rend compte que son successeur n'en fera rien. Des provinciaux plus courageux essaient toujours de demander de revenir au système d'avant; le monarque répond, magnanime, que, ne pouvant se priver de sources de revenu pour leur défense, il est contraint de maintenir les impôts de son prédécesseur. Cette société d'Ancien Régime est, en fait, sclérosée. L'exemple de cela est Don Juan, le personnage de Molière. Ce jeune homme ne peut véritablement pas accéder à l'âge adulte et aux conséquences mentales liée à cette condition car il est totalement dépendant de son père. Il en arrive à souhaiter sa mort pour enfin disposer du capital et pouvoir mener sa vie. Toute la société est régie par des relations de clientélisme qui ont pour but de tisser des réseaux d'influence. Lorsque l'on protège quelqu'un et qu'on le «place» on en attend, bien sûr, quelque chose, un jour, en retour. La place dans la société ne vient pas de son utilité sociale, encore moins de ses compétences, mais de ses relations. Aussi, ceux qui n'ont pas d'amis bien placés sont contraints de rester à leur place. C'est ce que fait la majorité des Français. Un fils de paysan sera paysan, un fils de forgeron, forgeron, un fils de rentier, comme Don Juan, rentier.

Seuls les gens qui ont de l'argent peuvent espérer monter dans l'échelle sociale, mais c'est un faux semblant. Ainsi, tout au long du 18ème siècle, des bourgeois sont anoblis. Je ne fais pas référence aux artistes ou scientifiques (comme Buffon) qui, ayant fait rayonner la France, conduisent le roi à reconnaître parfois le travail et le talent mais à tous ces gens qui achètent cher leur changement de statut sans en recevoir une compensation sociale. Ils s'attendraient à jouer un rôle social plus important alors que leur noblesse ne leur offre qu'une considération gênée des gens situés en dessous d'eux et un sourire narquois de l'ancienne noblesse. Ce sont ces gens-là qui, durant la Révolution, réclameront l'égalité juridique et la collaboration à l'exercice du pouvoir politique.

Leçon 3: Les villes qui bouillonnent.

A- Les société savantes (académies).

Il existe toutefois plus de mouvement en ville. Ainsi, tout au long du 18ème siècle, le pays se couvre de sociétés savantes. Dans ces académies (de Paris et de province), il y a une véritablement volonté d'amélioration du genre humain par la littérature savante. Pour récompenser les bonnes volontés, elles organisent, tous les ans, des concours. On se souviendra de la participation de Jean Jacques Rousseau à celui organisé par l'**Académie de Dijon**; il le remportera avec son livre intitulé *Discours sur les sciences et les arts* (1750). On n'oubliera surtout pas son échec à un autre concours (1755) de la même académie; cela donnera naissance à un livre politique jugé fondamental par ceux qui défendent la justice sociale: ***Discours sur l'origine et les fondements de l'inégalité parmi les hommes***.

C'est au milieu du 17ème siècle que l'Académie française relance la pratique des concours à prix. Au début, les thèmes mis au concours sont extrêmement classiques: la religion, le roi. Par la suite, les sujets se diversifient considérablement. Certaines académies n'hésitent pas à aborder des sujets plus scientifiques, d'autres mettent les idées à la mode en avant (sur la libre circulation des grains, la suppression de la corvée). Si, au 18ème siècle, la philosophie les intéresse encore, ce sont les sujets d'ordre pratique qui les passionnent.

Participer à ce genre de concours n'implique pas que l'on donne une réponse servile à la question; la critique constructive est non seulement permise mais encouragée. On note d'ailleurs une véritable évolution de la perception de l'esclavage par les académies. Ainsi, en 1741, le concours de Bordeaux n'entraîne pas une condamnation absolue de la part des participants. Cependant, à partir de 1770, les candidats, beaucoup plus critiques, demande l'abolition de cette pratique et les sociétés savantes leur accordent des prix, comme celui de l'académie de Nancy, en 1778, pour monsieur Nicolas. Sur d'autres sujets, la critique sociale est tellement appuyée qu'on a l'impression que les concours font office, parfois, de tribune politique. Ainsi, à Châlons-sur-Marne, lors d'un concours visant à trouver des solutions efficaces pour combattre la mendicité en France, l'abbé de Malvaux écrit des choses très durs sur les nobles qui, selon lui, par leurs vices étayés par leur richesse, sont à l'origine de la misère.

Tout le monde peut se présenter au concours, lesquels sont jugés d'une manière anonyme; il suffit simplement de savoir lire et écrire. Aussi, des femmes, des artisans, des paysans n'ayant pas un français extraordinaire, purent concourir. Ces gens ordinairement exclus du monde intellectuel purent exprimer leurs idées, les formaliser et, finalement, répéter ce qu'ils allaient bientôt défendre lors de la Révolution.

B- Les salons.

Les salons littéraires sont un autre genre de tribune. C'est, néanmoins, un espace beaucoup plus mondain et artificiel. Si les réunions de gens de lettres, à une date déterminée, pour traiter d'un sujet déterminé, devant un public d'invités intéressés, n'est pas une création du 18ème siècle, il y en eut beaucoup durant ce siècle. D'ailleurs, c'était également un moyen de tromper l'ennui et de rencontrer des gens pour les hôtesses. Il est vrai que c'est un monde très féminin. Pour être salonnière, il faut déjà savoir recevoir: on ne pourrait imaginer un après-midi sans toutes ces friandises et boissons qui permettent aux gens d'être de bonne humeur. De plus, les choses de la littérature nécessitent un temps que seules les riches oisives ont; leurs maris sont tout de même obligés de gérer leurs affaires. L'un des salons les plus célèbres est, sans aucun doute, celui de madame de Tencin.

Destinée à devenir religieuse, mais pas du tout ravie par cette perspective, elle arrive à Paris en 1711. Elle s'installe alors chez sa sœur, madame de Ferriol d'Argental, qui tient salon. Elle y fait ses armes puis, en juin 1717, déménage pour une maison située rue Saint-Honoré. C'est là qu'elle vivra et tiendra salon. La période est importante car c'est pendant l'aventure de la banque de John law qu'elle commence son activité de salonnière. Les gens qui la fréquentent sont alors des financiers et des politiciens, dont le célèbre cardinal Dubois (ministre sous la Régence). Ne disposant ni d'une certaine fortune ni d'un mari fortuné, elle est obligée d'ouvrir, avec son petit capital et l'argent d'autres investisseurs, rue Quincampoix, un comptoir d'agio (société ayant pour but de spéculer). Grâce à Law et Dubois, cette affaire, en un battement de cils, voit son capital multiplier par trois; elle revend tout, touche l'argent et peut en donner une partie à ce frère, Pierre-Paul, qu'elle aimerait bien faire avancer dans la société.

À partir de 1733, son salon ne s'occupe plus que de choses littéraires. Les plus grands esprits de l'époque s'y pressent. N'aimant pas Voltaire, elle ne l'invita jamais. C'est le mardi qu'elle recevait les écrivains. Les séances avaient pour but de présenter leurs écrits ou d'assister à la lecture de manuscrits de débutants. Ils discutaient aussi beaucoup de choses et d'autres. Écrivain à succès elle-même, elle ne se prive pas de donner des conseils aux jeunes qui font leur premier galop chez elle. Sa santé se dégrade nettement à partir de 1746. Son dernier combat est de faire publier en France, *De l'esprit des lois,* de Montesquieu, qui, grâce à elle, peut rééditer son livre, en 1748, dans une version complète corrigée. Ainsi, son côté théâtral et aventureux ne doit pas minimiser son rôle dans la diffusion des idées. De toute manière, dans ce domaine, la publicité, les relations, le côté extrêmement superficiel des mondanités sont, surtout à l'époque, un moyen nécessaire pour faire connaître les penseurs, même ceux qui développent des idées très austères. Cela se comprend facilement: il n'y a pas beaucoup de lecteurs. En connaître une bonne partie, s'est s'assurer de la vente de son livre!

C- Les classes sociales qui s'épient.

À la veille de la révolution, en dépit d'une société immobile qui est traversée par de notables tensions, personne n'oserait tout de même, pour l'instant, réclamer la fin de la monarchie. Ces fameux philosophes français des lumières sont, tout de même, très respectueux de l'ordre monarchique. Ni Voltaire, ni Montesquieu n'imagineraient une France sans roi. Ce dernier est un technicien du droit qui imaginerait bien un régime moins autocratique. En somme, ce sont des contrepouvoirs qu'il faudrait introduire en France. Il n'y a peut-être que des insatisfaits, certains mécontentements étant beaucoup plus légitimes que d'autres, mais on ne veut pas encore la chute du régime. Il faudra les énormes erreurs d'un homme qui est rarement sorti de chez lui pour provoquer un changement radical d'opinion.

Pour l'instant, tout le monde se regarde en chiens de faïence; et tout le monde se connaît car beaucoup de gens voyages. Enfin, tout le monde connaît le visage de ses principaux ennemis. La société est tellement corporatiste, cloisonnée, compliquée, hétérogène... Où sont les ennemis? L'apprenti veut-il voler le magasin et la femme de son maître? Le noble souhaite-t-il la mort du tailleur qui l'embellit en lui coûtant si cher? Le parlementaire oserait-il réclamer la fin du régime qui le paie? Le journalier rêverait-il du château du seigneur? Les manuels du secondaire, depuis des lustres, et même plus, nous répètent que l'union de la haute bourgeoisie et de la noblesse formèrent une élite éduquée dans l'esprit des lumières. Cette élite aurait planifié et organisé la révolution. Lorsque l'on voit les dissensions dans les assemblées révolutionnaires, à l'intérieur même des regroupements politiques, l'importance des circonstances, la nature de certaines personnalités, c'est justement le contraire qui nous apparaît. En fait, la France des années 1780 est une nation qui attend quelque chose de mieux. Si elle avait voulu abattre la monarchie absolue, ce n'est pas Louis XVI qu'elle aurait décapité, mais celui qui l'avait encasernée: Louis XIV!

Exercice de réflexion:

Suivant cette tirade de *Don Juan*, quels sont les dangers des sociétés sans mobilité sociale? (15 lignes).

Molière, <u>*Don Juan ou le festin de pierre*</u>, *Paris, 1682.*

Don Juan (parlant encore à son père, quoiqu'il soit sorti.)

Mourez le plus tôt que vous pourrez, c'est le mieux que vous puissiez faire. Il faut que chacun ait son tour. J'enrage de voir des pères qui vivent autant que leurs fils.

Don Juan est un jeune homme typique du 17ème siècle: ce n'est qu'à la mort de son père qu'il pourra disposer du patrimoine familial. En attendant, il est soumis à la tutelle économique paternelle, ce qui l'insupporte totalement. On se demande, d'ailleurs, si Molière ne fait pas exprès d'en faire un jeune agité pour matérialiser le malaise produit par la situation. En effet, une société immobile est, par nature, une société qui ne reconnaît pas les qualités personnelles des individus. La société d'ordres d'Ancien Régime, comme la société de castes des Indiens, donne un première indication du futur statut social dès la naissance: on naît, soit dans la noblesse, soit dans le tiers état. À cela s'ajoute la richesse de sa famille: on naît, soit dans une famille riche, soit dans une famille pauvre. Par la suite, même s'il est toujours possible de choisir l'état d'ecclésiastique, ces données de départ seront respectées strictement: on vous fera membre du haut ou du bas clergé. Dans la tirade, on voit que cette situation conduit déjà à une haine entre les générations. Y-a-t-il également une haine sociale? Oui, cela se vérifiera durant la révolution même si la perception de classe est compliquée car faussée par des siècles d'empilements de strates sociales. Aucune société civilisée ne peut vivre dans une telle construction car, en niant la valeur individuelle des gens, elle empêche les plus intelligents d'occuper des positions d'organisation et de commandement. Les sociétés statiques sont, en somme, des médiocraties!

Séquence 11: Avant la révolution française: l'indépendance des États-Unis.

Leçon 1: Le joug anglais.

A- Le roi est loin, la métropole aussi.

Les organisations politiques formées de territoires éloignés ne sont pas faciles à maintenir sous la même règle et la même obéissance à un gouvernement éloigné. Cela fut encore plus vrai avec les colonies américaines, d'autant plus que les premiers colons fuient le désordre européen et entendent bien suivre leur propres règles (religieuses), même s'ils ne sont pas encore totalement hostiles à la couronne anglaise. Dans les années 1630-1642, la grande migration des Puritains qui s'installèrent dans la région de Boston produisit une colonisation qui engendra une organisation sociale particulière. Chaque ville de la baie du Massachusetts possédait son église, son pasteur, son gouvernement municipal. Les hommes libres qui étaient membres de l'Église avaient le droit de vote. Ils élisaient des députés qui siégeaient à l'assemblée générale, un corps politique présidé par un gouverneur aidé par quelque assistants; c'est là que l'on faisait les lois et qu'on levait les impôts. Les premiers établissements permanents européens d'Amérique du nord sont donc déjà des structures sociales qui s'administrent elles-mêmes (self-government). La suite du mouvement de colonisation suivit ce modèle. Les Anglais qui résidaient en Amérique, s'ils ne reniaient pas leurs origines, n'en étaient pas moins extraordinairement indépendants. Les troubles du 17ème siècle, en métropole, conduisirent les colons à s'affranchir encore plus. Les habitants de la baie du Massachusetts refusèrent vite d'appliquer les lois du parlement anglais. Sous Oliver Cromwell, la Virginie reçut même le droit d'élire son gouverneur et son assemblée.

Le temps passant, les colons se sentirent beaucoup plus américains que descendants d'Anglais. Compte tenu de la lenteur des communications, on ne doit pas s'imaginer des relations soutenues entre les colonies et la métropole. Les marchandises encombraient les quais de Boston et de Londres mais les relations culturelles étaient diffuses, et les différences religieuses ne facilitaient pas les rapports. Ainsi, dans la deuxième moitié du 18ème siècle, la langue, qui est apparemment la même, accuse déjà des différences. L'anglo-américain est déjà plus pur et archaïque que l'anglais d'Angleterre. On sent nettement l'isolement mental des communautés religieuses américaines qui enseignent la langue à leurs enfants sur de vieilles bibles. Ils finissent alors par créer leur propre univers religieux, mental et social qui ne regarde plus tellement en direction de l'Europe.

B- Toujours une question d'impôts.

Après la guerre de sept ans, les Anglais cherchent à augmenter leurs revenus en s'appuyant sur les colonies américaines. Ils changent alors le régime fiscal du sucre et de la mélasse et obligent les coloniaux à payer leurs dettes avec de l'argent anglais, ce qui renforce la tutelle anglaise sur les Américains. En 1765, la menace fiscale se fait plus précise: un timbre fiscal doit être désormais collé sur les documents officiels. Les Américains trouvent cette mesure illégale puisque, étant « anglais », ils ne sont pas tenus de suivre les règles d'un parlement dans lequel ils ne disposent pas de représentants élus. Le parlement ne retient absolument pas leur argument et ose même affirmer que toutes ses lois sont applicables dans les colonies. Des émeutes ont donc lieu dans la ville de Boston et le bureau du droit de timbre est brûlé. Les treize colonies américaines conviennent d'une attitude commune: le boycott de tous les produits anglais. Le gouvernement anglais recule alors et retire sa législation sur le droit de timbre. Les Colonies continuent à s'agiter. Les troupes britanniques sont de plus en plus méfiantes. Lorsqu'en 1768, le petit navire le Liberty, suspecté de faire de la contrebande, est saisi, l'émeute qui suit oblige les troupes anglaises à occuper tout la ville de Boston. Elles menacent alors les colons d'extradition en Angleterre afin d'y être jugés. Le meurtre du jeune Christopher Seider par un fonctionnaire des douanes, en 1770, conjointement avec les émeutes qui suivent et qui conduisent les Anglais à faire feu sur des civils (massacre de Boston), transforment la contestation fiscale en guerre civile. Des habitants du Rhode Island, en 1772, attaquent et brûlent, ensuite, un bateau des douanes. Les autorités britanniques décident alors de suspendre toutes les taxes sur les produits, sauf le thé (1773), parce que le montant est dérisoire. De plus, il faut bien que le gouvernement britannique conserve un petit intérêt économique dans les colonies américaines. Les Américains boycottent le thé anglais. Tout dialogue entre les deux adversaires semble totalement impossible.

C- Les Fils de la liberté.

Les révolutionnaires sont loin d'être des brutes sanguinaires. C'est vraiment l'entêtement des Anglais qui conduisit à des dérapages. Bien sûr, avant les premières émeutes, il existe une organisation secrète, plus ou moins spontanée, dont le but est de combattre les abus des Britanniques. Le cri de ralliement de ses membres est logique: pas d'impôt sans représentants du peuple. Dans l'aventure révolutionnaire on se souvient encore des Fils de la liberté comme de joyeux lurons qui couvrirent de goudron et de plumes John Malcolm, le Commissaire de la douane de Boston. On pense que le groupe fut fondé à Boston en août 1765. En novembre de la même année, ils disposent d'une succursale à New York. Par la suite, des groupes sont formés dans le New Hampshire, le Rhode Island, le New Jersey, le Maryland et la Virginie. Ce sont quand même des gentlemen car ils cherchent à intimider, pas à tuer.

Ainsi, toujours à Boston, c'est l'effigie de Andrew Oliver, le préposé du bureau des timbres fiscaux, qui est brûlée et promenée dans les rues. Ne voulant pas démissionner, ils mettent alors le feu à son bureau. Ils brûlèrent également la résidence de son collègue, Thomas Hutchinson. Tout cela conduisit beaucoup de fonctionnaires des services des impôts à démissionner, par peur de ce genre de représailles. En suivant une coutume courante chez les marins, ils utilisèrent beaucoup le goudron et les plumes pour ridiculiser les Anglais. Contrairement aux révolutionnaires français (les sans-culottes), on n'assiste pas à un déferlement de haine sur le territoire américain. Il faut dire qu'il n'y a pas de lutte de classes; ce ne sont pas des pauvres américains qui cherchent à se débarrasser de riches anglais. Contrairement à la guerre civile anglaise, il n'y a aucun élément religieux en ligne de compte. La vision du genre humain et la raison de l'existence de l'univers sont manifestement des thèmes qui conduisent à une grande radicalité des points de vue, ce qui entraîne souvent de nombreux massacres. En fait, il n'y a qu'un seul problème (des taxes), et il est facile à régler (ne pas les payer!).

Leçon 2: Les événements marquants.
A- La Boston tea party.

L'épisode le plus marquant, et certainement le plus "exotique", de la guerre d'indépendance américaine est sont début: *le thé de 5 heures à Boston*! Dans le monde Anglais, c'est la Compagnie des Indes orientales qui avait le monopole de son importation. N'étant pas autorisée à distribuer sa marchandise dans l'empire, elle la vendait à Londres à d'autres compagnies qui se chargeaient de sa commercialisation. La Compagnie des Indes payait 25% de taxes à l'État. Le Parlement avait ajouté d'autres impôts pour les consommateurs britanniques. Son prix élevé encourageait le thé de contrebande venu des Pays-Bas (où il n'était pas taxé). La contrebande était tellement importante qu'en 1767, les parlementaires durent sauver la compagnie en baissant les impôts sur le thé consommé en Angleterre et en exonérant le thé qui était réexporté vers les Colonies. Afin de compenser la baisse de revenu, le Parlement passa un acte législatif (Townshend Revenue Act) qui recalculait les impôts sur certaines marchandises vendues dans les colonies (dont le thé, bien sûr). Les Américains déclarèrent que cette mesure était illégale car aucun représentant américain n'était membre du parlement anglais. Après une période de boycott et des concessions de la part des Anglais, le thé anglais continua à arriver dans le port de Boston. Les marchands acceptèrent de payer trois pence par livre de marchandise. En 1772, le Parlement dut renouveler l'exonération sur le thé réexporté, ce qu'il ne fit pas totalement. Cela eut pour conséquence, une fois encore, de faire du thé anglais un produit beaucoup plus cher que celui qui venait des Pays-Bas. Les importations britanniques chutèrent, la contrebande explosa. La condition financière de la compagnie des Indes devint tellement fragile que le Parlement exonéra totalement son thé et lui permit même de le distribuer dans tout l'empire. En Juillet 1773, elle envoya de grosses quantités (250 tonnes) à ses agents de New York, Philadelphie, Boston et Charleston. En Amérique, la compagnie disposait d'un monopole de distribution; son thé était moins cher que celui de contrebande; les coloniaux ne paieraient qu'une taxe de 3 pence par livre. L'impôt servait bien sûr à payer les fonctionnaires anglais qui travaillaient sur le territoire américain.

En septembre et octobre 1773, sept navires de la Compagnie des Indes orientales furent envoyés en Amérique. Les colons prirent connaissances des tarifs d'imposition alors que les bateaux étaient sur le chemin. Leur opposition se fit sentir rapidement. Les Fils de la liberté firent campagne pour agiter le grand public et contraindre les agents de la Compagnie des Indes à démissionner. Les Américains, cette fois-ci, rejetaient en bloc la tutelle économique de la métropole, pas uniquement l'impôt, qui était, d'ailleurs, raisonnable. À New-York, Philadelphie et Charleston, les manifestants réussirent à faire démissionner les agents de la Compagnie. Les navires ne purent pas décharger leur cargaison et durent retourner en métropole. À Boston, le gouverneur Hutchinson convainquit les agents de rester en poste (deux étaient ses fils). Quand le Dartmouth arriva dans le port, le 29 novembre 1773, les quais étaient remplis de manifestants. On demanda au capitaine de retourner en métropole avec toute la marchandise. Vingt-cinq hommes surveillèrent le navire afin qu'aucun sac ne soit descendu à terre. L'Eleanor, le Beaver et le William arrivèrent les jours d'après. Le 16 décembre 1773, les gens se réunirent autour de la Salle de réunion du vieux sud et discutèrent pendant des heures. Finalement, le soir venu, un groupe de membres des Fils de la liberté (dont certains étaient déguisés en guerriers indiens) montèrent sur les navires et balancèrent 342 ballots de thé à la mer.

C- La Fayette en Amérique.

Il y eut de nombreux événements durant la guerre d'indépendance. S'il ne fallait retenir qu'une seule date, on s'arrêterait au 4 juillet 1776 avec la déclaration officielle des treize colonies proclamant leur indépendance vis-à-vis de la métropole. Pour comprendre la relation entre la révolution française et la révolution américaine, mieux vaut se souvenir du soutien qu'apportèrent les Français à l'indépendance des États Unis d'Amérique.

Avec la conquête du Canada par les Anglais, les Français ne voyaient pas d'un mauvais œil une revanche, malgré le coût élevé d'une expédition militaire an Amérique. Voyant que les Américains commençaient à battre les Anglais (bataille de Saratoga), les Français décidèrent de reconnaître l'existence des États Unis d'Amérique, le 6 février 1778. Ils signèrent un traité militaire avec eux, ce qui, d'une certaine manière, confortait les Américains dans leur logique d'indépendance. Le marquis de Lafayette arriva à Yorktown, en Virginie, le 14 mars 1781. Ses troupes n'étant ni nombreuses ni bien équipées, il se décida à n'attaquer qu'en cas d'absolue nécessité. Force est de constater qu'au début de son action, il ne fait qu'appuyer très faiblement les troupes américaines. Au début du mois d'août, il est surpris de voir que les soldats de Cornwallis sont en train de fortifier Yorktown. La Fayette estime alors qu'il est possible de défaire l'armée anglaise. Le 21 août 1781, il écrit à Washington pour lui demander de venir avec ses troupes à Yorktown afin de mener une action conjointe. Il lui propose de mettre une flotte française dans la baie et l'embouchure de la rivière pour former une sorte de barrage. Sa lettre arrive alors que Washington et des troupes françaises ont déjà quitté New York et qu'une flotte importante de navires français est en train de naviguer vers Yorktown. À la fin du mois de septembre, environ 17.000 soldats français et américains s'avancent vers la ville. Lafayette commande une division américaine. Le 19 octobre 1781,

Cornwallis se rend. La victoire est décisive. Le 25 novembre 1781, le Parlement anglais reçoit la nouvelle de la défaite. Le 27 février 1782, il vote la fin de la guerre en Amérique et reconnaît implicitement l'existence d'un nouveau pays. Cette victoire ouvre une période de collaboration militaire entre les Français et les Américains, malgré de grandes différences idéologiques et politiques entre les deux nations. C'est finalement la monarchie française qui permet à la république américaine de naître !

B- La constitution de 1787.

Le régime n'est pas difficile à analyser. Il s'agit d'une république car les représentants du peuple sont élus pour une période déterminée par tous les citoyens (hommes libres) âgés de 21 ans. Il y a deux chambres législatives (bicaméralisme): la chambre des représentants et le sénat. Les représentants, pour être élus, doivent être des hommes libres d'au moins 25 ans; le mandat est de deux ans. Les sénateurs, pour être élus, doivent être des hommes libres d'au moins 30 ans; le mandat est de six ans. Toutes les lois destinées à augmenter les impôts doivent être proposées par la chambre des représentants; le sénat peut, toutefois, faire des proposition et amendements en la matière. Toute loi qui aura été discutée et acceptée par les chambres devra être acceptée par le président des États-Unis, lequel pourra la refuser et la faire retourner devant la chambre qui en est à l'origine, afin qu'elle soit rediscutée en fonction des objections amenées par le président. Si deux tiers des membres des deux assemblées sont d'accord sur la loi, celle-ci entre alors en vigueur. Si le président décide de ne pas faire de modification, il peut la signer tout de suite; s'il ne le fait pas dans un délai de 10 jours (hors dimanches), la loi devient effective, passé ce délai. Le congrès (réunion des deux chambres) a le pouvoir de décider et collecter les impôts. Il paie les dettes, s'occupe de la défense et du bien-être général des États dans le respect de l'égalité de traitement de ceux-là. Il ne confère pas de titres de noblesse, ce qui implique que tout le monde doive payer des impôts. Le mandat de président est de 4 ans. Il est élu par des grands électeurs et non le peuple. Ce doit être un homme libre âgé d'au moins 35 ans. Il est le commandant en chef des armées et des milices (citoyens en armes de chaque État). C'est avec l'accord du sénat qu'il peut signer des traités, nommer des ambassadeurs, des hauts fonctionnaires, des juges à la Cour suprême. De temps en temps, on lui demandera de présenter au congrès un état de l'union dans lequel il exposera ses recommandations. En cas d'urgence, il pourra convoquer les chambres ensemble ou séparément. Le pouvoir judiciaire comprendra des cours de justice et une cour suprême. Ce sont des jurys populaires qui jugeront les personnes.

Cette constitution est véritablement originale car c'est la constitution d'un État fédéral. Dans l'histoire de l'humanité c'est la première fois qu'un territoire aussi gigantesque décide de se doter d'une constitution, c'est-à-dire d'un document qui institue des règles de fonctionnement politique. Le but de cette union des États est surtout de faire régner l'ordre. On ne discute pas tant de choses économiques que d'armée et de lois à respecter. Les considérations culturelles, sociales et économiques ne relèvent pas fondamentalement, à l'époque, de la structure fédérale mais de chaque État. Par ailleurs, la sécurité ne relève pas que de l'État. Compte tenu de l'étendue du territoire et de son côté extrêmement isolé, on laisse le soin à l'individu de se défendre seul. Le second amendement, qui n'est pas si facile que cela à comprendre, affirme que chaque personne (sans précision de statut, d'âge, ni de sexe) a le droit de conserver et de porter sur elle des armes car une «milice bien organisée est nécessaire à la sécurité d'un État libre»! On sait ce qu'est la milice à l'époque: c'est une sorte de troupe composée de citoyens d'un lieu. Ce sont eux qui organisent la surveillance du territoire et le maintien de l'ordre. L'amendement voudrait donc dire que seuls les membres d'une milice ont le droit d'être armés en permanence, pas les autres. Enfin, la liberté d'expression et de conscience est affirmée dès le premier amendement.

Leçon 3: La première organisation des États Unis.

A- Les premières années.

La constitution de 1787 pose les fondements de la première organisation fédérale américaine. Elle évoluera avec le temps. Pour l'instant, la jeune république débarrassée de la tutelle anglaise est composée des territoires de l'est. La population totale est d'environ 3,9 millions de personnes. Il n'y a que 12 villes de plus de 5 000 habitants. La majorité des gens sont des fermiers. Une des priorités est de mettre en ordre un système économique très primitif. On crée donc une banque nationale. Certains voudraient protéger les produits américains en imposants des tarifs officiels. Ce n'est pas dans le goût de tout le monde car cela ressemble encore à du dirigisme économique européens à une époque où l'on voudrait que les prix s'établissent naturellement en tenant compte de l'offre et de la demande. Des impôts sont mis sur les marchandises, ce qui provoque un grand mécontentement. En 1794, à l'ouest de la Pennsylvanie, des colons protestent violemment contre la taxe sur le whisky. Le 7 août 1794, plusieurs milliers d'entre eux, armés, se réunissent près de Pittsburgh. Avec 13.000 miliciens, Washington, disperse les émeutiers sans aucun problème.

L'accord de 1778, entre la France et les États-Unis, conduisit la jeune république à vouloir venir en aide aux Français. Au départ, tout le monde n'est pas d'accord car si certains Américains sont très hostiles aux Anglais, d'autres savent très bien qu'ils restent leurs premiers partenaires commerciaux. Quoi qu'il en soit, les Anglais saisissent quelques navires marchands américains ce qui fait comprendre à tout le monde qu'ils restent des partenaires encombrants. Le traité de Jay (en 1794), clarifie alors les relations commerciales entre les deux nations en imposant un retrait des troupes anglaises stationnées sur la frontière entre le Canada et les États-Unis. La normalisation des rapports entre les deux pays est en marche et cela d'autant plus qu'il n'est plus question d'aider les Français qui, durant la terreur, ont commis des atrocités contre leurs propres citoyens. Les intérêts commerciaux entre les deux nations sont tellement évidents que, même très peu de temps après leur indépendance, il n'est pas envisageable de ne pas s'entendre sur le minimum.

B- République ou ploutocratie?

C'est Georges Washington (1733-1799) qui fut le premier président des États-Unis d'Amérique. République ne veut pas dire démocratie. En effet, dès le début, on remarque que la décision politique est affaire de personnes aisées. On ne parlera pas encore de ploutocratie, de gouvernement de riches, mais on voit bien que c'est un certain type d'hommes qui peut accéder aux charges politiques. Le premier président est donc une sorte d'aristocrate. Son arrière-grand-père, John Washington, s'était établi en Virginie, en 1657, afin d'établir une plantation. Son grand-père, Lawrence, et son père, Augustine, étaient aussi des planteurs. Augustine Washington étaient également juge de paix. Ayant hérité de nombreuses terres de son père et d'un de ses frères, George Washington se maria avec une riche veuve. Ensemble ils s'établirent à Mount Vernon pour y mener une vie de planteurs de tabac et de blé. Si l'on cumule sa fortune et celle de sa femme, il était l'un des hommes plus riches de Virginie. De 1758 à 1765, il est membre de la chambre des bourgeois du comté de Frédéric, puis de celui de Fairfax. Il mène la vie des gens riches de sa génération. Son temps s'articule entre la chasse au renard, la pêche, le théâtre, les bals, les fêtes, les combats de coqs, les courses de chevaux, les parties de cartes, de backgammon, de billard. Ils fréquentaient les «personnes de qualité» mais se méfiaient terriblement de ce que les anglais appellent les inférieurs sociaux.

Élu président des États-Unis, il prêta serment, le 30 avril 1789, à New York. Son carrosse était précédé par les hommes de la milice et une fanfare. Il était suivi par des dignitaires étrangers, des politiciens américains et une foule d'environ 10.000 personnes. La bible sur laquelle il prêta serment fut fournie par les francs-maçons. Treize salves furent tirées. Il ne voulut pas être payé pour sa charge mais accepta, plus tard, une indemnité de 25.000 dollars par an. Le sénat lui proposa de l'appeler Votre Excellence ou Sa Grandeur le

Président. Il préféra Monsieur le Président. Il gouverna avec une sorte de cabinet composé de personnes qui étaient là pour le conseiller. Cela n'était pas du tout imposé par la constitution. Celle-ci pensait qu'un seul homme était parfaitement capable de comprendre, par lui-même, les quelques thèmes politiques de sa compétence. Très croyant, il imposa le 26 novembre comme jour d'action de grâce ayant pour but de remercier Dieu pour ses bienfaits et de lui demander de protéger la totalité de la république. Le premier président de cette république de planteurs est, en somme, en accord avec le corps social qui l'a porté au pouvoir: c'est un riche planteur.

C- Une république esclavagiste.

Ces planteurs ne sont pas des promoteurs de l'égalité entre les hommes. Ce monde de paysans est, d'ailleurs, tenu à bout de bras par une main d'œuvre servile. C'est un vieux problème américain: comment mettre en valeur le territoire alors qu'il y a peu de monde, pas encore de mécanisation et, donc, un manque évident de main d'œuvre? Les colons répondirent très vite à cette question. C'est vers 1640 que l'on rencontre les premières mentions d'esclaves africains en Virginie. Cependant, ce n'est qu'en 1705 que cet État publie son premier code de l'esclavage. La généralisation de l'esclavage conduit presque toutes les régions à y recourir, qu'elle se situent au nord ou au sud. Ainsi, en 1703, 42% des foyers new-yorkais possèdent un esclave. Si, au nord, ce sont des domestiques, au sud, ils travaillent dans l'agriculture. Quelques-unes des colonies essayèrent toutefois d'interdire le commerce international d'esclaves.

Lors de la naissance de la République, la Constitution est ouvertement esclavagiste. La section 9 de l'article I dispose que l'État fédéral ne peut pas interdire l'importation d'esclaves jusqu'au 1er janvier 1808. Il y a simplement une taxe de 10 dollars par esclave. La section 2 de l'article IV ajoute que si un esclave s'échappe, les autorités devront retourner le fugitif à son propriétaire. Les Américains, comme les Athéniens avant eux, se font les champions d'une société extraordinairement inégalitaire qui, par nature, porte en elle-même le désordre. Ainsi, les esclaves s'organisent pour chercher à s'échapper. À la fin du printemps **1800**, par exemple, des esclaves résidant au nord de Richmond se mettent d'accord pour s'échapper (**conspiration de Gabriel**). Leur plan est déjà de réunir le plus d'esclaves possible. Les comploteurs se réunissent régulièrement près des ponts, des sources, ou pendant des manifestations religieuses. En août, tout le monde est d'accord sur le mode d'action.

Il s'agira d'une attaque de nuit perpétrée par une cinquantaine d'hommes qui iront dans la partie basse de la ville de Richmond pour mettre le feu à des bâtiments, afin que les blancs soient occupés à combattre le feu. Au même moment, la majorité des esclaves attaqueront les résidents blancs des quartiers nord de la ville, se saisiront des armes entreposées dans les dépôts publics. Ils prendront le gouverneur Monroe ou le tueront. Une fois armés, ils tueront les blancs qui seront en train d'essayer d'éteindre l'incendie général. Les esclaves qui n'auront pas d'armes à feu disposeront d'armes blanches. Au bout du compte l'insurrection prévue pour le 30 août n'eut jamais lieu car il y eut des fuites. On jugea et exécuta quelques révoltés. Les blancs, jamais certains d'être en sécurité, ne cessèrent de se méfier de leur main d'œuvre. Les esclaves, toujours mécontents de leur condition, continuèrent à chercher à se débarrasser de ceux qui les maintenaient dans un état d'infériorité. La constitution de 1787 ne fit pas de leur république un exemple de vertu sociale!

Exercice de réflexion:

Pourquoi l'organisation de la police, aux Usa, est-elle dangereuse?
(15 lignes).

Le peuple des États Unis d'Amérique, <u>Constitution des États Unis d'Amérique</u>, 1787.

... Amendement n° 2: Une milice bien organisée étant nécessaire à la sécurité d'un État libre, le droit des gens à garder et porter des armes ne devra pas être enfreint. ...

Pour vivre dans un certain état de sécurité, quelques conditions sont requises. Il faut que les gens ne puissent pas facilement commettre des délits et des crimes. Permettre à la majorité de détenir des armes est donc une totale absurdité. En 1787, alors que l'organisation de la police est encore très archaïque, la constitution fait du peuple le garant de sa propre sécurité. La milice de l'époque est une sorte de garde civile armée composée d'hommes armés. Qui garantit déjà que ces hommes aient le degré de raison nécessaire pour ne pas retourner leurs hommes contre la population innocente? Personne! Un tel amendement n'est que la légalisation de l'absence de police et de justice car elle permet à presque n'importe qui de se défendre en tuant. Depuis 1787, les Américains ne se privent pas de détenir des armes et de les utiliser. Chaque année, entre 30.000 et 40.000 personnes sont injustement tuées du fait de cette règle. Les policiers américains sont tellement menacés par la profusion d'armes qu'ils sont armés jusqu'aux dent et qu'ils n'hésitent pas à tirer au moindre mouvement suspect. Au total, la société américaine est dans un état de violence armée permanente. La suppression des armes n'apaise pas la barbarie des hommes mais elle l'empêche de se manifester. On pourrait, à la rigueur, permettre que les quelques membres d'une milice populaire dont chaque membre aurait été évalué mentalement puissent posséder une arme lors de leur service armé. Ce n'est pas la solution choisie car, depuis le début, les Américains pensent que ce sont tous les adultes qui peuvent avoir une arme et non pas uniquement les membres de la milice.

Géographie:

Qu'est-ce que la géographie? Aujourd'hui, il est facile de répondre à cette question car la terre, attaquée de toutes parts, impose la réponse: toute analyse scientifique visant à la sauver! On ne peut plus se contenter de la vieille définition napoléonienne qui faisait d'elle une science auxiliaire de l'artilleur qui, grâce à ses cartes, pouvait positionner son canon pour tirer bientôt sur l'ennemi. Par la suite, on en fit un simple faire-valoir de l'histoire: une jolie carte servait à délimiter un territoire et à mettre en relief des conquêtes. On la regardait avec un souverain mépris. Avec l'arrivée de grandes catastrophes plus ou moins naturelles et l'épuisement de certaines ressources, tout le monde s'est entendu pour enfin la définir et la regarder comme la seule discipline capable d'analyser les phénomènes qui la mettent en danger. Le programme de géographie du lycée s'inscrit donc dans cette logique. On ne s'étonnera pas alors de voir des renseignements qui relevaient autrefois de l'écologie. On s'étonnera encore moins de noter que l'on s'obstinera à mettre en relief la relation entre l'homme et son environnement en montrant sans cesse les problèmes et en suggérant toujours les solutions. Vous serez bientôt les acteurs conscients du grand drame humain, vous devez donc connaître les problèmes que vous devrez affronter. Vous pourrez lever la tête pour imaginer un autre futur dans les étoiles, vous n'y trouverez que des espaces désolés et des cauchemars. La géographie exposée ici dépasse très largement le cadre d'un programme scolaire, il s'agit, en fait, de survie. De planète bleue, il n'y en a qu'une: la vôtre.

Environnement, développement, mobilité: les défis d'un monde en transition.

Thème 1: Sociétés et environnements: des équilibres fragiles.

Séquence 12: L'Asie face à l'eau.

Leçon 1: Les littoraux extrême orientaux.

A- Tremblements de terre et raz de marée.

L'eau, quelle chose merveilleuse! Pour les gens qui vivent dans des milieux désertiques, elle est toujours regardée comme une bénédiction. En Asie, il y a plus de méfiance car, de toute éternité, les populations qui vivent sur les côtes n'ignorent pas les tempêtes même s'ils oublient trop souvent les raz de marée. Le problème majeur est, d'ailleurs, les fortes densités de population le long des côtes. Traditionnellement, et toujours aujourd'hui, de petites communautés de pêcheurs voient des habitations de fortune se rapprocher dangereusement de la mer. La vision idyllique de la plage indonésienne de sable clair, des cocotiers ondulant mollement au vent, des barques qui n'attendent que de prendre la mer pour aller chercher quelques poissons, a fait naître une sorte de rapport de proximité. En Asie, on vit près de l'eau, on n'a donc pas peur d'elle, ce qui est toujours un tort.

Le 26 décembre 2004, à 7h58 du matin, heure locale, un formidable tremblement de terre de 9,1 mégawatts eut lieu à 160 km à l'ouest de Sumatra, à une profondeur de 30 kilomètres. C'est la troisième magnitude la plus puissante jamais enregistrée. Toute l'Asie du sud-est ressent cette énorme secousse. L'onde met alors en mouvement d'énormes volumes d'eau qui mettent beaucoup de temps à atteindre les terres. À 8h38, une première vague haute de 25 à 30 mètres, suivant les endroits, déferle sur les côtes de la province indonésienne d'Aceh; elle touche les îles Nicobar. Vingt minutes plus tard, le tsunami ravage les îles de la mer d'Andaman, les côtes sud de la Malaisie et de Sumatra. Ensuite, ce sont les plages touristiques de Thaïlande (Phuket, Khao Lak) qui voient s'abattre un mur d'eau. En Inde, les vieilles digues de Pondichéry protègent miraculeusement la ville. Par la suite, des raz de marée touchent le nord de l'Inde, le Bangladesh, Singapour, toutes les fragiles îles des Maldives, l'île Rodrigues, l'île Maurice, La Réunion, les Seychelles, la Somalie et la Tanzanie. Le tsunami est le plus meurtrier de l'histoire de l'humanité. On estime qu'il y eut 250.000 morts; soit, 170.000 en Indonésie, 31.000 au Sri Lanka, 16.400 en Inde, 5400 en Thaïlande.

L'Indonésie fut la région la plus durement touchée car elle se trouvait très prêt de l'épicentre du séisme. Des vagues de plus de dix mètres de haut submergèrent plusieurs fois Sumatra. Cinq villages furent complètement rasés. Dans les villes de la province d'Aceh, certaines personnes eurent le temps de se réfugier sur les toits des constructions les plus solides. Au Sri Lanka, une fois l'eau retirée, du fait du manque d'altitude des terres, ont découvrit que même des villages situés plus à l'intérieur des terres furent dévastés, du fait du défaut d'écoulement des fleuves. En Thaïlande, l'eau salé pénétra dans les sols et interdit l'agriculture, ce qui engendra alors des déplacements de population. En Inde, l'eau salée s'infiltra dans le complexe nucléaire de Kalpakkam sans provoquer de fuites radioactives. Aux Maldives, la puissance du raz de marée a érodé les plages et enlevé entre 25 et 50 cm d'épaisseur de sable. Dans les terres, le sable est aussi parti avec l'eau, en laissant alors de nombreux trous et des ravines profondes. Les arbres côtiers furent arrachés et les autres, contaminés par l'eau salé, moururent. Le sel a considérablement réduit la fertilité des sols.

B- L'eau qui monte.

Les Maldives sont d'ailleurs devenues des îles en sursit. La montée des eaux est une menace de tous les instants. Le changement climatique n'est pas une illusion. Le carbone relâché dans l'atmosphère depuis le début de la révolution industrielle a permis aux moyennes annuelles de monter presque partout dans le monde. La chaleur favorise les fortes chaleurs en été, ce qui a pour conséquence de diminuer la teneur en eau dans les végétaux. Ces derniers s'enflamment plus facilement, ce qui favorisent les incendies dans les zones fragiles comme la Californie. Des endroits frais et boisés, autrefois préservés, voient de gigantesques incendies chaque été. Ainsi, la Sibérie, la Suède, le Canada, et leurs forêts de sapins hautement inflammables, du fait de ces feux, relâchent, à leur tour, du carbone dans l'atmosphère. Les glaciers voient leur fonte s'accélérer; la glace des banquises se retransforme en eau liquide; l'hiver beaucoup plus doux, ne permet d'ailleurs plus de transformer l'eau de mer en glace; le niveau général des mers ne cesse alors de monter. Le permafrost du nord de la Russie est, lui-même, menacé. Il contient de grandes quantités de carbone qui pourraient rapidement se retrouver dans l'atmosphère et, accélérant le réchauffement de la planète, faire fondre ce qui reste de glace. La montée des océans est inscrite dans les dangers à surmonter, surtout pour les endroits, comme les Maldives, qui se trouvent juste au niveau de l'eau.

On remarque sur la photo, que l'île de Malé est d'une platitude effrayante. Chaque tempête voit déferler dans les rues des paquets de mer qui la transforme rapidement en Venise sous les eaux. D'ailleurs les barrières de corail n'arrivent même plus à réduire la hauteur et la violence des vagues. Aussi, en 2008, le gouvernement de l'époque décida d'acheter des terres dont le niveau était plus haut, afin de relocaliser la population des Maldives la plus menacée, à court terme, par la montée des eaux.

île de Malé,
https://images.lpcdn.ca/641x427/201802/09/1509650-maldives-plus-petits-etats-membres.jpg

Depuis quelque temps, la politique a évolué. Le nouveau gouvernement loue des îles afin de dégager un capital qui est investi pour protéger les berges des îles existantes et même pour en créer de nouvelles; ces projets sont donc des entreprises menées par l'État. Il semblerait que l'Arabie Saoudite veuille louer l'atoll de Faafu pour une somme de 10 milliards de dollars (sur 99 ans) afin, principalement, de sécuriser sa route du pétrole qui aboutit en Chine et donc de lutter plus efficacement contre la piraterie. D'autres îles pourraient également être louées afin d'y mettre des centres touristiques respectueux de la nature. Une partie de l'argent servira à réaliser un projet nommé la ville de l'espoir (Hulhumale). Comme vous pouvez sur la photographie qui suit, pour l'instant, les machines viennent juste de pomper du sable au large pour créer une île artificielle assez haute pour ne pas être systématiquement submergée lors des tempêtes. Ensuite, les techniciens ont disposé de gros blocs autour de l'espace ensablé afin de stabiliser les bords. Cette technique n'est pas sans danger pour les coraux. Par conséquent, il faut les déplacer. De plus, considérant que l'élévation de la température des eaux commence à en tuer beaucoup, des études sur les coraux de la mer rouge démontrant qu'ils sont extrêmement résistants à la chaleur conduiront les autorités à en implanter autour de leurs nouvelles îles. Ainsi, ces barrières artificielles pourront briser les vagues, réduire leur vitesse et, donc, faciliter considérablement l'entretien des côtes. Ces dernières sont protégées par des murs qui s'élèvent à trois mètres au-dessus du niveau de la mer. Une fois fini, l'espace pourra accueillir les personnes chassées d'autres îles. On estime que Hulhumale pourra recevoir au minimum 130.000 personnes. Certains pensent qu'en densifiant l'habitat, on pourrait monter jusqu'à 240.000 personnes. Quoi qu'il en soit, la technique inventée il y a longtemps par les Néerlandais fonctionne très bien; elle permet aux populations de ne pas émigrer vers d'autres pays. De plus, la création d'une île est extrêmement rapide: il faut juste quatre semaines pour faire naître vingt-quatre hectares de terres. Il s'agit d'une solution un peu coûteuse mais qui se met en œuvre vite et facilement.

La ville de l'espoir, projet, Maldives.
https://images.newscientist.com/wp-content/uploads/2017/03/20130904/
gettyimages-120293879.jpg

C- Des îles japonaises disparaissent.

Le Japon est également touché par la fragilisation de ses côtes. Si on prend, par exemple, l'atoll de Okinotorijima (îlot situé entre le bassin des Philippines et le bassin ouest des Mariannes), on touche du doigt la légitimité de la sauvegarde des espaces naturels. Il s'agit ici d'un espace totalement désertique en forme d'anneau qui émerge péniblement de l'eau. Le lagon est peu profond; il y a trois hauteurs (îlots) au milieu, lesquels ne dépassent pas une altitude de un mètre. Le tout est en train de s'affaisser; l'érosion activée par la montée de eaux attaque également ces faibles reliefs. Sachant qu'une **zone économique exclusive** (**ZEE**) de 200 miles marins (370 km) garantit la propriété japonaise sur cet atoll et la mer qui l'entoure, le gouvernement, au 20ème siècle, a fait entourer, par des ouvrages de maçonnerie, des sortes de rochers bien visibles (mais d'une nature géologique indéterminée) afin de matérialiser l'île et empêcher qu'elle ne disparaisse totalement et, avec elle, la ZEE. Depuis 1988, cette terre perdue au milieu de nulle part est l'objet d'une activité bien singulière. Ainsi, des navires et des hélicoptères amènent les matériaux nécessaires à la consolidation des berges et des rochers. Des murs de défense essaient de défier l'eau salée alors que des coraux et des algues sont apportées afin de limiter la violence des vagues.

L'hypothétique exploitation économique et politique de l'espace maritime conduit les Japonais à s'agiter en vain. Dans le nord de l'archipel, l'île d'Esambe Hanakita Kojima fut enregistrée comme une possession japonaise en 1987. L'île était tellement peu élevée que les garde-côtes ne purent pas dire sa taille exacte (le point le plus élevé était de 1,4 m). Désormais, plus rien n'est visible, ce qui désole les autorités qui, depuis des siècles, se battent contre l'influence territoriale de la Chine et de la Corée. La sauvegarde n'a aucun autre but que de renforcer une hypothétique domination politique (surveillée étroitement par les États Unis). La grande activité géologique est une préoccupation de tous les instants. Si elle prend des terres, parfois, elle en donne. Ainsi, en 2015, une bande de 300 mètres de terre est sortie des eaux pour se coller à la côte de l'île de Hokkaido. En 2013, une île volcanique était apparue à près de 1000 kilomètres au sud de Tokyo en englobant une autre île; elle continue à grandir aujourd'hui. La sauvegarde du milieu doit être logique et efficace. On doit sauver les espaces fortement peuplés lorsque cela est possible. On ne doit surtout pas chercher à préserver des cailloux déserts juste pour agrandir son territoire national.

Leçon 2: La Chine industrieuse.
A- Une politique de barrages.

Les Chinois, quant à eux, sont dans une logique de maîtrise des eaux fluviales. Ce pays dispose à la fois de la population et de la plus grande zone de cultures au monde; l'eau douce est donc une nécessité absolue. Les barrages permettent de fournir, tout au long de l'année, de l'eau à la population, à l'agriculture, à l'industrie; ils fournissent de l'électricité propre et permettent de réguler le débit en évitant les inondations. De 1970 à 1990 les Chinois construisaient 4,4 barrages par an. À partir de l'an 2000 la moyenne annuelle passa à 11,8! En 2011 la Chine possédait déjà 552 grands lacs de retenue. Cependant, les ressources hydrographiques sont tellement importantes qu'il reste toujours de la marge pour la construction de plus de barrages puisque le *Bulletin des ressources en eau de la république de Chine*, en 2010, affirmait que seulement 22,34% de l'eau douce était exploitée. Il faut noter toutefois que les bassins hydrographiques du nord ont déjà atteint un taux d'utilisation très important (90% pour le bassin de la rivière Haihe). C'est donc au sud que la croissance peut s'envisager.

Cependant, l'impact des barrages sur l'environnement n'est pas négligeable. En effet, lors de la construction, il faut déplacer la population, ce qui a un coût très important. Des sites archéologiques sont inondés; les poissons ne peuvent plus remonter à la source; le ralentissement du cours permet à des algues (parfois toxiques) de se développer; le bord des lacs de retenue s'érodent ce qui pose des problèmes structurels aux barrages. Les populations vivant en dessous sont donc dans une situation relativement dangereuse. Quoi qu'il en soit, ces problèmes ne réduisent pas, pour l'instant, les mises en chantier. Ainsi, l'aménagement du Mékong poursuit sa course effrénée. C'est au début des années 1990 que la Chine a programmé l'édification de huit barrages sur ce fleuve dans la région du Yunnan.

Les quatre premiers ouvrages ont été livrés en 1993, 2003, 2008 et 2010. Les centrales électriques des huit lacs de retenue devraient, à terme, fournir 15000 mégawatts, ce qui est considérable.

Il existe néanmoins des organisations non-gouvernementales qui commencent à faire de l'activisme afin d'infléchir la politique du gouvernement chinois. Elles proposent non seulement de cesser de construire des barrages mais d'en retirer. Cette proposition est irréaliste car le régime de mousson et l'extrême variabilité des précipitations imposent un contrôle du stockage de l'eau douce et une politique efficace contre les inondations. Il faut protéger les terres et les populations des caprices des fleuves. Si ce pays ne disposaient pas de ce réseau de retenues d'eau, la production de céréales serait au moins divisée par deux! La famine reviendrait alors. Quant à l'électricité hydraulique produite, elle est encore bien en dessous des taux de la majorité des pays développés. De plus, afin de limiter la production d'énergie à partir de combustible fossile (qui relâchent du carbone dans l'atmosphère) il est impensable de ce priver ce cette électricité propre dont la source est renouvelable alors que le pays est le premier producteur de gaz à effet de serre au monde. Si l'on prend en considération les coût, les dangers, la faisabilité et l'efficacité, les autres énergies (nucléaire, solaire, le vent) ne peuvent pas remplacer l'hydroélectricité pour l'instant.

B- Le barrage des Trois-Gorges.

Le barrage des Trois-gorges est l'exemple le plus caractéristique de cette politique de maîtrise des eaux fluviales. Depuis le début du 20ème siècle, il y avait un projet de barrage sur le Yangzi, premier fleuve d'Asie et troisième fleuve le plus long du monde avec ses 6300 km. C'est en 1994 que le début de la construction de ce barrage situé à Sandouping, près de Yichang, commença. Il fut terminé en 2009.

Vue du barrage des Trois-gorges.

https://commons.wikimedia.org/wiki/File:ThreeGorgesDam-China2009.jpg?uselang=fr

Comme pour la majorité des autres barrages, il s'agissait de fournir de l'eau douce pour une partie de la population chinoise. Surtout, il fallait maîtriser le cours du fleuve afin de protéger les terres cultivables et la population des inondations. Ainsi, en 1954, par exemple, ce cours d'eau avait tué 30.000 personnes, ravagé les habitations de 19 millions de personnes et inondé 3,2 millions d'hectares de terres arables. Le tablier est long de 2335 mètres et haut de 185 mètres. Il y a trois usines électriques qui totalisent 32 turbo-générateurs qui génèrent 84,7 TWh (la totalité des barrages français ne dépassent pas 70 TWh). Cette production électrique

---

1. https://commons.wikimedia.org/wiki/File:ThreeGorgesDam-China2009.jpg?uselang=fr

remplace la combustion annuelle de 50 millions de tonnes de charbon, ce qui est autant de carbone qui n'est pas rejeté dans l'atmosphère.

L'autre objectif principal de l'ouvrage était d'améliorer la navigabilité du fleuve entre Chongqing et Shanghai. Ainsi, les produits manufacturés assemblés à Chongqing peuvent désormais rejoindre facilement Shanghai afin d'être distribués dans le monde entier. Il faut dire que Chongqing est une très grande ville qui dispose d'un parc industriel (Liangjiang) d'une extrême importance. Cinquante quatre des cinq cent plus grandes entreprises mondiales y sont localisées. Ainsi, l'industrie automobile traditionnelle (Qingling Motors) côtoie des industries de haute technologie et d'assemblages d'ordinateurs portables.

Des problèmes sanitaires se sont invités dans le projet. Les villes qui bordent le Yangzi déversent des déchets et des eaux polluées dans le fleuve. Le lac de retenu est situé sur une zone très polluée qui abritait 178 décharges d'ordures, 1500 abattoirs, 41.000 tombes et 300.000 m² de toilettes publiques. Les polluants sont désormais, dans une certaine mesure, dans le lac de retenue même si, au fil du temps, avec l'eau qui coule, ils tendent à diminuer. Par ailleurs, les agriculteurs qui possèdent des champs sur les berges ont tendance à utiliser de très grosses quantités d'engrais et de pesticides dont une partie finit par ruisseler et arriver dans le lac. Ainsi, on note une augmentation de la teneur en nitrates, ce qui entraîne la prolifération de cyanobactéries qui mettent en danger la vie des organismes aquatiques et de l'homme. La morphologie des terrains qui longent le fleuve et entourent le barrage a évolué; les glissements de terrain sont courants; les sédiments qui se déposaient sur les champs, du fait de la régulation du débit, restent dans le lit du fleuve, ce qui réduit considérablement leur fertilité naturelle. Les alluvions risqueraient même de remplir le lit du fleuve, provoquer un poids supplémentaire et entraîner des risques structurels sur le barrage. Cumulé aux tremblements de terre (le barrage est situé sur des failles actives) et sachant que l'ouvrage a été conçu pour supporter une secousse de 7 (ce qui est peu), le tout pourrait se fissurer et casser. En 1975, un barrage construit sur un affluent du Yangzi avait cédé lors d'un séisme de magnitude 7, provoquant la mort de 240.000 personnes. Enfin, la majorité de l'eau des crues étant dans le barrage maintenant, le lac Poyang, une grande réserve d'eau douce, a plus de mal à se remplir.

C- Le delta du Yangzi et Shanghai.

La vallée du Yangzi reste une sorte d'autoroute qui structure l'espace. Le delta et la ville de Shanghai se situent alors à la fin d'un suite de villes industrielles qui distribuent leurs marchandises grâce à ce port. La région du delta du Yangzi est, aujourd'hui, la région urbaine la plus puissante de Chine. Sur une superficie de 46.000 km², on trouve 29 villes très bien reliées par leur réseau routier. On peut qualifier cette espace de **mégalopole** (très grande ville formée par la réunion de villes plus petites). Cependant, le mode de distribution industrielle et d'organisation urbaine de cette mégalopole diffère de celui des mégalopoles des pays développés occidentaux car, d'une part, il n'y a pas de désertification des campagnes du fait de l'explosion urbaine, et, d'autre part, tout l'espace n'est pas urbanisé. En fait, on a affaire à un **desakota** qui voit une imbrication des espaces urbains et ruraux. Ainsi, dans le delta du Yangzi, hormis les villes principales et les espaces périurbains qui les prolongent, apparaissent des couloirs densément peuplés qui mêlent activités agricoles (surtout la riziculture) et non agricoles. Le mode d'exploitation du sol mélange alors agriculture, artisanat, industrie rurale et activités de commerce. Dans un desakota, pour les habitants ruraux des petits villages ou des bourgs, les moyens de subsistance ne proviennent pas du secteur primaire (agriculture, élevage, mines) mais d'activités non agricoles très diversifiées: petite industrie, commerce, transport, métiers de la construction. La puissance économique du delta du Yangzi est donc majoritairement réalisée par l'installation d'usines dans des campagnes qui sont très bien reliées au système de transports et au port de Shanghai.

Shanghai, avec ses sept villes satellites et les autres municipalités qui sont dans sa sphère d'influence directe, contribue pour environ 15 % à la production industrielle du bassin. Cet espace n'est pas seulement un grand foyer industriel, c'est aussi un foyer industriel très diversifié qui valorise sa situation de zone d'échange car, mécaniquement, du fait de gros volumes transportés, les coûts de transport pèsent moins sur les produits finis. On trouve alors de la sidérurgie sur l'eau, de la pétrochimie, de l'électronique, de l'informatique, de l'assemblage d'avions. Personne ne s'y trompe: les entreprises et investissements nationaux et internationaux sont attirés par la ville. Cela bénéficie au développement de toute la région et de toute la vallée du Yangzi qui est devenue, au fil des années, la manufacture du monde.

Leçon 3: Le Moyen Orient assoiffé.

A- Des espaces naturellement hostiles.

Dans tout le Moyen Orient, l'eau est un problème car elle est rare. On se demande d'ailleurs pourquoi des humains se sont installés dans des déserts. En fait, si on exclut quelques endroits, il pleut un peu; la vie n'y est donc pas totalement impossible. Prenons l'exemple du sultanat d'Oman. La majorité de l'espace est constitué par un désert qui voit moins de 5 cm de pluies par an. La définition du désert serait un endroit où il pleuvrait moins de 24 cm par an. En fait, cela dépend de la nature du sol. Certains sol plus argileux peuvent porter de la végétation permanente et donner un paysage de savanes avec moins de pluies. Si on retient tout de même la définition avec les 24 cm annuels, on ne trouve guère que les montagnes du nord qui peuvent être sorties des déserts car elles reçoivent entre 18 et 35 cm par an. Ce n'est pas une quantité négligeable. D'ailleurs, cette eau ne pénètre pas systématiquement dans le sol, ce qui implique que l'on construise des barrages pour recueillir le maximum d'eau de ruissellement. 83% de cette eau de retenues est réservée à l'agriculture.

La retenue d'eau de Wadi-Dayqah.
https://water.fanack.com/wp-content/uploads/2018/04/Water-Oman-Wadi-Dayqah-dam-fanack-flickr-1024x683.jpg

C'est un système de plus de 3000 canaux qui distribuent alors l'eau aux cultivateurs.

---

1. https://water.fanack.com/wp-content/uploads/2018/04/Water-Oman-Wadi-Dayqah-dam-fanack-flickr-1024x683.jpg

Un canal de distribution d'eau.
https://water.fanack.com/wp-content/uploads/2018/04/Water-Oman-Aflaj-in-Wadi-Qurai-fanack-flickr-500x600.jpg

L'avantage de ce système est de fournir une eau qui n'est pas salée car les roches des montagnes que vous voyez sur la photographie ne contiennent pas de taux significatifs de sel. En revanche, il n'y a pas toujours d'eau disponible tout au long de l'année. D'ailleurs, le principal problème est l'évaporation. Sur ce genre de barrage, un cm d'eau, au minimum, s'évapore chaque semaine. Il existe également des puits (744 au total). Ils représentent 20% des ressources en eau. Ils sont tous gérés par un service public car, dans le monde arabe, aucune

---

2. https://water.fanack.com/wp-content/uploads/2018/04/Water-Oman-Aflaj-in-Wadi-Qurai-fanack-flickr-683x1024.jpg

personne privée n'a le droit d'être propriétaire d'une source: l'eau, culturellement, est la propriété de tous.

Grâce a une politique de construction de barrages, on peut presque dire qu'aucune goutte d'eau glisse jusqu'à la mer. On ne parlera donc pas de pénurie d'eau au sultanat d'Oman, même si, suivant les années et les précipitations, les quantités stockées sont très fluctuantes (l'année 2008, par exemple, a été très difficile). Quoi qu'il en soit, elle est trop rare pour la gâcher. Le gouvernement essaie d'ailleurs d'accroître ses ressources en eau en utilisant des usines de dessalement d'eau de mer, en épurant les eaux usées, en expérimentant des collecteurs de brume et des accélérateurs de pluies.

B- Une explosion démographique.

Le manque d'eau ne permet pas de faire vivre des populations nombreuses. Traditionnellement, les espaces secs d'Afrique du nord et du Moyen Orient étaient des zones très peu peuplées. On ne connaît pas l'évolution démographique sur le long terme mais si on regarde rapidement la période qui s'étend de 1950 à 2018, on remarque déjà une très nette hausse démographique. Ainsi, à Oman, en 1950, il n'y avait que 456.418 habitants; en 2018, on compte 4.829.946 habitants, ce qui est déjà énorme pour un pays qui dispose d'aussi peu d'eau. Prenons un pays plus grand: l'Arabie saoudite. En 1950, on trouvait 3.121.336 personnes alors qu'en 2018, il y en a 33.430.824. On comprend dès lors que cet espace sec est déjà surpeuplé. Bien sûr, compte tenu de l'immensité des territoires, les densités de population semblent très basses (11 habitants au km² à Oman, 10, en Arabie saoudite), mais ces étendues ont beau être gigantesques, il ne pleut pas assez pour avoir une couverture végétale naturelle permanente et assez d'eau pour abreuver plus de personnes qu'aujourd'hui. Les déserts sont des endroits trop fragiles, trop dangereux pour la vie humaine, pour admettre que l'humanité y habite; seul un cours d'eau permanent (comme en Égypte) peut justifier son installation permanente.

Les pays du Moyen Orient ont effectué leur **transition démographique**: les taux de mortalité et de natalité ont baissés. Assiste-t-on alors à une baisse de la population? Pas du tout! En fait, il y a déjà une forte immigration internationale qui, mécaniquement, fait augmenter la population. C'est le cas du Qatar et des Émirats arabes unis. De plus, la baisse du taux de natalité est très inégale, ce qui maintient, dans certains États des taux de **croissance naturelle** importants (augmentation de la population totale). Ainsi, dans la péninsule Arabique, le déclin de la natalité est peu marqué; en Palestine, le taux de natalité est toujours supérieures à 40 ‰. Il en résulte un taux d'accroissement naturel très important. Il existe, toutefois, des pays qui ont vu la fécondité s'effondrer. C'est la cas de l'Iran et du Liban qui a la plus faible croissance naturelle de la région (1,3 %). Quoi qu'il en soit, le Moyen Orient est un espace qui voit sa population continuer à augmenter alors que ses ressources en eau et en nourriture sont faibles.

C- Survivre.

Que faire, alors? Limiter l'immigration, avoir une politique de restriction des naissances, augmenter les ressources? En fait, c'est cette dernière solution qui est préférée. On voit donc, principalement, les États chercher à mieux gérer leurs réserves d'eau, à dessaler l'eau de mer, à accroître leur capacité à produire de la nourriture.

Prenons l'exemple de l'Arabie Saoudite. Ce grand pays (4 fois la France) est essentiellement désertique. Il existe, cependant, une bande semi-désertique au nord, où il pleut environ 20 cm par an, et une petite chaîne de montagnes, au sud-ouest, qui voit des précipitations de 50 cm par an. Il y a donc un peu d'eau, mais pas pour faire vivre des millions d'habitants. Des Années 1980 à 2000, le gouvernement a poursuivi un objectif d'autosuffisance alimentaire. La surface cultivée est alors passée de 600.000 hectares, dans les années 1980, à 1,5 million d'hectares, en 2006, avant de baisser à un million d'hectares en 2013. La production céréalière saoudienne repose sur l'irrigation des champs. La course à la production de blé les a conduit à récolter 4 millions de tonnes en 1991 alors que les besoins domestiques ne s'élevaient qu'à 800.000 tonnes. L'excédent était alors vendu ou donné. Le besoin de terres les conduisit à utiliser le sable du désert. Ils créèrent des centaines de cercles de blés verts au centre desquels des arroseurs automatiques faisaient jaillir l'eau pour arroser les cultures. L'eau provenaient de sources souterraines qui ont tellement été surexploitées qu'elles ont presque toutes disparu. Pour limiter cette consommation excessive d'eau, le gouvernement a décidé d'arrêter sa production de blé en 2016. Maintenant, le royaume tend à délocaliser cette production agricole, notamment grâce à l'achat de terres dans les pays voisins.

L'un des premiers projets d'investissement fut celui de Gambella, un endroit très isolé à l'ouest de l'Éthiopie. La *Saudi Star Company* prit un contrat de location de 10.000 hectares pour une durée de 60 ans. Ces terres n'étaient pas cultivées avant la location. Pour autant, l'arrivée des Saoudiens n'a pas été bien vue. En 2012, des personnes travaillant sur une arrivée d'eau furent tuées lors d'émeutes. Les soldats Éthiopiens et les milices locales réprimèrent les émeutes en ajoutant encore un peu plus de violence. Dans la province de Papua, en Indonésie, ces sont les tribus locales qui, voulant protéger les terres qui les font vivre, s'opposèrent à la venue des Saoudiens. Ailleurs dans le monde, il y a, pour l'instant, un peu moins d'opposition. C'est le cas au Sénégal, au Mali, en Californie et en Arizona. Dans ces deux États américains, certains groupes de pressions commencent cependant à s'opposer à la possession de terres agricoles américaines par des étrangers. De plus, d'autres nations qui ont besoin d'assurer l'alimentation de leur population font concurrence aux Saoudiens. Ainsi, le Koweït, le Qatar, les Émirats arabes unis, la Chine, la Corée du sud et l'Inde sont en train de réaliser de très conséquents achats de terres cultivables à travers le monde.

Une des solutions pourrait être la désalinisation de l'eau de mer afin de cultiver sur place. Malheureusement, cette technique est très gourmande en énergie. Elle revient à relâcher dans l'air ce carbone qui est à l'origine du réchauffement climatique. De plus, les résidus très salés et assez pollués sont remis dans la mer, ce qui provoque un doublement de la salinité des eaux et son réchauffement, car la saumure est toujours à une température plus élevée que l'eau de mer. Ainsi, les organismes marins sont encore agressés et, même si les coraux de la région sont résistants, ces agressions finiront peut-être par les détruire. La solution n'est donc pas celle-ci. Vous comprenez, de vous-même, ce qu'il convient de faire. En effet, si, dans un endroit du monde, il n'y a pas assez d'eau de pluie, afin d'éviter des migrations de masse impossibles à gérer, il faut prendre l'eau douce là où elle est abondante pour la donner aux personnes qui résident dans ces endroits. Les pipelines peuvent transporter du pétrole mais également de l'eau. Il convient donc de passer, désormais, des accords internationaux pour garantir, à la fois, un approvisionnement sécurisé en eau. et une stabilisations des populations des milieux difficiles.

Exercice de réflexion:
Quelle genre d'agriculture pratiqueriez-vous si vous étiez dans cet endroit? (20 lignes).

---

1. https://water.fanack.com/wp-content/uploads/2018/04/Water-Oman-Aflaj-in-wadi-Tanuf-fanack-flickr-e1524568827232-768x1024.jpg

Cours d'eau et canal d'irrigation à Oman.
https://water.fanack.com/wp-content/uploads/2018/04/Water-Oman-Aflaj-in-wadi-Tanuf-fanack-flickr-e1524568827232-500x600.jpg

Pour cultiver, l'eau n'est pas la seule variable importante; il faut aussi un terrain assez meuble pour permettre aux racines de bien s'installer. Ici, on remarque quelques arbres en fond de vallée. Il est presque certain que si on enlevait les gros cailloux gris clair, on trouverait un peu de sable. D'ailleurs, au-dessus du dernier arbre, en haut, je vois un morceau de terrain caillouteux qui laisse apparaître du sable. J'aplanirais alors cet endroit (idéalement situé très au-dessus du lit du cours d'eau; méfions-nous aussi des inondations!) afin de cultiver plus facilement et de permettre aux rares pluies de bien pénétrer dans le terrain. En bas, je remarque une peu de sable dans le cours d'eau. Je prendrais la totalité pour le mettre son mon champ. Très méfiant vis-à-vis de la sécheresse et toujours très économe en ce qui concerne la gestion de l'eau, je mettrais toute cette eau dans des réserves de plastique (de 300 à 500 litres) situées sur le champ. Bien fermées, elle empêchent totalement l'évaporation; l'eau, sans air, se conserve, dans un certain état de pureté, pendant des années. Voyant qu'il y a assez d'ombre, je n'aurais pas besoin d'une rangée de palmiers pour protéger mes cultures du soleil de l'été. Sachant que l'évaporation du sol n'est pas l'ami des plantes, je cultiverais les légumes en hiver, lorsque les températures ne sont pas trop élevées. En novembre, je planterais les pommes de terre (récolte 4 mois après), les graines de carottes (récolte 5 mois plus tard), de navets (récolte 3 mois plus tard) et de salades (récolte 4 mois après). Je cultiverais les poivrons, les tomates et les courgettes à partir de début mars (car ces plantes ont besoin de plus de chaleur). Voyant que le terrain est situé au nord-est d'Oman, dans un climat plus subtropical que tropical, une partie du terrain serait planté de petits arbres fruitiers pouvant supporter un peu de frais la nuit (en hiver) et des étés pas si chauds (considérant l'altitude et l'ombre). Il y aurait donc un oranger, un mandarinier français (Eyze), un goyavier et, surtout, quelques cerisiers de Cayenne (le goût est exceptionnel). Ne vous y trompez-pas, cultiver dans ce genre d'endroit est possible mais très difficile: je l'ai déjà fait!

Séquence 13: L'Amérique pillée.

Leçon 1: La Californie en feu.
A- La fragilité du milieu californien.

La nature américaine n'est pas forcément très généreuse: sécheresses, vagues de froid, cyclones et tremblements de terre ponctuent chaque années. Même sans évoquer les évolutions du climat, traditionnellement, les États Unis ne sont pas un endroit facile à vivre. La Californie qui occupe les médias de mai à fin décembre est le reflet de cette nature hostile. Il faut dire que son premier inconvénient est d'être située dans une zone sismique très active. Surtout, c'est la répartition des précipitations qui pose le plus gros problème. En Californie du sud, il pleut environ 28 cm par an, ce qui fait peu, et la période de sécheresse est interminable. En fait, les 28 cm tombent de décembre à mars. Le climat n'est plus franchement méditerranéen car les températures d'hiver sont désormais très hautes. À Los Angeles, par exemple, en janvier, il fait 6° C la nuit et 20° C le jour. Il s'agit bien d'un climat subtropical à deux saisons: un hiver doux et un peu humide, un été chaud, sec et interminable. La végétation est adaptée à cela. On trouve principalement des pins qui supportent bien les longues périodes de sécheresse. Dans le sud de l'État, il en pousse peu, dans le nord, avec plus de précipitations hivernales, il y a de grandes forêts. Dans cet endroit, on pourrait peut-être parler de climat méditerranéen dans les terres, pas sur la côte. En effet, dans la baie de San Francisco, en été, il y une sorte de brume qui rafraîchit considérablement l'atmosphère; en journée, la température reste obstinément autour de 21° C. Dans le nord-ouest, les précipitations se situent autour de 38 cm par an. Sur les montagnes, on trouve parfois des niveaux allant jusqu'à 130 cm par an, mais c'est rare. Il faut retenir que quel que soit le climat, l'État est situé dans une zone assez sèche.

Lorsque les températures montent, la végétation perd son eau, elle devient très inflammable. Les pins, qui contiennent de la résine, sont encore plus inflammables. En outre, il paraîtrait que cet État soit dans un cycle de sécheresse prononcée depuis quelques années. La moindre imprudence (mégot jeté négligemment, maison avec un système électrique défaillant, barbecue) peut mener alors à allumer un très grand feu de forêt. Les maisons étant en bois, les villes étant agrémentées par des arbres, la propagation des feux se fait très rapidement. En 2018, c'est plus de 750.000 hectares qui ont été brûlés, tuant 104 personnes. Le feu le plus médiatisé fut celui de la ville de Paradise. Il faut dire que les conditions climatiques étaient difficiles au matin du 8 novembre 2018. Un vent chaud et fort soufflait depuis les terres brûlantes du Nevada (nord-est). Le feu aurait commencé vers 6h15 du matin à l'est de Paradise. À 8h30, il était déjà en centre-ville. À 10h00 toute la ville était en train de brûler. Il fallut 17 jours aux pompiers pour éteindre le feu. 14.000 maisons furent brûlées; la majorité des morts de cet incendie furent trouvés dans les décombres de Paradise. Les victimes étaient principalement des personnes âgées qui n'avaient pas eu le temps de s'échapper.

B- Une agriculture et des villes prédatrices.

Dans un milieu fragile, il faut cultiver en respectant le plus possible la nature. Ici, ça n'a jamais été le cas. Pour inonder le marché des ses amandes, les agriculteurs ont puisé dans les nappes phréatiques les plus profondes, ce qui fait s'affaisser les terrains! Les agriculteurs ne sont pas les seuls fautifs car les villes utilisent également les nappes souterraines pour leur approvisionnement. Au total, 40% de l'eau utilisée en Californie ne vient pas des fleuves mais bien des forages; ce pourcentage augmente lors des périodes de sécheresse. On estime même que 85% des Californiens dépendent de cette eau souterraine pour satisfaire une partie de leurs besoins.

Dans la Vallée centrale, le pompage a été si important que, combiné avec la décomposition naturelle des sols, les terrains, depuis les années 1950, ne cessent de s'effondrer. Le bassin du Kings, au centre de la Californie, semble être le parfait exemple de cette surexploitation des réserves aquifères. Le bassin est principalement recouvert de vignes, de champs de figuiers, d'amandiers et de fruits à noyaux. 75% de la demande d'eau est à destination de l'agriculture. Devant ce danger écologique, les autorités locales, à partir de 2002, ont décidé de mettre en œuvre une politique générale de gestion de l'eau. On encourage désormais les agriculteurs à retenir les eaux de ruissellement dans des grands trous qui permettent une recharge de la nappe phréatique. Les villes de Clovis et de Fresno ont construit des usines de traitement des eaux de surface pour ne plus dépendre uniquement des eaux souterraines. Dans cet ordre d'idée, les municipalités disposant de peu d'eau souterraine potable reçoivent, désormais, de l'eau traitée de la rivière Kings. Elles peuvent alors mettre en réserve leurs ressources aquifères pour les périodes d'extrême sécheresse. Les agences publiques de gestion de l'eau du bassin entretiennent aussi des petits lacs et des bassins prévus pour lutter contre les inondations; l'eau ainsi retenue s'infiltre dans le sol et permet de remplir les nappes phréatiques. Bien sûr, le cours de la rivière Kings est étroitement régulé afin de retenir le plus possible d'eau dans les barrages de retenue.

Quoi qu'il en soit, dans d'autres endroits de la région, le pompage excessif à fait naître un autre problème: la pollution à l'arsenic des eaux souterraines. Cette substance qui est contenue naturellement dans certaines roches a migré, grâce aux fleuves, de la Sierra Nevada jusque dans la vallée de San Joaquin. Les nappes phréatiques, au fil du temps, ont recueilli cette eau polluée. Le pompage a provoqué ensuite une concentration de ce polluant dans l'eau. Celle-ci est donc déconseillée à la consommation. On peut dès lors comprendre que les Californiens vont devoir faire de gros efforts pour gérer mieux leurs eaux de surface afin que celles-ci puissent fournir toute l'eau dont ils ont besoin et qu'une partie recharge les nappes phréatiques pour redonner de l'élasticité et du volume aux sols.

C- Une implantation humaine absurde.

Ce qui sauvera cet État viendra peut-être d'un autre phénomène. En effet, pendant des années, le soleil californien à inciter les Américains à venir habiter ici, ce qui a fait considérablement monter le nombre de résidents. Cependant, le fort taux d'imposition et, surtout, le prix des logements, fait désormais fuir les habitants les moins riches. Si on regarde les statistiques de 2006 à 2016, le solde migratoire est très négatif: il y eut 1.090.600 départs. On remarque que la majorité des départs eurent lieu durant les fortes hausses du prix des maisons, soit en 2006. On ne parlera pourtant pas encore de déprise démographique car le processus vient juste de commencer et l'on ne sait pas encore si c'est une tendance de long terme ou non.

Quoi qu'il en soit, cet État semble peuplé de gens inconséquents: dans l'ouest, près de la côte, sept millions de maisons sont construites dans des zones sujettes aux feux de forêt. Dans le même endroit, en 1940, il n'y en avait que 600.000. Si l'on en croit les projections des scientifiques, d'ici 2050, il pourrait y en avoir 1,2 million de plus dans tout l'État. Cette manie Californienne de construire dans des zones boisées ne cesse de faire augmenter le nombre de personnes qui vivent dans des endroits dangereux. Les nouvelles constructions en zone rurale amènent avec elles le danger qui les détruira: les lignes électriques. En effet, dans tous les feux les plus dévastateurs, elles ont toujours été mises en cause. C'est le vent fort qui, en rompant les câbles, produit l'étincelle à l'origine du feu. Celui-ci se propage alors depuis le haut des arbres et, les maisons étant en bois, la force de celui-ci redouble car il trouve du combustible dans toutes les zones urbanisées.

Pourquoi donc s'obstiner à construire en bois? Force est de constater que les zones très sismiques ne laissent pas beaucoup de choix. Il n'est pas interdit de construire en «dur» dans cet État, mais le prix est assez prohibitif. Traditionnellement, les maisons de

San Francisco étaient en briques. Ce n'est pas le matériau le plus adapté car, au soleil, la température de la maison augmente vite, ce qui rend les intérieurs insupportablement chauds. De plus, le code de la construction impose que tous les édifices en brique soient renforcés par un réseau de barres en métal, ce qui augmente considérablement les coûts. Aussi, les structures en bois étant plus flexibles, elles peuvent onduler avec le tremblement de terre sans se casser. De plus, elle ne s'effondrent pas d'un seul coup comme le font les maisons en brique: les habitants ont plus de temps pour fuir. Les Californiens ne construisent pas encore de maisons individuelles parasismiques en béton armé. Ce sont des maisons plus chères mais elles ont démontré leur efficacité.

Leçon 2: Les dangers de l'exploitation du pétrole aux USA.

A- Le renouveau de l'exploitation du pétrole.

Les États-Unis ont une longue histoire dans le domaine de l'exploitation du pétrole. Si, au milieu du 19ème siècle, c'est encore un produit anecdotique, au début du 20ème siècle, il devient le combustible (pour le chauffage et la cuisine, principalement) le plus utilisé. Devant l'augmentation de la demande, les Américains sont conduits à en acheter à l'étranger. Dans les années 1920, pour fournir le marché intérieur, les puits du Texas, de la Californie et de l'Oklahoma sont alors surexploités. Après les chocs pétroliers de 1973 et de 1979 qui voient le prix considérablement augmenter, les industriels de l'automobile se mettent à concevoir des véhicules moins gourmands en carburant. Parallèlement, les autres industries conçoivent des machines qui consomment moins d'énergie. Par conséquent, la consommation de pétrole commence, enfin, à baisser. La guerre en Irak, en 1990, a le même résultat. En 2010, 70,5% de la consommation de pétrole est destinée au transport. La demande est si forte que les États-Unis sont obligés d'en importer.

À partir de 2010, la tendance s'inverse. Les puits américains sont mis à contribution pour fournir la totalité du marché intérieur. Cette même année, ils arrivent même à en exporter. En 2014, les Américains deviennent même les plus grands exportateurs, au monde, de pétrole raffiné. Si tout leur territoire est, d'ailleurs, couvert de raffineries (en janvier 2018 il y en avait 135), il existe quelques nuances. La Floride et la partie est des Montagnes rocheuse sont délaissées alors qu'il y en a beaucoup sur les côtes texanes (47) et en Louisiane (19). Étant redevenus des exportateurs, les raffineries se concentrent donc dans des ports qui peuvent accueillir des supertankers.

Le choix d'utiliser le pétrole comme source principale d'énergie a de lourdes conséquences sur l'état de la planète. L'industrie automobile et les producteurs de pétrole sont tellement puissants qu'ils influencent depuis très longtemps les politiciens pour ne pas devoir subir de règles contraignantes en matière de carburants. Rien n'est véritablement mis en place pour passer à une autre source d'énergie. Si les Allemands réfléchissent depuis longtemps aux voitures solaires et sont sur le point d'en commercialiser une, les Américains continuent à vivre sur le rêve de ces grosses voitures qui traversent, la climatisation à fond, ces grandes étendues désertiques, en relâchant négligemment de grosses quantités de carbone dans l'atmosphère.

B- L'utilisation du schiste.

L'exploitation du gaz et du pétrole de schiste n'est pas plus écologique, bien au contraire. Cela fait longtemps que l'on utilise le schiste comme combustible mais, compte tenu du prix du gaz et du pétrole, son exploitation ne s'est pas développée car son extraction était plus coûteuse. 80% des réserves de pétrole de schiste se situent aux États-Unis. On estime généralement que l'extraction de cette substance commence à devenir rentable si le producteur arrive à vendre son baril de pétrole de schiste à 30 US\$. Cependant, son exploitation cause de gros problèmes environnementaux. La majorité des puits étant à ciel ouvert, les carrières défigurent déjà les paysages. Surtout, il faut utiliser des solvants dangereux (du mercure notamment) pour extraire le pétrole, ainsi que de l'eau souterraine ou de surface, ce qui accélère l'érosion des sols. De plus, il y a une forte émission de souffre et d'autres polluants atmosphériques durant le procédé d'élaboration. Une fois utilisé, ce pétrole relâche du carbone dans l'air. En somme, il est encore plus polluant que le pétrole conventionnel. En 2008 le Bureau de gestions des espaces naturels s'est inquiété car il a constaté que l'extraction de cette substance polluait de 7,6 à 37,9 litres d'eau pour 910 kg de pétrole de schiste produit. Les écologistes (dont Greenpeace) n'ont pas cessé de protester, ce qui a mis un très gros frein à son exploitation aux États-Unis. Les Américains ne manquant pas de pétrole conventionnel, les compagnies pétrolières, pour l'instant, préfèrent ne pas s'y intéresser.

Ce n'est pas le même cas de figure en ce qui concerne le gaz de schiste. Avec l'apparition de la fracturation hydraulique (on introduit un liquide à haute pression pour fracturer la roche et faire remonter le gaz) et du forage directionnel (le forage n'est plus droit mais en biais), cela a permis d'exploiter des gisements de gaz de schiste alors que les gisements de gaz conventionnel commençaient à s'épuiser. D'ailleurs, lorsque l'on regarde le schéma qui suit, on remarque que, depuis 2008, les Américains ont énormément développé leur production de gaz de schiste.

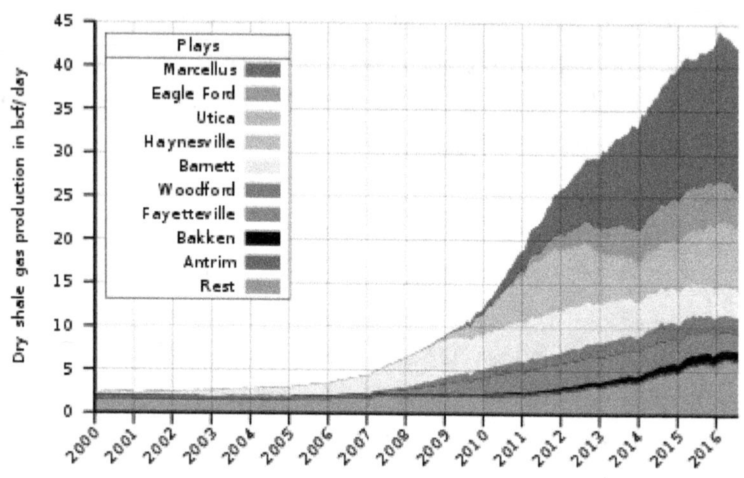

Production de gaz de schiste par formation géologique aux États-Unis.

https://en.wikipedia.org/wiki/File:Shale_gas_production_USA.svg

Ils pensent d'ailleurs que leurs réserves de gaz naturel (lesquelles sont principalement composées de gaz de schiste) leur permettent d'être tranquilles pendant un siècle, ce qui reste à prouver. Là encore, la pollution n'est pas négligeable. En Pennsylvanie, par exemple, l'eau utilisée pour la fracturation hydraulique a été souvent déversée dans des rivières qui servent à l'approvisionnement des villes, ce qui a inquiété les populations, et cela d'autant plus que l'on retrouve souvent des taux d'uranium élevés dans ces eaux sales. Surtout, il y a une très forte émission de méthane dans l'atmosphère, ce qui accélère, un fois encore, le réchauffement climatique. Enfin, la fracturation engendre de petits séismes et contribue à l'instabilité du terrain.

---

1. https://en.wikipedia.org/wiki/File:Shale_gas_production_USA.svg

C- Marée noire en Louisiane.

L'exploitation du pétrole n'est ni une chose facile ni une entreprise sans dangers. Certaines situations géographiques sont plus confortables que d'autres: un puits sur terre est plus facile à gérer qu'une plate-forme battue par les vents et les vagues.

Dans le golfe du Mexique, à la fin du 20ème siècle, la production de gaz et de pétrole commence à baisser fortement. Les industriels du secteur qui anticipaient une baisse des réserves décident alors, pour maintenir la production, de faire des forages dans des eaux beaucoup plus profondes. Les nouveaux puits s'avèrent assez décevants, ce qui pousse l'administration fédérale à encourager la recherche de nouveaux sites grâce à des avantages fiscaux. Les exploitants finissent par trouver des indices de réserves à des profondeurs très importantes (entre 4500 et 6000 mètres de profondeur). La compagnie BP propose alors de faire le forage le plus profond du monde en utilisant la plate-forme **Deepwater Horizon** que les ingénieurs positionnent à 400 km des côtes de la Louisiane. Le forage commence en automne 2009. Le puits est d'une profondeur impressionnante: 10.685 mètres dont 1259 sous l'eau. Les écologistes et certains politiciens se posent des questions sur la sécurité d'une telle entreprise. Ils sont d'autant plus inquiets que des journalistes révèlent que BP est exonérée de l'obligation de suivre la loi sur le respect de l'environnement.

La plate-forme est très moderne et peut résister à des conditions climatiques extrêmes: vagues de 25 mètres de haut, vent de 190 km/h. Cependant, le 20 avril 2010, elle subit une explosion et un incendie. Onze personnes sont tuées, 17 sont blessées. Le petit réservoir de fuel (de 3500 tonnes) destiné à la production d'électricité se déverse dans la mer. Deux jours après l'explosion, la plate-forme coule; le système de sécurité de la foreuse ne fonctionnant pas, le pétrole du forage se répand dans la mer. Suivant les estimations américaines, 4,9 millions de barils (780 millions de litres) s'échappent du puits. Ce n'est que le 15 juillet 2010 que les techniciens réussissent à colmater la fuite. Le Golfe du Mexique et les côtes de Louisiane subissent leur plus grave **marée noire**. De nombreuses espèces animales sont alors menacées, surtout celles qui se nourrissent de végétaux car le pétrole visqueux, se déposant dessus, empêche la photosynthèse et les fait donc mourir. S'ensuit la lutte habituelle contre les nappes d'hydrocarbures. Les dispersants étant parfois plus dangereux que le pétrole lui-même, le ramassage mécanique est privilégié (pompage). Comme dans toutes les catastrophes de cette nature, le bilan écologique est difficile à établir, d'autant plus que le gouvernement fédéral n'a pas été très coopératif. Quoi qu'il en soit, la catastrophe de Deepwater Horizon pose une question d'une grande simplicité: doit-on exploiter une ressource dangereuse pour la survie de la planète dans des conditions qui sont elles-mêmes dangereuses? La réponse est non. En effet, on ne doit déjà pas mettre la vie des ses employés en danger. De plus, il faut cesser de croire que les énergies fossiles sont indispensables à l'activité humaine. Pendant des siècles, ce sont les animaux qui ont servi de force de locomotion. Le passé ne sera peut-être pas forcément l'avenir de l'homme. Cependant, la force animale n'est pas à négliger; combinée avec le vélo, la voiture solaire et d'autre inventions à venir, elle permettra, enfin, de ne plus polluer.

Leçon 3: L'Amazonie en danger.
A- La forêt qui rétrécit.

Si l'on se déplace maintenant un peu plus vers le sud, on rencontre un espace qui est très en danger: la forêt amazonienne. Cet espace n'a jamais été totalement dépeuplé. Il y avait, traditionnellement, des tribus qui y vivaient en pratiquant la chasse, la pêche, la cueillette et un peu d'agriculture. Dès la seconde moitié du 19ème siècle, autour de la ville de Manaus, la forêt est abattue pour laisser place à des plantations d'hévéas (le latex étant utilisé dans la fabrication de pneus). Cependant, depuis les années 1970, la déforestation s'accélère. Ce que l'on appelle aujourd'hui l'arc de déforestation concerne un espace situé au sud et à l'est de l'Amazonie. Cette déforestation est particulièrement active le long des routes. En effet, c'est par ces axes de communication que les colons arrivent et font transiter, une fois installés, les produits agricoles qu'ils destinent à la commercialisation.

La déforestation contribue très activement au réchauffement climatique. Pour enlever la forêt, les cultivateurs brûlent déjà la végétation et relâchent ainsi beaucoup de carbone dans l'atmosphère. Sur les champs dégagés, le rayonnement solaire n'étant plus filtré par le haut des arbres, le sol se réchauffe en s'asséchant. L'humidité de l'air diminue, ce qui n'est pas sans influence sur le régime des pluies. En effet, si 2/3 des pluies viennent de l'humidité produite par l'Océan Atlantique, 1/3 est le résultat de l'évapotranspiration des arbres. Ainsi, les nombreuses périodes de sécheresse de ces dernières années ont une certaine relation avec la déforestation. De plus, il ne faut pas oublier que de vieux arbres bien établis, avec un système racinaire très développé, résistent mieux à la sécheresse et, en même temps, retiennent mieux les sols, ce qui limite considérablement les phénomènes d'érosion lorsque les pluies reviennent.

La majorité de la déforestation est due à la recherche de pâturages pour les animaux. Le feu est alors un outil qui sert à enlever les buissons et les pousses d'arbres, ce qui permet à l'herbe (la nourriture des animaux) de pousser. Cependant, après plusieurs feux, la terre est abandonnée car la fertilité décroît (les cendres rendent les terrains très alcalins, le taux d'azote s'effondre et c'est l'azote qui permet aux feuilles de pousser). Plus le terrain a été brûlé, moins la végétation naturelle repousse. Le paysage alors obtenu est une sorte de savane assez désolée. Le cycle de la déforestation, afin de trouver de nouveaux pâturages, continue. Heureusement, les différents gouvernements brésiliens ont défini des zones forestières totalement protégées qui sont bien réparties dans ce qui reste de forêt. A priori, l'Amazonie ne pourra pas disparaître totalement.

B- L'agriculture en Amazonie.

La pression démographique et la nécessité de trouver des terres pour les paysans pauvres du Brésil a conduit les gouvernements à favoriser la mise en culture de l'Amazonie. Cette conquête de l'enfer vert dure depuis les années 1960. Le mythe qui se cachait derrière cette politique était de permettre à une famille de vivre presque en autarcie. L'exploitation agricole qui se devait de pratiquer la polyculture et un peu d'élevage allait réduire, dans une certaine mesure, la pauvreté si visible dans les grandes villes de la côte sans obliger le gouvernement à entreprendre une politique de réformes agraires qui aurait visé à prendre des terres aux riches pour les distribuer aux pauvres. Les différents gouvernements mirent alors en place une politique de fronts pionniers qui avaient un triple avantage: peupler un espace désert, augmenter la production agricole, rationaliser la production. Ainsi, aujourd'hui, on trouve des petits exploitants qui cultivent surtout des bananes, des haricots secs, du café, du maïs, du manioc et du riz en utilisant un système de rotation des cultures. Une partie de la production est consommée par leur famille, le surplus est vendu. La productivité de leurs terres n'est pas très importante mais les exploitations sont économiquement et socialement viables.

Cette conquête n'a pas été que l'affaire de petits paysans. De grands propriétaires terriens se sont installés dans cette région. Sur de grandes exploitations très mécanisées et utilisant beaucoup de pesticides, de fongicides et d'herbicides, ils font pousser principalement du soja, l'un des principaux produits qu'exporte le Brésil. Les mêmes grandes propriétaires pratiquent l'élevage bovin, une spécialité brésilienne (c'est le premier exportateur au monde). C'est d'ailleurs cette activité qui conduit à brûler le plus cette forêt, ce qui fait du Brésil l'un des plus gros émetteurs de gaz à effets de serre.

Les paysages qui découlent de cette exploitation ne sont plus très naturels. Le long des routes principales, les petits exploitants tracent des chemins perpendiculaires qui relient leur parcelle à cette route. Plusieurs paysans se localisent alors le long de ce nouveau chemin. On ne trouve donc des champs que le long de ces axes. La forêt reste prédominante. On ne peut pas dire alors qu'il y a une véritable mise en danger de l'écosystème car la grande forêt continue à occuper la majorité de l'espace. En revanche, sur les grandes exploitations mécanisées, il ne reste plus la moindre trace d'arbres. Le moindre dénivelé qui pourrait retarder la machine qui plante ou récolte est impitoyablement aplati au bulldozer. Quant aux grands élevages, ils finissent tous par créer des «paysages résiduels» constitués de savanes qui, pour l'instant, n'arrivent plus à porter de la végétation. Ce sont ces espaces qui décideront bientôt de l'étendue de la surface boisée et de la nature des espèces présentes. En effet, il semblerait que seules certaines espèces puissent repousser dans des sols très pauvres et susceptibles de prendre feu. Aussi, ce qui repoussera montrera un très grand appauvrissement de la diversité végétale. La nouvelle forêt, s'il y en a une, n'aura pas, non-plus, la même hauteur, ni la même densité.

C- Des actions pour limiter les dégâts.

Les derniers gouvernements ont proposé des actions visant à baisser le taux de déforestation de l'Amazonie dans le cadre général d'accords internationaux visant à réduire l'émission de carbone et donc à ralentir le changement climatique. Certains résultats ont d'ailleurs été obtenus. Ainsi, de 2004 à 2009, le taux de déforestation a baissé de 75%. Quoi qu'il en soit, ce sont les organisations non-gouvernementales qui se montrent les plus efficaces en ce domaine.

Ainsi, *Nature and culture international* est une organisation qui s'est spécialisée dans la sauvegarde des populations et forêts pluviales d'Amérique du sud. Son action s'est portée sur la préservation d'espaces boisés situés au Pérou. Ils ont créé une réserve naturelle de 393.000 hectares (réserve de Maijuna). Le but était de conserver la forêt, ses animaux mais également une population de personnes en grand danger: une tribu de seulement 500 personnes. La conservation du milieu n'est pas envisageable sans l'espèce humaine. Il ne s'agit pas d'opposer les intérêts de la nature et ceux de l'homme. Le but est juste de permettre aux uns de vivre sans détruire l'autre. On utilise depuis peu le terme de **développement durable**; dans les années 70, on parlait de **décroissance**, ce qui est beaucoup plus proche de la réalité de ce que l'on veut définir. En fait, c'est la course à la consommation et l'explosion démographique qui ont mené à la surexploitation des ressources naturelles. Parler aujourd'hui de croissance reviendrait à programmer la mort de la planète. Imaginer que la technologie palliera les défaillances de la planète est de la mauvaise science fiction. Il faut donc consommer moins et inverser la courbe démographique. Aujourd'hui, il faut décroître et réparer les énormes erreurs des générations précédentes. Protéger ces arbres qui stockent, justement, du carbone, devient une absolue priorité. Les membres de *Nature and culture international* le savent. Avec l'Institut pour la recherche sur l'Amazonie péruvienne, ils ont ainsi aidé les habitants de Taulia-Molinopampa (au Pérou) à sauver ce qui restait de leur forêt de palmiers à cire en sanctuarisant 11.000 hectares de terrain. Sachant que la majorité des forêts pluviales sont entre les mains de personnes privées, l'achat des terrains est la politique de conservation la plus efficace. Cette organisation ne cesse d'en acheter et élargit son champ d'actions aux zones plus arides du sud-ouest de l'Équateur et du nord du Pérou. En fait, il faut protéger tous les types de forêts. D'ailleurs, en Europe, pour inverser le cycle de la pollution par les gaz à effets de serre, on pourrait reboiser une très grande partie des territoires, notamment dans les zones de moyennes montagnes.

Exercice de réflexion:
Pour éviter ce genre de catastrophe, comment les maisons
et les villes devraient être construites en Californie? (15 lignes).

Une partie de la ville de Paradise après l'incendie de novembre 2018.
https://images.thestar.com/zbhUU4XPVVCNQtGLzwrGeizVfY=/1200x799/
smart/filters:cb(2700061000)/https://www.thestar.com/

content/dam/thestar/news/world/2018/11/10/paradise-lost-after-fire-consumes-northern-california-town/paradisefire10.jpg[1]

La Californie est une zone hautement sismique. C'est principalement pour cette raison que, depuis de nombreuses années, les gens construisent des maisons en bois. Une maison, comme le pensait Le Corbusier, est un espace fonctionnel (une usine à habiter, dans son vocabulaire); il faut donc respecter des normes de sécurité et agencer toutes les maisons pour que l'espace urbain soit vivable. Ainsi, en Californie, il convient d'interdire toute construction en zone boisée. Les villes ne doivent montrer aucun arbre et aucune ligne électrique aérienne. Ne pouvant pas facilement utiliser des matériaux non inflammables, ils peuvent continuer à construire en plaques de bois couvertes de stuc. Cependant, toutes les parcelles devraient être entourées de murs en dur assez hauts (2,50 m), ce qui limiterait la propagation du feu de maison à maison. Dans cet ordre d'idée, aucun câble ne pourrait relier les maisons entre elles. Les maisons seraient disposées au milieu des jardins. Ceux-ci ne seraient plantés que d'espèces qui ne brûlent pas. Ainsi, la pelouse serait totalement interdite. Les plantes succulentes et les cactus seraient privilégiés; il faut savoir que la vigne est une barrière d'une très grande efficacité. Une réserve d'eau (pouvant servir de piscine) devrait figurer dans chaque jardin et être relié à un système de vaporisation qui serait actionné lors des feux. La bruine ainsi créée abaisse la température et étouffe le feu assez facilement. Les routes devraient être très larges pour rendre plus difficile le passage du feu d'un bâtiment à un autre. De plus, l'évacuation se ferait plus facilement. La mairie organiserait un plan général d'évacuation et ferait des exercices de simulation chaque années. Les personnes absentes lors de ces exercices recevraient de très lourdes amendes. Chaque municipalité aurait, bien sûr, son service de pompiers (bénévoles ou non).

---

1. https://images.thestar.com/zbhUU4XPVVCNQtGLzwrGei-zVfY=/1200x799/smart/

filters:cb(2700061000)/https://www.thestar.com/content/dam/thestar/news/world/2018/11/10/paradise-lost-after-fire-consumes-northern-california-town/paradisefire10.jpg

Séquence 14: Une France protégée?

Leçon 1: La métropole.
A- Les sécheresses.

La France n'était pas un endroit vraiment touché par la sécheresse. La majorité du territoire est en zone océanique, ce qui implique des pluies bien réparties tout au long de l'année. La partie méditerranéenne peut, quant à elle, subir des épisodes de sécheresse estivale, mais elles ne sont jamais très longues (elles durent de début juin à fin août). La partie est, qui est plus continentale, est caractérisée, elle-aussi, par un été relativement sec qui voit, toutefois, quelques petites pluies rythmer cette saison. Quoi qu'il en soit, on assiste, désormais, sur tout le territoire, à de gros déficits de pluies au cours de l'année, sans qu'il n'y ait, pour l'instant, de modification des moyennes annuelles. Il pleut toujours autant, mais sur une période plus courte.

La première sécheresse de la période contemporaine fut celle de 1976. En 2011, un printemps plus chaud et sec que celui de 1976 desscha les sols prématurément. Dans le Nord-Pas-de-Calais, le Centre, en Lorraine, Picardie et Bretagne, en mars, il n'avait plu que 30% de ce qui pleut d'habitude. Le mois d'Avril fut particulièrement chaud; la température fut supérieure de 4° C à la normale. Quant aux précipitations, elle se situèrent à 29% de la moyenne mensuelle. Le mois de mai suivit le même schéma et les températures dépassèrent de 2,6° C la moyenne de référence (1971-2000). Les pluies, furent encore très faibles: elles s'établirent à 30% de la normale. C'est véritablement cette année-là que l'on put se rendre compte de l'évolution du climat. Au nord de l'Europe, un printemps chaud et sec est impossible dans les climats océaniques et continentaux dégradés. La France n'échappera donc pas aux conséquences du réchauffement global.

On peut, d'ailleurs vérifier l'information en regardant cette carte du déficit de pluies fin octobre 2018.

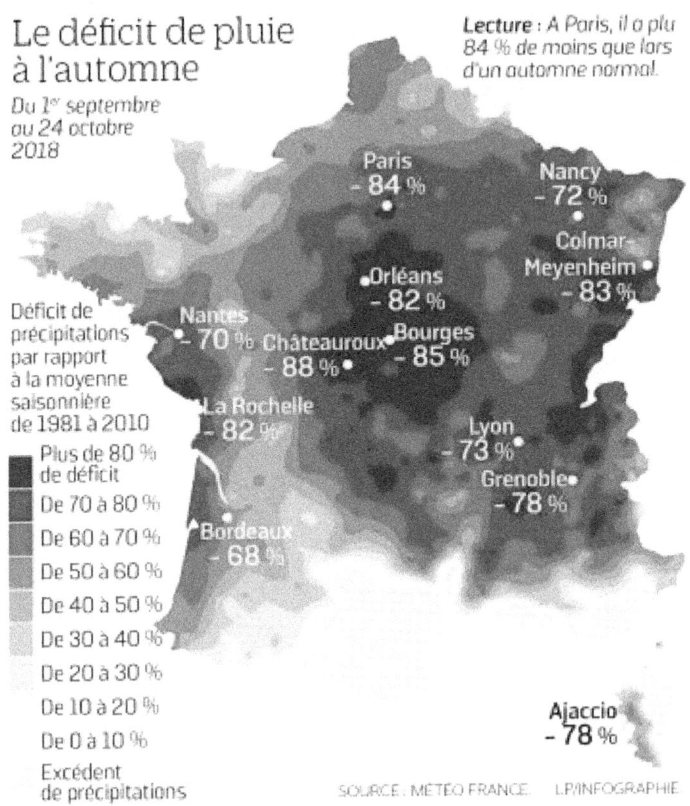

Déficit de pluie en France, fin octobre 2018.
http://www.leparisien.fr/images/2018/10/25/6f3ce79e-d87e-11e8-92d5-b60b96743edd_1.jpg

La presque totalité du territoire est touchée par la sécheresse à une période inhabituelle: la fin du mois d'octobre. Dans la région parisienne, on a même assisté à des feux de forêt (1 hectare brûlé le

18 septembre en forêt d'Ermenonville, 60 hectares, dans la forêt de Sénart, le 10 octobre). Dans le nord-est de la France, la situation est encore plus étrange: le Doubs est totalement à sec. Les communes qui utilisent l'eau de cette rivière comme eau de ville sont obligées d'utiliser, tous les jours d'octobre, des camions citernes qui vont chercher des eaux souterraines afin de remplir les citernes du réseau de distribution. Par ailleurs, cette sécheresse fragilise les sols, ce qui entraîne des éboulements, des affaissements de chaussées, des mouvements qui cassent les canalisations enterrées. La France n'est donc pas un sanctuaire épargné par l'évolution générale des climats.

B- La tempête de 1999.

Les tempêtes ne sont pas des phénomènes climatiques inconnus en France métropolitaine. Le territoire en a subi en 1948, 1967, 1969, 1978, 1987, 1990. Celle des 15 et 16 octobre 1987 fut particulièrement violente. Elle toucha particulièrement la Bretagne, la Normandie et le Nord; les rafales maximales mesurées dépassèrent les 180 km/h. En 1999, du 26 au 28 décembre, le territoire métropolitain subit une tempête encore plus dévastatrice.

Tout le monde n'est pas d'accord sur l'origine, la violence et la fréquence des tempêtes dans l'Atlantique nord. Cependant, on constate tout de même la présence de phénomènes physiques nouveaux qui expliqueraient la violence des tempêtes les plus récentes. Ainsi, l'élévation de la température de l'eau et l'accentuation de la différence de pression atmosphérique entre l'anticyclone des Açores et la dépression islandaise renforcent la vitesse des vents d'ouest.

Le dimanche 26 décembre, la dépression était très marquée: 960 hPa, à 7h00, vers Rouen. Elle traversa la France du nord en suivant le 49ème parallèle; à 2h du matin elle était en Bretagne, à 11 h elle atteignait Strasbourg, ce qui fait un déplacement de 100 km/h. Les vents les plus violents dépassèrent très nettement cette moyenne. Sur l'île de Groix, on mesura 162 km/h, à Paris-Montsouris, 169 km/h, à Orly, 173 km/h. La zone de vents les plus violents comprenait une bande d'une largueur de 150 km environ qui était située à proximité immédiate de la dépression; son trajet suivait l'axe suivant: pointe de la Bretagne, sud de la Normandie, Île-de-France, Champagne-Ardennes, Lorraine, Alsace.

Une deuxième dépression, se déplaçant aussi à une vitesse proche de 100 km/h, traversa le pays de l'après-midi du 27 décembre au petit matin du 28. À 16h00, sur la pointe sud de la Bretagne, le baromètre affichait 965 hPa. La trajectoire de la dépression suivit cet axe: Nantes, Romorantin, Dijon, l'Alsace. Des vents exceptionnellement violents furent relevés: 198 km/h sur l'île d'Oléron! Le sud de la France fut également touché. La tempête engendra des dégâts considérables dans les forêts qu'elle traversa. Les arbres furent cassés ou déracinés. L'industrie du bois se trouva subitement devant une masse de matériel impossible à écouler totalement.

C- Les inondations du sud.

Dans le sud de la France, on trouve également un phénomène naturel dévastateur, mais celui-ci n'a rien d'exceptionnel car il est lié à une particularité géographique. En effet, les départements de l'Ardèche, du Gard, de l'Hérault, de la Lozère, de l'Aveyron et de l'Aude disposent d'une barrière montagneuse qui, en automne, retient les masses d'air très humides du Golfe du Lion. L'air étant très saturé et chaud, les montagnes étant plus froide, la condensation est très violente. On parle alors d'**épisode cévenol** (ou méditerranéen). Des pluies torrentielles s'abattent sur ces département durant un ou plusieurs jours, surtout entre septembre et début novembre, même si en mars et avril ce phénomène peut se produire. Récemment, des épisodes cévenols ont eu lieu en 1999, 2002, 2003, 2005, 2010, 2011, 2014, 2015 et 2018. Ils sont particulièrement dévastateurs du fait de la localisation des habitations en fond de vallée. Par exemple, Sommière, petite ville du Gard située au pied du Vidourle, est systématiquement inondée car les eaux dévalent les pentes alentour et finissent, immanquablement, par converger vers ce point bas.

En octobre 2018, c'est dans l'Aude que les inondations furent les plus meurtrières. Cet épisode méditerranéen fut rendu plus virulent par la présence d'une tempête sur la Catalogne qui fit remonter de grosses masses d'air doux très humide. Au même moment, une masse d'air froid descendait sur le Golfe de Gascogne. L'air doux fut alors stoppé par la Montagne Noire et des quantités impressionnantes d'eau tombèrent sur la région, dans la nuit du 14 au 15 novembre. On enregistra 296 mm de pluie, en 8 heures, à la station de Trèbes (c'est ce qui tombe en 6 mois sur la région parisienne). Au matin du 15 octobre, l'Orbiel, le Fresquel, le Trapel et l'Orbieu firent monter considérablement le niveau de l'Aude. Ce fleuve côtier passa d'une hauteur de 39 cm, vers minuit, à 7,66 mètres, vers 8 heures. Le préfet de l'Aude déclencha alors le plan Orsec à 2 heures du matin. Les services de secours évacuèrent totalement le village de Pezens, un camping à Narbonne-plage et le quartier de l'Estagnol, à Cuxac-d'Aude. Quoi qu'il en soit, il y eut 15 morts, principalement des personnes âgées, et 99 blessés. Environ 19.000 maisons et 5700 voitures furent endommagées; quatre ponts routiers furent détruits et cinq autres sérieusement abîmés. De nombreux bâtiments publics furent touchés dont 17 collèges, l'hôpital de Carcassonne, une dizaine de stations d'épuration, le barrage de la Cavayère. Ce phénomène tellement courant et, donc, prévisible a mené à cette catastrophe qui pose un problème simple: doit-on continuer à vivre dans des agglomérations historiques qui sont situées, depuis le début de leur existence, dans des zones inondables?

Leçon 2: Les espaces ultramarins.
A- Les ouragans du Golfe du Mexique.

Dans les espaces ultramarins, la météo n'est guère plus facile. Le Golfe du Mexique, par exemple, subit, chaque année, de nombreux cyclones, de juin à novembre. Les Antilles françaises se situent donc dans un endroit naturellement dangereux.

Le 30 août 2017, le **cyclone Irma** se forme au large de l'Afrique. Son ampleur est incroyable: les vents atteignent au moins 287 km/h, il est le premier cyclone de l'histoire récente à rester classé en catégorie 5 de l'échelle de Saffir-Simpson pendant trois jours, son diamètre est de 500 km²! Les habitants de l'île de Saint-Martin se préparent alors à l'affronter. Les maisons sont barricadées; les habitants se réfugient dans les salles de bain (la pièce la plus sécurisée car il n'y a pas de fenêtres). D'autres préfèrent quitter l'île. Des avions militaires et des bateaux sont affrétés pour emmener les enfants ailleurs. D'autres encore décident de prendre la mer avec leur bateau pour rejoindre le Venezuela ou les Grenadines. On estime que 15 à 16.000 personnes purent fuir. Faisant face à un ouragan inédit, les propriétaires de bateaux les éloignent du quai, avec 3 amarres à l'avant et 3, à l'arrière. En mer, ils sont amarrés sur plusieurs bouées. Les voiles sont retirées, les bômes et les drisses, attachées. Cependant, durant 6 heures, au matin du 6 septembre 2017, Irma détruit presque tout sur son passage, à terre comme en mer. À 8 heures, le calme revient.

Dégâts sur la partie néerlandaise de l'île de Saint-Martin,
au lendemain du passage de l'ouragan Irma, le 6 septembre 2017.
http://scd.rfi.fr/sites/filesrfi/imagecache/rfi_16x9_1024_578/sites/images.rfi.fr/files/
aef_image/2017-09-07t115516z_1348995615_rc123dca8ef0_rtrmadp_3_storm-irma-
saint-martin-damage_0.jpg.

Habiter en front de mer est toujours dangereux. Même si la partie néerlandaise de l'île fut moins endommagée, la combinaison des vagues et du vent (les rafales dépassaient 300 km/h) vous montre que les toits n'ont pas tous résisté alors que ces bâtiments sont tous construits en dur. Côté français, 85% des maisons sont détruites ou endommagées et 10.000 personnes, soit 65% de la population, sont déclarées sans toit. Le préfet de la Guadeloupe annonce alors que 60 à 70% des habitations sont touchées tandis que le président du Conseil territorial déclare que 95% de l'île est détruite. Le 8 septembre, le ministre de l'Intérieur annonce que le bilan est désormais de neuf morts, sept disparus et 112 blessés dans toutes les Antilles françaises; le lendemain, ce total est porté à dix morts, sept disparus et 247 blessés. Cette fois-ci, c'est l'activité économique qui a conduit les populations a habiter si près de l'eau. Saint-Martin est une île qui ne vit que du tourisme balnéaire. Toutes les constructions touristiques visent à rapprocher le consommateur de rêves de l'objet même de ses rêves: l'eau transparente des mers tropicales. Il faut maintenant se demander s'il est raisonnable de mettre les hôtels aussi près de la côte alors que l'on pourrait très bien les localiser un peu plus en hauteur, dans des endroits plus abrités, tout en conservant une accessibilité à la plage par des routes bien dessinées.

B- Des volcans en activité.

Sur l'île de la Réunion, c'est une autre particularité naturelle qui rend la vie difficile aux habitants: le **Piton de la Fournaise**, un volcan qui culmine à 2632 mètres d'altitude. Le Piton de la Fournaise compte parmi les volcans les plus actifs de la planète; par la fréquence des nouvelles éruptions (en moyenne, une tous les neuf mois, au cours des dix dernières années), il tient probablement le premier rang mondial. Comme les volcans d'Hawaï, c'est un volcan de point chaud qui est alimenté par des remontées de roches magmatiques venues du manteau.

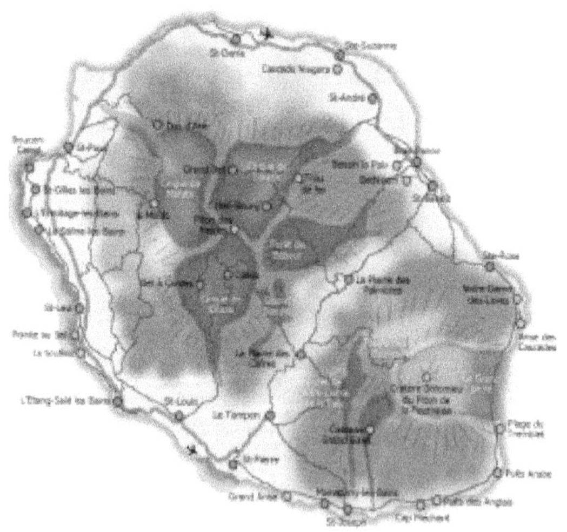

l'île de la Réunion, avec, en bas à droite,
le Piton de la Fournaise et son cône qui montre
vers où se dirige les coulées (la plage du Tremblet)
https://www.partirou.com/france/la-reunion/images/s/carte-la-reunion.png

La fréquence des éruptions et l'abondance des coulées renouvellent sans cesse la physionomie du volcan qui reste principalement gris et minéral. Cependant, dès que les laves sont complètement refroidies, la colonisation végétale se met en œuvre. Les lichens, puis les fougères s'installent; le bas de cet espace laisse apparaître des arbustes alors que le haut, continuellement agressé par les gaz, la chaleur et les écoulements de lave, est totalement minéral. La route nationale 2, qui traverse la partie basse du Grand Brûlé (écrit en vert sur la carte) constitue le seul équipement présent. Les zones occupées en permanence sont constituées de Bois-Blanc, de Piton Sainte-Rose, de Tremblet et de Takamaka. Le paysage est composé de forêts, de champs de canne à sucre et de plantations de palmistes.

Les coulées suivent toujours la pente, ce qui indique à l'homme les endroits à éviter.

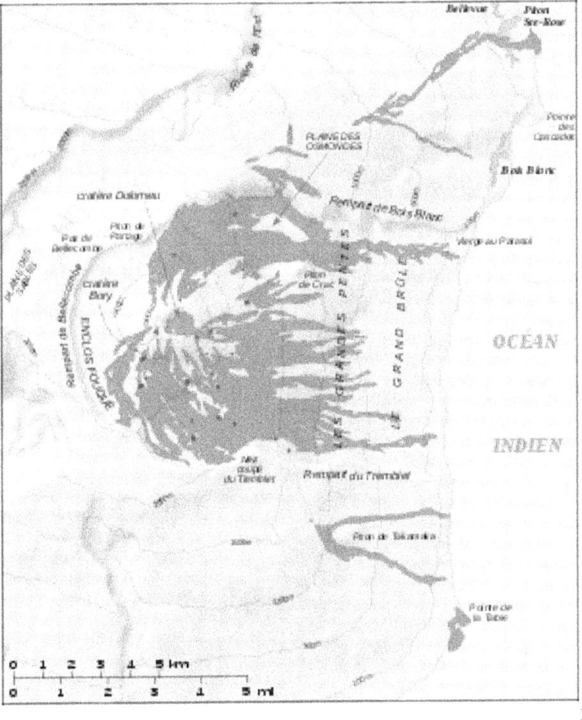

Carte des coulées de lave émises lors des éruptions de 1972 à 2000.

---

1. https://commons.wikimedia.org/wiki/

File:Piton_Fournaise_1972-2000_eruptions-fr.svg?uselang=fr

On voit bien ici que la proximité du dôme est extrêmement dangereuse, alors que le sud, le nord et l'ouest ne sont pas concernés par les coulées de lave. Les éruptions effusives semblent moins dangereuses mais les émissions de soufre entraînent, très souvent, des complications respiratoires qui doivent conduire les asthmatiques à ne surtout pas habiter dans cet endroit (ni sur toute l'île). Par ailleurs, il arrive tout de même que la lave atteigne des zones habitées: en 1977, une partie du village de Piton Sainte-Rose fut détruite. De plus, des effondrements de la chambre magmatique peuvent induire des explosions qui projettent des roches et des cendres assez loin.

La grande éruption de 2007 a connu une rare intensité. La fissure apparue à basse altitude a émis de hautes fontaines de lave qui ont déversé de grandes quantités de lave en fusion dans l'océan. Les habitants du village du Tremblet ont dû affronter les pluies de cendres et de petites pierres, le souffre, les vapeurs acides et des incendies de forêt. Les éruptions suivantes furent beaucoup plus discrètes. Quoi qu'il en soit, la présence d'habitations à proximité d'un volcan est toujours une mauvaise idée. Même si les volcans effusifs sont beaucoup moins dangereux que les volcans explosifs, le chemin emprunté par la lave n'est pas sûr à 100%.

Leçon 3: Les actions d'aménagement.
A- Produire de la neige?

Le réchauffement climatique est un gros problème économique pour les stations de ski. Dans les Alpes du nord, par exemple, ce sont les sports d'hiver qui ont accompagné, depuis les années 1960, la reconversion agricole et industrielle des zones de montagne. Il n'y a donc plus, pour ainsi dire, que cette activité touristique pour donner du travail aux habitants de cette région. Ainsi, entre 1880 et 2012, les températures moyennes, dans les Alpes, ont augmenté de plus de 2°C. Cette tendance s'accélère et se renforce. Elle annonce, d'ici la seconde moitié du 21ème siècle, une modification sensible des conditions d'enneigement et de l'altitude permettant la viabilité de l'exploitation des domaines skiables. En haute montagne, dès à présent, le recul des glaciers remet en cause la pratique du ski d'été et même l'alpinisme, du fait de roches plus instables qui retiennent moins bien les pitons où l'on fixe les cordes.

Le recours à la neige artificielle semble devenir une obligation pour pouvoir maintenir ouvertes les stations pendant une période permettant la viabilité économique de l'activité. Aux Deux Alpes, par exemple, on pouvait skier 228 jours par an (dont 71 en été) grâce au glacier du mont de Lans; à l'automne 2017, afin de pouvoir ouvrir pendant autant de temps, les gestionnaires de la station ont procédé à l'installation de six canons à neige situés entre 3 200 et 3 300 m d'altitude, ce qui permet même, parfois, de produire de la neige, la nuit, en période estivale. La majorité des opérateurs savent que les enneigeurs seront utilisés, et rentabilisés, dans des stations situées à plus de 1600 m d'altitude (la température baisse en altitude, ce qui garantit plus de nuits à 0° C). Initialement destinée à compenser des manques ponctuels, la neige de culture est, en 2018, généralisée, avec un taux d'équipement des stations de 32 % (contre près de 70 % en

Autriche ou en Italie, mais sur des domaines moins élevés). Ainsi, la station des Gets (1 500 m d'altitude moyenne) s'est équipée de 161 canons à neige, couvrant 63 hectares, soit 35 % du domaine. Onze pistes sur 64, soit 17 %, sont entièrement équipées. Cependant, la production de neige a requis, en 2014/2015, un volume d'eau de près de trois fois supérieur à la capacité de stockage existante; il faudra donc creuser de nouvelles retenues collinaires pour pouvoir alimenter, à bon compte, les enneigeurs.

Le développement des activités d'été n'est pas forcément un bon calcul économique. Ainsi À Tignes, le complexe aquatique du Lagon connaît une stagnation de son chiffre d'affaires. Les investissements pour les centres aquatiques, les patinoires, les pistes de luge d'été sont conséquents, alors que la fréquentation n'est pas forcément au rendez-vous. On trouve, cependant, le cas très particulier de Chamonix. Cette ville, touristique depuis la fin du 19ème siècle, et très accessible, par le train, toute l'année, déploie son activité sur les deux saisons. La progression du chiffre d'affaires des remontées mécaniques enregistrée entre les exercices 2014-2015 et 2015-2016 y est même plus soutenue en été (+16,3 %) qu'en hiver (+ 5,7 %). Il faut dire que l'alpinisme d'été est très développé (il serait très difficile et dangereux de pratique ce sport en hiver). Quoi qu'il en soit, en France, les stations de moyenne montagne sont en sursis; seules les sites de haute montagne pourront conserver une activité de sports d'hiver.

B- Les littoraux très fragiles.

Les littoraux métropolitains sont de plus en plus menacés par l'agressivité des mers qui ne cessent de monter. Si l'érosion des côtes n'est pas un phénomène nouveau, il semblerait que le processus s'accélère. On a calculé que sur l'aire qui s'étend du Cap d'Antifer au Tréport, entre 1966 et 2008, le recul moyen du haut des falaises de craie fut de 15 cm par an. Cette moyenne cache de grandes disparités car dans certains endroits, où la craie est moins dure, on a relevé une érosion de 80 cm par an.

La montée des eaux n'est pas le seul facteur à mettre en cause. L'activité humaine a également aggravé ce processus naturel. Sur la côte normande, l'exploitation des «galets de mer» a fragilisé le milieu. A partir de 1950, environ, cette activité s'industrialise. Pour la période qui s'étend de 1946 à 1970, la Direction départementale de l'équipement de Dieppe chiffre le volume de galets extraits de manière officielle à 415.000 m^3 entre Fécamp et Le Tréport. En réalité, les extractions ont été supérieures aux volumes autorisés. À partir de 1972, les prélèvements furent restreints et surveillés; l'arrêt définitif des extractions sur les plages de Haute-Normandie et de Picardie eut lieu en 1984. Depuis le début du 20ème siècle, sur un cordon qui comptait, initialement, 6 millions de m^3 de galets situés entre le cap d'Antifer et Le Tréport, 3 millions de m^3 auraient été prélevés. Ce cordon, localisé en haut des plages, constituait une barrière naturelle face à l'assaut des vagues, notamment lors des tempêtes. Avec la diminution du stock de galets, les vagues ne rencontrent plus ce frein; elles frappent alors directement les falaises de craie.

Les politiques de protection ont donc visé, en France métropolitaine, à construire des ouvrages de protection en dur, tels que des murs ou des enrochements. Ils sont censés assurer une protection efficace pour les constructions, mais ils déstabilisent l'environnement, tout comme les épis et les brise-lames. En effet, les obstacles perpendiculaires ou obliques (par rapport au rivage), destinés à freiner la dérive littorale et à l'obliger à déposer une partie de sa charge, sont capables de diminuer, voire d'arrêter l'érosion, mais ils l'aggravent dans le secteur adjacent qui reçoit alors moins de sédiments. Dans cet ordre d'idée, la vieille digue de Sangatte (qui remonte à 1598) vient d'être surélevée. La digue est, aujourd'hui, plus haute de près d'un mètre par endroits. Elle culmine à 8,50 mètres; elle est censée pouvoir lutter plus efficacement contre les tempêtes. Certaines municipalités ont la main moins lourde. Ainsi, à Sète et Frontignan, le sable est repris en mer et remis sur les plages, chaque fin d'hiver.

Récemment, une expérience originale a été menée sur l'île de Ré. Les vieux sapins de Noël ont été déposés sur les dunes du Bois-Plage. En partenariat avec l'Office national des forêts, les sapins ont été placés sur le haut des dunes. Un an plus tard, au Gros-Jonc, par exemple, on ne peut plus distinguer les cimes desséchées des sapins car le sable s'y est accumulé. Selon les sites, la pose des vieux sapins n'est pas identique. Elle se fait soit en haut de dune, soit au pied: c'est le sens du vent dominant qui détermine leur localisation.

C- Protéger et développer les mangroves.

Dans les espaces ultramarins, un végétal vivant remplit la même fonction de protection du littoral: le **palétuvier rouge**.

Un paysage de mangrove composé de palétuviers rouges.
https://commons.wikimedia.org/wiki/File:Palétuvier_rouge.JPG?uselang=fr

C'est un arbuste ou petit arbre (de 3 à 8 m) qui dispose de racines-échasses (en gris sur la photo). Il pousse naturellement dans le Golfe du Mexique et en Afrique occidentale. Il vit dans des environnements salins et supporte bien la submersion. De tous les palétuviers (une soixantaine d'espèces), c'est celui qui supporte le mieux les fortes concentrations de sel. En fait, il rejette l'excès de sel par ses feuilles (les vieilles feuilles très salées tombent) alors que d'autres genres de palétuviers (palétuviers blancs et noirs) filtrent l'eau de mer. Tous ces palétuviers forment la mangrove. Ces mangroves rendent des services importants: elles stabilisent les marges côtières et permettent de lutter contre l'érosion, elles

---

1. https://commons.wikimedia.org/wiki/File:Palétuvier_rouge.JPG?uselang=fr

retiennent les sédiments les plus fins et, donc, limitent l'envasement des baies, elles fixent les polluants dans les sédiments qu'elles retiennent, elles permettent la reproduction des poissons, elles maintiennent les micros climats. Ce sont aussi d'excellentes ressources forestières. En outre-mer, on trouve des mangroves en Guyane (70.000 hectares), en Nouvelle-Calédonie (25.884 ha), en Guadeloupe (3983 ha), en Martinique (moins de 2000 ha), à Mayotte (735 ha), à Wallis et Futuna (20 ha), en Polynésie française (un peu plus de 4 ha). À l'image de ce que l'on observe à l'échelle mondiale, les mangroves d'Outre-mer sont particulièrement menacées par le mitage dont elles font l'objet: construction d'autoroutes, élargissement des voies de circulation, construction de zones artisanales et industrielles, de logements, etc. Depuis le tsunami du 26 décembre 2004, à Mayotte, de nombreuses associations œuvrent pour replanter les mangroves.

En Guadeloupe, depuis juin 2016, Cáyoli, le programme environnemental de Guadeloupe Port Caraïbe, s'occupe de la reconquête des milieux naturels sur le long terme. Après avoir créé une formation d'ouvrier littoral, l'association s'est engagée, aux côtés du Port, à mettre en place une pépinière de palétuviers en employant des salariés en insertion. Les jeunes palétuviers sont transplantés dans les zones de mangroves les plus abîmées. Jarry, Pointe à Pitre, Port-Louis et les îlots du Petit cul-de-sac Marin seront ainsi réhabilités. Ces sites ont été choisi en concertation avec le Conservatoire du littoral, l'ONF et le Grand Port Maritime de Guadeloupe. Des travaux de réhabilitation de l'hydrologie sont également prévus, avec notamment des curages et des remises en circulation de l'eau et la réouverture des mangroves fermées sur la mer. Ainsi, les Français commencent à comprendre que ce sont les végétaux qui sont les remparts les plus efficaces contre l'érosion accélérée des côtes. Il ne faut pas pour autant abandonner toutes les politiques visant à inverser le cycle de réchauffement des climats.

Exercice de réflexion:

Que conseilleriez-vous aux personnes qui habitent dans cet endroit?
(15 lignes).

Carcassonne, les berges du quai Bellevue le 15 octobre 2018 à 9h34
du matin.

https://commons.wikimedia.org/wiki/
File:Aude_-_Inondations_octobre_2018_à_Carcassonne_03.jpg?uselang=fr

*Quelle idée d'habiter près de l'eau! L'atmosphère est constamment
saturée d'humidité, ce qui entraîne une prolifération de ces moisissures
tellement dangereuses pour la respiration. De plus, on sait très bien
qu'une grosse pluie peut très bien faire déborder le cours d'eau et
entraîner de graves inondations; pourquoi donc mettre son habitation
en danger? À Carcassonne, une partie de la ville, celle qui est entourée*

---

2. https://commons.wikimedia.org/wiki/

File:Aude_-_Inondations_octobre_2018_à_Carcassonne_03.jpg?uselang=fr par les remparts romains, est située en hauteur. Une autre partie est construite dans la plaine. C'est le cas ici. Sachant que les inondations sont monnaie courante, on ne peut pas conseiller à ces personnes de rester dans leur logement. La situation est trop dangereuse et coûteuse pour les assurances. Les maisons anciennes de cette nature doivent être expropriées. C'est une solution efficace, définitive (le terrain sera ensuite déclaré inconstructible car situé en zone inondable) et qui permet aux propriétaires de recevoir une indemnité. Dans certaines régions de France, en zone inondable, on autorise la reconstruction des maisons si les nouvelles sont mises sur pilotis. Cela peut être une très mauvaise idée car on n'est jamais certain de la hauteur d'une crue. En revanche, la carte topographique d'un endroit, celle qui montre les reliefs, les altitudes et, surtout, les vallées qui permettent à l'eau de s'évacuer, est d'une grande utilité pour déterminer la localisation des habitats. Dans cette ville, de toute manière, le seul endroit sûr se situe à l'intérieur des remparts.

Thème 2: Territoires, populations et développement: quels défis?

Séquence 15: Un monde mal peuplé.

Densités de population dans le monde.
https://upload.wikimedia.org/wikipedia/commons/thumb/4/49/
World_population_density_1994_-_with_equator.png/
450px-World_population_density_1994_-_with_equator.png

Un simple coup d'œil sur la répartition de la population dans le monde suffit à montrer l'extrême inégalité de celle-ci. Si les zones en rose sont les endroits les plus peuplés, les endroits laissés en gris montrent des densités très faibles. Force est de constater que pour expliquer ce phénomène il y a une forte liaison entre la géographie et l'histoire.

---

1. https://en.wikipedia.org/wiki/

File:World_population_density_1994_-_with_equator.png

Leçon 1: Les espaces vides.
A- Les déserts chauds.

Certains de ces espaces en gris sont des déserts chauds. Ils couvrent à peu près 20% de la superficie de la Terre. Ils se localisent principalement le long des tropiques. 15 à 25% de ces déserts sont couverts de dunes de sables, le reste est donc composé de paysages de pierres. Le désert chaud semblerait être, par nature, l'espace le plus désert de la planète, le moins modifié par l'homme et, donc, le moins développé (encore faut-il savoir ce que l'on entend par développé). C'est vrai, mais cela ne veut pas dire qu'il ne soit pas un peu habité ou, tu du moins, traversé par l'espèce humaine. D'ailleurs, grâce à des documents archéologiques, on se rend compte que des humains ont utilisé ces déserts depuis des millénaires. Sachant qu'il pleut parfois un peu, quelques animaux peuvent y vivre, ce qui n'a pas manqué d'attirer des chasseurs. Par la suite, et toujours aujourd'hui, des populations ont fait paître leurs chameaux, leurs moutons et leurs chèvres, en suivant les rares pluies et la maigre végétation qui en découle. C'est le monde du nomadisme à grande échelle qui ne peut supporter que de très faibles densités de population. On ne peut d'ailleurs pas parler d'habitat permanent. Les pasteurs habitent sur les marges du désert et s'y rendent lorsque les pluies adviennent.

L'eau souterraine peut parfois donner naissance à une oasis, à une implantation humaine presque permanente. C'est rare aujourd'hui car les quelques nappes phréatiques ont souvent été surexploitées (comme dans le sud de la Libye). L'arbre miraculeux qui y vit est le palmier dattier. Il est très résistant à la sécheresse et à l'irradiation solaire; il produit des dates sans aucun effort. Les oasis les plus sèches ne sont visitées que très occasionnellement; les rares visiteurs viennent planter de nouveaux palmiers et récolter des dattes. Lorsqu'il y a assez d'eau, l'implantation humaine laisse voir une centaine de familles y résidant toute l'année. Des richesses pétrolières peuvent donner aussi naissances à de petit regroupements humains permanents qui sont un grand danger écologique car il faut importer toute l'eau et toute la nourriture.

L'évolution récente de l'économie mondiale exerce une certaine influence sur les rares «utilisateurs» des déserts chauds. Ainsi, on continue à les traverser, non pas à dos de chameaux mais sur des voitures. Les touristes cherchant toujours à découvrir de nouveaux horizons, on voit désormais des pasteurs, comme en Namibie (sud-ouest de l'Afrique), délaisser leurs bêtes pour promener des Européens et Américains avides de découverte. On aura tout de même compris que ces espaces sont d'une telle fragilité et agressivité que leur mise en valeur ne peut pas être un objectif raisonnable. Il est fort à parier même que le réchauffement climatique les rendra encore plus chauds et invivables en été.

B- Les déserts froids.

Les déserts froids doivent également rester des déserts démographiques pour le bien de l'humanité et de la planète.

Un paysage typique du Taklamakan.

https://commons.wikimedia.org/wiki/File:Taklamakan-d36.jpg?uselang=fr,

Le désert du Taklamakan (dont vous pouvez voir un paysage typique sur la photo) se trouve dans la région autonome du Xinjiang en République populaire de Chine. Le climat y est continental. Il se caractérise par des précipitations extrêmement faibles, allant de 38 mm par an, à l'ouest, à seulement 10 mm par an, à l'est. Les températures estivales peuvent atteindre 38° C; les hivers y sont assez froids, avec une moyenne de -9 à -10° C en janvier. Presque intégralement composé de sable en mouvement, le désert n'abrite pas plus de végétation que sur la photo. Quelques cours d'eau qui descendent des montagnes sont bordés par de rares peupliers. La faune n'est pas très fournie même si l'on peut, parfois, voir des chameaux de Bactriane et des ânes d'Asie. L'extrême aridité de la région n'a jamais incité les populations à essayer de la mettre en valeur, même le long des rares fleuves. En fait, la grande amplitude

---

1. https://commons.wikimedia.org/wiki/File:Taklamakan-d36.jpg?uselang=fr

thermique contrarie le cycle végétatif de presque toutes les plantes; même les graminées poussent mal, ce qui est un frein pour l'élevage.

Quoi qu'il en soit, du fait de l'existence de la route de la soie, ce désert a reçu un peuplement permanent dans les villes oasis de Gaochang, Tuyoq et Tourfan. Le gouvernement central chinois voulant siniser la totalité de son territoire, par peur des rébellions des minorités ethniques, encourage l'immigration de populations Han (celles qui son majoritaire en Chine et qui parlent donc des dialectes chinois). Dans la région, les très rares populations parlent des langues influencées par le turc. Du fait de cette arrivée de population, de la mauvaise gestion de l'eau, de la destruction de la fragile couverture végétale, de l'absence de connaissances en agriculture, ce désert ne cesse de gagner du terrain; il aurait gagné 9.000 km^2 au cours du 20ème siècle. Cela prouve que l'humanité est trop inconséquente et prédatrice pour pouvoir développer ce genre d'espace très fragile. L'homme n'a pas sa place dans les déserts car il ne sait pas gérer l'eau.

C- Les hautes montagnes.

En revanche, les hautes montagnes, qui sont des espaces délaissés par les humains, peuvent accueillir plus de personnes qu'actuellement. Ce sont bien les hautes montagnes qui découragent les implantations humaines, par les altitudes plus basses. En effet, vers 1990 déjà, plus de 15% de la population mondiale (800 millions de personnes) vivait à 1000 mètres d'altitude.

En Europe, les hautes altitudes (au-dessus de 3000 mètres) sont difficiles à trouver. Il faut se tourner vers les Alpes. La conquête de ses sommets remonte au 19ème siècle, avec le début de l'alpinisme. Il fallut même attendre le début du 20ème siècle pour voir des habitats apparaître; il s'agissait de refuges qui parsemaient le Mont Blanc. La majorité des touristes se blottissaient en fond de vallée, à Chamonix. Il se promenaient, patinaient, skiaient un peu; quelques courageux prenaient des cordes, des crampons et affrontaient la montée. Aujourd'hui, il y a un habitat permanent en haut de l'aiguille du midi, par exemple, mais les densités sont dérisoires. Cependant, il s'agit tout de même d'une mise en valeur de la la haute montagne qui permet de faire vivre une partie de la population de Chamonix.

En Asie, il y a beaucoup plus de sommets qui dépassent 3000 mètres. Le toit du monde, le plateau tibétain, se situe d'ailleurs, en moyenne, à 4500 mètres d'altitude, ce qui n'est pas sans poser des problèmes de santé à ses habitants. Les conditions climatiques sont assez difficiles à supporter: l'hiver, à cette altitude-là, il n'est pas rare d'avoir des températures qui baissent jusqu'à -30/-40° C. Traditionnellement, peu de personnes vivaient dans ces conditions. On trouvait quelques populations nomades qui, suivant les saisons, allaient faire paître leurs yacks dans les alpages. L'occupation du plateau tibétain est d'ailleurs assez récente: l'archéologie ne montre pas grand-chose avant le 7ème siècle de notre ère. Aujourd'hui encore, les densités de population sont faibles et c'est encore le tourisme (l'alpinisme) qui anime un peu les hauteurs de l'Asie Centrale.

En revanche, en Amérique du sud, c'est la fièvre de l'or qui a donné naissance à un habitat permanent en haute altitude. Ainsi, au Pérou, la ville de La Rinconada est l'implantation humaine la plus élevée du monde (5100 m d'altitude).

La Rinconada, Pérou, ville la plus haute du monde.
https://commons.wikimedia.org/wiki/File:La_Rinconada_Peru.jpg

Le climat n'est pas des plus faciles à vivre. Il n'y a ni été, ni hiver, juste une seule saison froide qui dure toute l'année: la nuit il fait -10° C, la journée il fait 10° C. C'est l'augmentation de 235% du prix de l'or, entre 2001 et 2009, qui a entraîné une forte augmentation de la population. Cependant, il faut se méfier des statistiques péruviennes car elles sont très fantaisistes. Depuis 2009, il y aurait donc une population d'environ 30.000 personnes, ce qui est très important pour une ville aussi élevée. Si la route qui mène à cet endroit est d'assez bonne qualité (la majorités des tronçons sont recouverts d'asphalte), on ne peut pas dire que les préoccupations

---

1. https://commons.wikimedia.org/wiki/File:La_Rinconada_Peru.jpg

environnementales soient une priorité: les mineurs usent et abusent du mercure pour dissoudre l'or qu'ils extraient. De plus, les eaux qui contiennent ce métal sont rejetées directement dans la nature. On peut conseiller une activité minière pour développer un endroit, il ne faut pas, pour autant, et comme d'habitude, mettre le milieu et la population en danger.

Leçon 2: Les espaces peuplés.
A- L'Europe du Nord.

La carte vue au début du chapitre montre que l'Europe fait partie des espaces peuplés (espaces en rouge et en orange). Il existe néanmoins des nuances. Ainsi, la France (114 habitants au km²), le Portugal (116 h/km²), l'Espagne (93 h/km²) et la Grèce (86 h/km²) font partie des espaces moyennement peuplés. Cet état s'explique par une colonisation par l'homme relativement récente. En fait, la véritable mise en valeur du territoire par l'homme date du néolithique (de -6000 à -3000). Au cours des siècles, l'homme moderne s'est localisé près des cours d'eau et a cultivé les terrains les plus proches de cette source d'eau. Le relief a été un formidable frein à la colonisation et à l'augmentation générale de la population. L'agriculture et l'élevage traditionnels ne permettant pas de dégager des surplus très importants, la population a finalement stagné pendant des siècles. Il faudra attendre les grands défrichements du Moyen-Âge pour libérer assez de terres et permettre à la population de croître. Cependant, les techniques agricoles ne permirent pas d'accélérer le processus. Par la suite, c'est la faiblesse relative de l'économie qui a bridé la démographie. Même en France, où la révolution industrielle a indubitablement enrichi la population, une certaine vision **malthusienne** du monde (contrôle des naissances) a limité singulièrement la croissance démographique. La religion, la culture, les incitations fiscales, les aides directes de l'État n'arrivent que très imparfaitement à faire croire aux gens que le futur pourra faire vivre leurs enfants. Quoi qu'il en soit, dans ce vieux monde essoufflé, il y a tout de même une évolution spatiale: les zones très rurales terminent de se vider. L'exode rural de la fin du 19ème siècle, qui voyait des paysans pauvres venir en ville pour trouver du travail dans des usines, arrive au but ultime du processus, à savoir une totale disparition de l'homme de la campagne (sauf dans les périphéries des grandes villes). À ce titre, l'Estrémadure et l'Andalousie offrent de nombreux villages fantômes où la dernière crise économique couplée à d'énormes erreurs agricoles ont poussé les derniers habitants, non pas à émigrer mais à se rapprocher de zones urbaines (la génération des ni-ni, ni travail, ni diplômes, ne trouve pas d'emploi dans d'autres pays).

Le Royaume Uni (256 h/km²), la Belgique (348 h/km²), les Pays-bas (395 h/km²) et leurs fortes densités de population, se trouvent dans une situation différente. Bien sûr, la colonisation par l'homme s'est faite à la même époque, ou un peu plus tard; cependant, c'est la platitude du territoire qui a facilité la croissance démographique. L'eau étant, en outre, bien répartie, l'homme a pu coloniser ces terres d'une manière homogène. De plus, les fertilisants ont pu engendrer des surplus importants plus tôt que dans le reste de l'Europe. La révolution industrielle, dès la fin du 18ème siècle, couplée à une volonté tenace de faire du commerce pour s'enrichir, ont engendré une dynamique démographique et migratoire qui donne ces densités aujourd'hui. On est bien dans un monde différent: les espaces ruraux ne sont même pas abandonnés! L'agriculture scientifique des Néerlandais donne des tulipes et des tomates standardisées, du travail pour les paysans, un lieu pour vivre pour leurs enfants. Ici, la campagne est pleine!

B- Les États-Unis.

La colonisation des État-Unis est beaucoup plus récente. Avant l'arrivée des Européens, il y avait quelques tribus amérindiennes qui utilisaient ce territoire, mais les densités étaient dérisoires. Dès le début du 17ème siècle, la colonisation s'effectue à partir de l'est. Les premiers navires débarquent dans le nord-est et, malgré une grande opposition religieuse, maintiennent des relations commerciales fortes avec l'Angleterre. L'histoire de ce pays n'est, d'ailleurs, qu'une conquête du sud et de l'ouest. Le sud est occupé d'une manière très coloniale; c'est *Autant en emporte le vent*: une main d'œuvre servile fait pousser, sur de grandes plantations, le coton et le tabac qui sera conditionné dans la métropole. Dans l'ouest, c'est beaucoup plus exotique, même s'il existe aussi une colonisation agricole (Las Vegas, fondée par les Mormons, suit ce type). Des hommes jeunes, cherchant fortune, se ruent, au milieu du 19ème siècle, dans les mines californiennes pour y trouver de l'or. Cet ouest américain a quelque chose de sulfureux. Des bourgades poussiéreuses, surtout composées de tentes, vivent dans l'agitation engendrée par la fièvre de l'or. Peu à peu, des constructions en bois remplacent les tentes. La rue principale arbore fièrement quelques commerces (l'épicerie, l'atelier du maréchal-ferrant, la banque); le saloon et ses vices défie la pureté de l'église. Par la suite, les populations arrivent par le chemin de fer. En 1869, Omaha (Nebraska) est reliée à Sacramento (Californie); en 1883, La Nouvelle-Orléans (Louisiane) est connectée à Los Angeles alors qu'une autre ligne joint Chicago à Seattle (État de Washington). La caractéristique de la répartition de la population américaine est donc présente dès la fin du 19ème siècle: les côtes est et ouest attirent les gens, la partie est se remplit peu à peu, la partie ouest est vide. Ce mouvement de peuplement historique continue aujourd'hui.

Cependant, un autre processus est entré en action: l'**héliotropisme**, la recherche du soleil. De 1960 à 1980, tous les États du sud (**Sun Belt**) ont vu leur population augmenter notablement. Cette dynamique spatiale repose en partie sur les migrations de retraités cherchant un climat doux en hiver. La Floride est une caricature de ce processus. À Sun City (zone côtière de l'ouest de la Floride), par exemple, une sorte de marina positionnant de grosses maisons individuelles le long de bras d'eau, accueille uniquement des personnes âgées. Toute l'activité de cet espace résidentiel tourne autour du troisième âge. On trouve alors beaucoup d'hôpitaux et de cours de golfe. Les États du sud ont aussi attiré des entreprises et le capital qui va avec. Il y a, aujourd'hui une vraie dynamique entrepreneuriale qui engendre de nombreux emplois et accélère le processus. La proximité du Mexique apporte une main-d'œuvre émigrée bon marché (les entreprises américaines ne sont même plus obligées de se délocaliser au Mexique). Cette pression démographique pèse alors lourdement sur l'environnement. La Floride (qui est une milieu naturel très fragile et mis en danger par l'eau et les ouragans), surtout dans la région d'Orlando, voit les autorités et des personnes privées passer des accords ayant pour but de créer et multiplier les zones qui ne doivent pas être urbanisées.

C- L'Asie du sud-est.

L'Asie du sud-est est une région qui montre un peuplement très inégal. Il y a deux siècles, cet endroit était recouvert de forêts denses et de marécages; la monotonie du paysage était rompues par des villes historiques assez peuplées. Les 19ème et 20ème siècles ont vu une explosion démographique dans la région. La population est passée de 30 millions d'habitants, en 1800, à 80 millions, en 1900, puis, 524 millions, en 2000. Quoi qu'il en soit, les densités de population restent bien en dessous de celles du Japon, de la Corée, du Bangladesh et de l'Inde. Comme aux États-Unis, on peut dire que la conquête du territoire par l'homme est récente. Néanmoins, elle ne s'est pas faite de la mème manière. Ici, c'est l'**accroissement naturel** de la population (différence entre les naissances et les morts), soutenu par un taux de natalité très dynamique, qui a pousser les gens à se répartir sur toute la surface de l'espace. Malgré des politiques volontaristes de déplacements de population (comme en Indonésie, en Malaisie et au Vietnam), on peut dire que le processus s'est fait d'une manière assez spontanée. La forêt a alors été défrichée pour laisser apparaître des champs cultivés. La classique ligne de frontière entre la plaine peuplée et la forêt totalement déserte a progressivement disparu pour donner naissance à un espace agricole beaucoup plus homogène, d'un point de vue de la démographie et de la répartition de l'habitat. Les provinces boisées, jugées hostiles, ont accueilli de nouvelles populations. En Thaïlande, par exemple, il y a eu un fort flux migratoire du sud vers les régions qui bordent la Birmanie, le Laos et le Cambodge. Les Vietnamiens, quant à eux, ont conquis les premiers contreforts des montagnes du nord (la culture en terrasse est très au point en Asie). Il reste néanmoins des endroits qui montrent une nette opposition entre une région peuplée et une autre totalement dépeuplée du fait d'un obstacle naturel. C'est le cas de la Birmanie, dont les montagnes boisées du nord restent désertes.

Aujourd'hui encore, la répartition de la population garde un caractère rural. En 2010, 58% des gens vivaient à la campagne. Cela s'explique aussi par la présence d'emplois «industriels» dans les zones rurales et, surtout, par une bien meilleure connexion entre la ville et la campagne. Les ruraux peuvent alors venir travailler en ville sans devoir y habiter. Quoi qu'il en soit, le processus d'urbanisation est engagé. La population urbaine est passée de 15,5%, en 1950, à 42%, en 2010. Les projections avancent, pour l'instant, un taux de 53% pour 2030, ce qui n'est pas un chiffre encore très élevé lorsqu'on le compare à l'Europe. La motivation est la même que partout ailleurs dans le monde: une meilleure éducation, la présence d'hôpitaux et un travail différent poussent les ruraux à s'implanter en ville. La dimension économique est un très fort motif d'évolution de la répartition de la population. En Malaisie, par exemple, la chute du secteur minier, entre 1980 et 2000, a vu une baisse considérable de la part de la population de l'État de Perak dans la population totale (elle est passée de 17,8 à 11%).

Leçon 3: Les endroits surpeuplés.
A- La Chine de l'est.

La même carte du début du chapitre montre des espaces en rose, lesquels sont véritablement surpeuplés. Il n'est pas surprenant d'en découvrir un en Chine, endroit qui est toujours, lui-même, le pays le plus peuplé au monde. Vous le voyez, sa population est répartie d'une manière très inégale: 94% des gens vivent sur 46% des terres. La densité moyenne est de 135 h/km²; elle cache de grandes disparités géographiques. Ainsi, les provinces de l'est sont largement plus peuplées: 712 h/km², dans le Jiangsu, 587 h/km², dans le Shangdong, 546 h/km², dans le Henan. Shanghai est la ville la plus densément peuplée (2.646 h/km²). Le contrôle des naissances a eu une grande efficacité: le taux de natalité s'est établi aux alentours de 1,18 enfant par foyer. Le taux est même plus bas dans les grandes villes dont Shanghai (il est inférieur à un enfant par foyer). C'est donc l'apport de populations extérieures (mais chinoises) qui explique la croissance du nord-est de la Chine.

Là encore, l'histoire du peuplement explique en grande partie ce phénomène: l'est de la Chine (pas seulement le nord-est) est très peuplé depuis des millénaires. Ce qui va déterminer, alors, la croissance encore plus importante d'une partie d'un espace déjà très développé, est un atout géographique supplémentaire. C'est toujours le même, d'ailleurs: une ouverture sur la mer avec une très bonne connexion à son arrière-pays, grâce à un fleuve. Aujourd'hui comme hier, même si cela vous paraît totalement démodé, les marchandises voyagent sur l'eau! On l'a déjà vu plus haut, pour Shanghai, l'arrière-pays et la mégalopole elle-même, sont des centres industriels d'une extrême importance. Le port voit alors arriver les matières premières et les produits semi-finis qui sont transformés (et assemblés) le long de ce fleuve industriel et dans son delta. Les marchandises sont alors redistribuées, grâce au port, dans le monde entier. Une fois le processus enclenché, sans intervention de l'État qui régule l'économie, il a tendance à s'accélérer par le simple processus d'accumulation du capital. En effet, les bénéfices dégagés se réinvestissent sur place. Pire, le monde entier voulant tirer les bénéfices de cette situation géographique qui génère autant de profits, décide d'investir son argent ici. Il y a alors une surcapitalisation des entreprises de la région qui sont poussées à grossir. D'autre les rejoignent pour bénéficier des mêmes avantages financiers et géographiques. La main d'œuvre continue à affluer et à s'installer dans la région. La densité de population ne cesse d'augmenter; les habitats, faute de place, deviennent verticaux (tours); il rétrécissent tandis que leur prix augmente. Surdéveloppement n'est pas développement: les espaces surpeuplés finissent par être contre-productifs. Ils génèrent de la pollution, de gros problèmes de circulation, du bruit et concentrent les dangers. Les usines sont des endroits dangereux; plus il y en a dans un endroit, plus les risques industriels (explosions, feux, accidents) augmentent. À ce niveau-là, il doit y avoir un rééquilibrage économique et spatial afin de rendre tous les espaces viables.

B- La mégalopole de Bos-Wash.

La situation de l'espace qui s'étend de Boston à Washington est sensiblement la même.

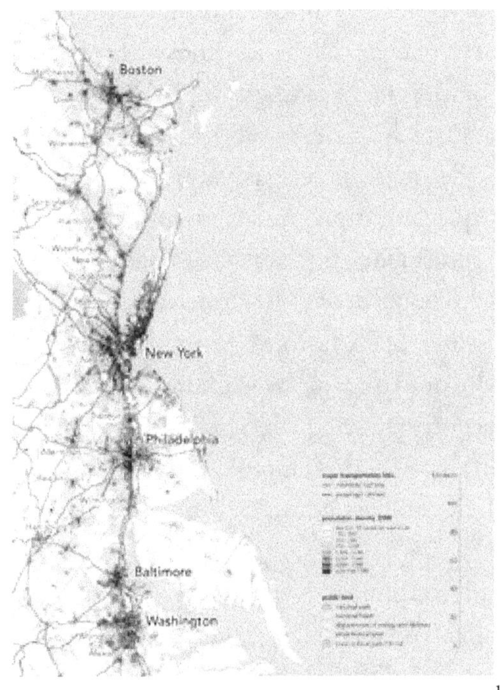

La mégalopole de Bos-Wash.
https://en.wikipedia.org/wiki/File:Boswash.png.

Vous le voyez, d'ailleurs, sur la carte: le découpage de la côte offre une série de baies et d'autres protections naturelles pour les navires. De plus, il y a un réseau de fleuves navigables (l'Hudson, le Delaware, le Connecticut) qui permettent de relier facilement les ports à l'arrière-pays. Cependant, c'est l'émigration étrangère qui explique toujours les fortes densités de population. Sur 23 millions d'Européens arrivés aux États-Unis entre 1880 et 1919, 17 millions

---

1. https://en.wikipedia.org/wiki/File:Boswash.png

environ ont débarqué à New York; la plupart y sont restés. Après la Seconde Guerre Mondiale, la population urbaine de New York diminue à cause de la suburbanisation. Le centre-ville délabré est délaissé par les classes moyennes qui préfèrent un pavillon de banlieue bien relié aux zones de travail grâce à un réseau routier neuf et bien entretenu. Au fil des années, la route principale finit par structurer l'espace en reliant les cinq villes (Boston, New-York, Philadelphie, Baltimore, Washington). La limite visuelle entre les villes disparaît. Dans les années 1980, les Américains appelaient ce genre d'endroit des métropoles galactiques car l'espace urbain, avec ses caractéristiques multipolaires, ressemblait à une galaxie qui n'aurait pas forcément un soleil visible comme centre. La juxtaposition de populations, de fonctions, de paysages rendait l'endroit peu lisible. Seuls la route et les parkings permettaient de faire comprendre que l'on avait bien affaire à un même espace urbain. La nature polycentrique se concrétisait, d'une manière assez subtile, dans la décentralisation de l'emploi: en clair, les **central business districts** (**C.B.D.**) et leurs gratte-ciels n'étaient pas les seuls espaces de bureaux.

Les Français continuent à appeler cet endroit *la mégalopole du nord-est*; d'autres préfèrent *la ville mondiale de New York*; personnellement, j'utilise l'expression Bos-Wash. Elle contient environ 50 millions d'habitants, ce qui fait 17% de la population américaine sur un espace représentant 2% de la surface totale du pays. La densité est de 390 h/km^2 (la moyenne de tous les États est de 31 h/km^2). Ce chiffre vous paraît faible car il inclut les endroits en jaune de la carte. En revanche, plus on se rapproche du centre de New York, plus les densités augmentent. Depuis les années 1920, le paysage typique de Manhattan est constitués de gratte-ciels. Tout le monde se souvient des silhouettes Art déco du Chrysler Building et de l'Empire State Building. 13% des emplois sont liés à la finance; ils génèrent 36% des profits. La spécialisation de la métropole dans les activités financières et de haute technologie permettent à la ville de dégager un PIB par habitant supérieur de plus de 25% à celui de la moyenne américaine (plus de 50.000 dollars par an et par habitant). Techniquement, cet espace pourrait encore se développer car il reste des espaces relativement vides. Il faut se demander toutefois si la coexistence, dans un même pays, de très fortes et de très faibles densités reflète une bonne gestion de l'espace.

C- L'Inde du nord-est.

L'Inde du nord-est, celle de la vallée du Gange, est une autre zone en rose foncé. Ici, comme dans la vallée du Nil, c'est l'eau du fleuve qui a entraîné la colonisation et le développement de tout l'espace. Dès le début du néolithique, les grandes vallées des zones tropicales permettent aux agriculteurs de produire de la nourriture toute l'année; ils peuvent se nourrir, ainsi que leurs bêtes, sans devoir affronter une période de repos végétatif et, donc, de pénurie. Au fil des millénaires, même les terres les moins cultivables finissent par être mise en valeur grâce à l'eau. Le surplus d'alimentation permet de faire augmenter les densités de population. La ressource (l'eau) ne disparaissant pas, aujourd'hui, les densités de populations rurales continuent à être élevées. La répartition internationale du travail (recherchant des salaires ouvriers toujours plus bas) a permis d'implanter des manufactures dans toute la vallée, surtout à Delhi. C'est l'exode rural lié à la dynamique démographique qui fournit la main d'œuvre.

Ainsi, la densité de population en Inde est passée de 117 h/km^2, en 1951, à 382 h/km^2, en 2011, ce qui fait beaucoup et sous-entend un taux de natalité très dynamique. Les États qui sont traversés par le Gange ont des densités qui oscillent entre 600 et 1000 h/km^2. Ils font partie des endroits du pays où la croissance démographique est la plus importante. Par exemple, L'Uttar Pradesh a une densité de 829 h/km^2. Les villes montrent des taux encore plus élevés. À ce titre, Delhi, l'endroit le plus densément peuplé d'Inde, affiche un taux de 11.320 h/km^2. Sachant que la qualité de l'eau, de l'air et de l'environnement s'est considérablement dégradée, on ne peut que constater qu'il n'y a pas de développement durable dans cet espace. On peut même se demander si la présence d'industries peu contrôlées et, donc, très polluantes et dangereuses n'incite pas tout le monde à refuser d'affronter ses responsabilités environnementales.

La répartition mondiale des ressources et du travail impose un partage des deux. On ne peut pas accepter qu'un endroit produise en polluant et qu'un autre consomme en encourageant la fuite de ses emplois. Les deux espaces, les deux populations, sont alors perdants.

Exercice de réflexion:

Qu'est-ce qui pourrait permettre de rééquilibrer la répartition de la population aux USA? (15 lignes).

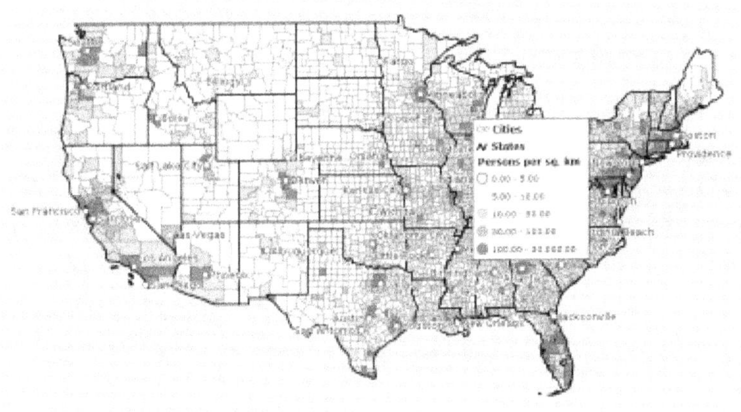

https://www.mapbusinessonline.com/Content/images/map_gallery/
usa-population-density.png

Si le 20ème siècle a vu les sociétés passives accepter l'aggravation des déséquilibres géographiques, les siècles suivants devront, consciemment et volontairement, planifier des solutions car nous n'avons qu'une planète, et elle est malade. Les États-Unis ne sont qu'un exemple, mais c'est un exemple facile à traiter. Ainsi, la première action structurante est la construction d'un réseau de transports efficace. Afin de limiter la pollution, la priorité doit être donnée aux chemins de fer. Il faut organiser ce territoire de la manière la plus géométrique possible: un grand quadrillé mettrait tout le monde à la même distance d'une gare.

Lorsque le solaire permettra de faire voyager des voitures sur de longues distances (800 km), on pourra aussi créer un réseau routier qui suivra la topographie du réseau ferré. Sachant que l'approvisionnement en eau est un énorme problème et qu'il détermine la viabilité des implantations humaines, il faudra réaliser un système d'approvisionnement dont la source sera située au nord-est (région des grands lacs). Les tubes amèneront alors l'eau douce dans tous les États. Les endroits pluvieux du sud-est donneront également une partie de leur eau aux États du centre et de l'ouest. Sachant que le marché n'organise que le désordre, le système de production (primaire, secondaire et tertiaire) serait réorganisé par les autorités en tenant compte des distances. Chaque unité de production devrait fournir son eau, sa nourriture et son énergie, c'est le minimum. Après, pour des biens plus sophistiqués, on peut concentrer la production. Cependant, il faut distribuer équitablement les unités de production sur tout le territoire pour fournir du travail à tout le monde. Les services publics (écoles, hôpitaux, sécurité) seraient, eux-aussi, équitablement répartis sur le territoire. Ainsi, lorsque le mouvement spontané des sociétés produit des déséquilibres, c'est à l'organisation politique de faire contrepoids et d'agir.

Séquence 16: Démographie, distorsions spatiales et développement.

Leçon 1: Les mondes vieillissants.

A- La démographie du Japon.

Le recensement de la population du Japon de 2015 a montré une baisse de 0,8% de celle-ci. Depuis 2011, un taux de natalité extrêmement bas et l'absence d'immigration font que ce pays perd beaucoup d'habitants. Depuis 1950, le taux de natalité (en bleu sur le graphique) ne cesse de baisser. Du fait du vieillissement de la population et malgré une espérance de vie record (81,7 ans pour les hommes et 88,5 ans pour les femmes), le taux de mortalité ne cesse d'augmenter depuis 1990.

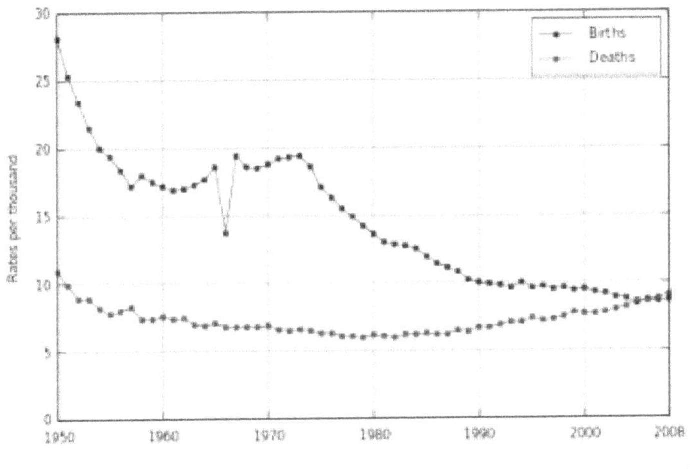

[1]

Taux de natalité et de mortalité au Japon.

1. https://en.wikipedia.org/wiki/File:Bdrates_of_Japan_since_1950.svg

Les deux courbes ont même finit par se croiser en 2005, ce qui fait du Japon l'un des rares endroits au monde à voir sa population baisser. C'est même le pays au monde qui vieillit le plus rapidement; on peut même dire qu'il «survieillit»! Ce phénomène est visible aussi bien dans les campagnes que dans les villes. Environ 33% des Japonais ont plus de 60 ans, 26% dépassent 65 ans et 12,5%, 75 ans. À ce rythme, les 127 millions d'habitants pourraient tomber à 97 millions en 2050. C'est en 1997 que le nombre de personnes âgées a dépassé le nombre d'enfants. En 2014, les ventes de couches pour adultes ont même dépassé les ventes de couches pour enfants! Dire que ce pays a effectué sa **transition démographique** (baisse de la natalité et de la mortalité) est un euphémisme. Il en est déjà à la logique ultime de la démographie des pays riches: l'extrême vieillissement avant la disparition totale! Le Japon doit donc faire face à un énorme problème qu'il est le premier, historiquement, à affronter.

Cette situation est principalement due à un taux de fertilité extrêmement bas. Celui-ci est en dessous du taux de remplacement (fixé à 2,1 enfants par femme) depuis 1974. En 2005, ce taux a atteint son point bas à 1,26 enfant par femme. En 2016, il a remonté légèrement pour atteindre 1,41. Un ensemble de facteurs explique cette situation. Ainsi, un âge plus élevé au mariage, moins d'unions légales, une éducation plus poussée, une vie plus difficile dans les villes, un idéal de famille centré sur le couple et non sur le clan, des journées de travail très longues, le recours plus fréquent au travail féminin, qui est moins bien rémunéré, la baisse des salaires et des contrats à durée indéterminée, l'exiguïté des logements, le coût de l'éducation d'un enfant, sont autant de facteurs qui pourraient expliquer ce niveau catastrophique. Il faut dire que les plus jeunes sont dans une situation sociale et économique instable. D'ailleurs, 40% des travailleurs japonais enchaînent des petits contrats ou subissent le travail à temps partiel. Ceux qui travaillent dans ces conditions ont des revenus inférieurs de 53% à ceux des travailleurs biens installés dans l'emploi. Cette instabilité croissante pousse les jeunes hommes à délaisser le mariage et la parentalité. Entre 1980 et 2010, la proportion de la population qui ne s'est jamais mariée est passée de 22 à presque 30%. Aujourd'hui, on trouve de plus en plus de ces vieux célibataires qui continuent à vivre chez leurs vieux parents.

B- La démographie de l'Allemagne.

La situation de l'Allemagne est très comparable. Aujourd'hui encore, c'est un pays peuplé: il y a environ 82,5 millions d'habitants. Cependant, le taux de fertilité de 1,46 enfant par femme, en 2018, est très en dessous du taux de remplacement (2,1). Si, en 1994, le taux de fertilité des femmes de l'Allemagne de l'est était tombé à 0,772, en 2010, il dépassait celui de l'Allemagne de l'ouest en atteignant 1,459. Le nombre d'enfant a tellement baissé qu'entre 1989 et 2009, environ, 2000 écoles ont fermé. Dans certaines région, la proportion de femmes âgées de 20 à 30 ans a baissé de plus de 30%. On a même assisté à quelque chose de très étrange: en 2004, la classe d'âge 18-29 ans (qui est la plus fertile) montrait 90 femmes pour 100 hommes, alors que, normalement, il y a 101 femmes pour 100 hommes. C'est un phénomène que l'on n'explique pas pour l'instant.

En 2018, l'accroissement naturel s'est établi à 0,3 pour mille; le taux de natalité étant à 8,6 pour mille et le taux de mortalité, à 11,8 pour mille. La croissance s'explique alors par l'émigration qui est le seul facteur qui soutienne la croissance démographique. En 2018, l'espérance de vie est de 79 ans, pour les hommes, et de 83 ans, pour les femmes. L'Allemagne est dans le trio de tête mondial des pays avec la plus petite proportion de jeunes: seulement 13% de la population a moins de 15 ans et seulement 22% a moins de 25 ans. Les conséquences de ce vieillissement seront importantes. La main d'œuvre pourrait venir à manque, le système de production aurait alors du mal à fonctionner et à innover. Les dettes reposant sur les actifs (jeunes), elles seront plus difficiles à rembourser. Le poids du financement des retraites va augmenter. D'ailleurs, malgré un âge de départ à la retraite qui est déjà passé à 67 ans, ce seuil est d'ores et déjà insuffisant. En effet, les futurs salariés allemands n'auront bientôt plus les moyens de satisfaire les besoins des personnes déjà à la retraite. Dès lors, la retraite des allemands est de plus en plus dépendante de leur patrimoine.

La pyramide des âges de ce pays (voir à la fin de la séquence dans travail de réflexion) nous montre la fragilité de sa démographie. Comme au japon, la base, qui figure les jeunes, se rétrécit en montrant une pyramide qui est en train de s'inverser (petit côté en bas, gros côté en haut). Cette forme inédite, qui dérivent de la silhouette en champignon des populations vieillissantes, est un très mauvais signe car, au bout du compte, si la natalité reste en dessous du taux de renouvellement, la base ne cesse de se rétrécir. Sans apport de nouvelle population et une politique nataliste, le pays finit par se dépeupler totalement.

C- Les politiques de rééquilibrage au Japon et en Allemagne.

Les autorités sont tout à fait conscientes de cela. Le gouvernement japonais essaie donc de faire augmenter le taux de fertilité et de faire que les personnes âgées et les femmes continuent à travailler. Tout un éventail de mesures destinées aux femmes est proposé (les places en crèche ont augmenté, les congés de maternité sont plus long même s'ils ne sont pas aussi bien rémunérés qu'en Europe). La loi de juin 2010 va même plus loin. Ainsi, les mères et les pères peuvent prendre un congé de 1 an après la naissance de l'enfant; il est prévu de rajouter 6 mois si les parents n'ont pas trouvé de place en crèche; lorsque l'enfant est malade, le parent peut s'absenter jusqu'à 5 jours; les employés qui sont parents, sur leur demande, sont dispensés de travailler tard le soir; on leur autorise aussi le temps partiel et la flexibilité des horaires. Le résultat étant encore dérisoire, le gouvernement est en train de se tourner vers l'acceptation de l'émigration. La société japonaise est extraordinairement fermée mais on voit que, pour soutenir le système de production et le niveau de vie des gens, les Japonais acceptent déjà l'idée d'une émigration temporaire. Pour l'instant, il n'y a que 2% de résidents étrangers; on estime qu'il en faudrait 8% pour répondre aux besoins du système économique. Le gouvernement encourage maintenant les étudiants étrangers à commencer leur carrière au Japon. La volonté qui se cache derrière est évidente: ils veulent attirer les travailleurs les plus compétents et les plus diplômés. D'ailleurs, leur politique en matière d'émigration de la main d'œuvre peu qualifiée reste très restrictive. En 2015, par exemple, sur 7500 demandes d'asiles, seulement 27 furent acceptées! Néanmoins, le gouvernement actuel prévoit de faire évoluer les mentalités et la situation. Il est prévu d'accorder des visas de 5 ans aux travailleurs moins qualifiés, lesquels ne pourront pas faire venir leur famille. Le deuxième type de visas est plus généreux; il est destiné aux travailleurs qualifiés qui seraient autorisés à rester au Japon toute leur vie et à faire venir leurs conjoints et enfants.

En Allemagne, l'urgence se fait aussi sentir. Traditionnellement, ce pays aime employer les jeunes du Sud de l'Europe qui sont diplômés et fortement exposés au chômage dans leur pays d'origine (Espagne, Grèce, Italie, Portugal). En 2012, ce sont, par exemple, plus de 130.000 européens du Sud qui ont rejoint l'Allemagne. Les pays du sud ne s'inquiètent pas tellement de la fuite de ces cerveaux qui seraient nécessaires à leur restructuration économique. En fait, leur gestion à très court terme ne leur fait voir que la disparition, dans leurs statistiques, de populations nombreuses au chômage. Avec la guerre au Moyen Orient, les Allemands ont également accueilli beaucoup de réfugiés ne venant pas de l'Union Européenne (1 million en 2015/2016). Cela est en train de poser de très sérieux problèmes politiques car c'est un tout autre monde, d'un point de vue culturel et religieux, qui s'est installé de l'autre côté du Rhin. En 2019, les partis au pouvoir se sont alors accordés pour n'autoriser que les travailleurs extracommunautaires qualifiés désormais.

En ce qui concerne la politique nataliste allemande, il semblerait qu'elle commence à fonctionner. En 2016, le taux de fertilité s'est établi à 1,59 enfant par femme contre 1,50 en 2015 et 1,47 en 2014. Cette évolution positive est essentiellement due aux mères issues de l'immigration. Les étrangères ont un taux de fécondité moyen de 1,95 enfant en 2015 alors que le nombre de bébés par mère allemande a quasiment stagné (1,43 au lieu de 1,42) au cours de la même année. L'Allemagne a l'une des politiques familiales les plus coûteuses au monde, avec un catalogue complexe de 156 mesures, pour un coût annuel total de 55,4 milliards d'euros. À l'intérieur de ce désordre on doit distinguer les allocations familiales de 184 euros par enfant et par mois, le maintien du salaire à hauteur de 60% (plafonné à 2000 euros) pour les parents d'un jeune enfant désirant l'élever pendant un an à la maison, le développement du nombre de places de crèche et la gratuité de la garde des enfants. Parmi les autres réformes efficaces, il faut mettre en avant le congé parental pour les pères, la généralisation des crèches pour les enfants de 2 et 3 ans, la conservation de l'allocation familiales pour les femmes travaillant à temps partiel. Cependant, pour rendre la vie plus facile aux mères qui travaillent, il y a encore des progrès à faire. Sachant que beaucoup de tâches peuvent être faite hors de l'espace de travail, le développement du travail à la maison semble être une solution peu coûteuse et beaucoup plus efficace que tout ce qui a été proposé jusqu'à aujourd'hui.

Leçon 2: L'Inde.
A- Démographie de l'Inde.

Avec plus d'un milliard 320 millions d'habitants, l'Inde est le deuxième pays le plus peuplé derrière la Chine. Sa population a doublé entre 1975 et 2010. Les projections prévoient que ce pays attendra 1,70 milliard d'habitants en 2050, si l'on suit son taux de croissance actuel de 1,13%. 50% de sa population est âgée de moins de 25 ans. En 2020, l'âge moyen des indiens s'établira à 29 ans (il est de 37 ans pour la Chine et de 48 ans pour le Japon). Le processus de transition démographique commença dans les années 1920 avec une nette baisse du taux de mortalité et un taux de natalité dynamique jusque dans les années 1960. À cette date, le taux de natalité se mit à décroître sensiblement (voir le schéma ci-dessous); une meilleur hygiène et les progrès de la médecine ont conduit, à la même époque, à une baisse de la mortalité infantile (voir le deuxième schéma ci-dessous). La différence entre natalité et mortalité est en train de se réduire, ce qui nous conduit à penser que ce pays arrive au dernier stade du processus.

Évolution du taux de natalité de 1971 à 2008.
https://en.wikipedia.org/wiki/File:IndiaIBRdata.jpg.

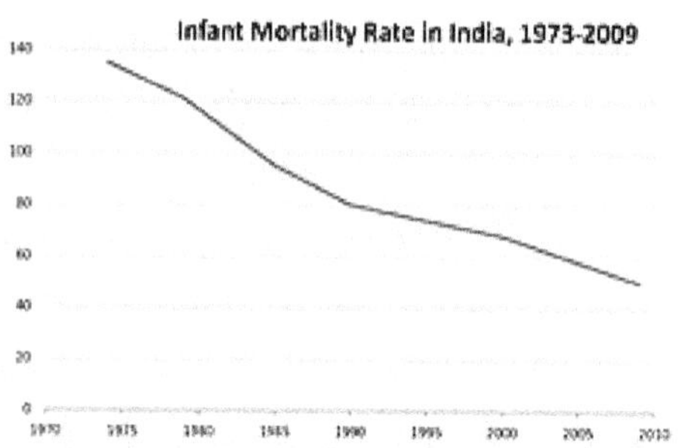

2

Évolution du taux de mortalité infantile de 1973 à 2009.
https://en.wikipedia.org/wiki/File:IndiaIMRates.jpg,

Aujourd'hui, le taux de natalité est de 19,3 pour mille; le taux de mortalité se situe à 7,3 pour mille. La fertilité est de 2,2 enfants par femme; l'objectif idéal de 2,1 devient très accessible. L'espérance de vie est de 67 ans, pour les hommes, et de 73 ans, pour les femmes. La population continue donc à croître mais d'une manière beaucoup plus mesurée.

La mortalité infantile reste marquée pour les filles. Le recensement de la population de 2011 montrait une différence visible entre filles et garçons de moins de 7 ans. Les associations affirment qu'entre 2001 et 2011 huit millions de femmes auraient avorté car elles attendaient une fille. L'information n'est pas vérifiable. En Inde, le rapport entre filles et garçons montre qu'il y a 917 filles pour 1000 garçons. Si on le compare avec ce que l'on trouvait (de 870 à 930 filles pour 1000 garçons) dans les groupes

---

1. https://en.wikipedia.org/wiki/File:IndiaIBRdata.jpg

2. https://en.wikipedia.org/wiki/File:IndiaIMRates.jpg

ethniques de Japonais, Chinois, Cubains, Philippins et Hawaïens vivant aux États-Unis, de 1940 à 2005, la proportion est comparable.

B- Les dynamiques naturelles.

Cette population très importante suit une dynamique migratoire bien connue: l'**exode rural**. Ce processus s'est véritablement accéléré en 1991 avec la mise en place d'une politique de libéralisation et de privatisation. L'économie indienne s'est alors rapidement développée, ce qui a fait croître le nombre de postes de travail dans les villes les plus dynamiques. Beaucoup de ruraux ont donc quitté la campagne pour s'installer dans ces grandes villes. Il faut préciser que les infrastructures, dans les campagnes, sont très insuffisantes, ce qui n'aide pas à stabiliser les gens dans ces endroits. Chaque année, lorsque les pluies de mousson arrivent, les catastrophes causées démontrent, par exemple, que le système d'évacuation des eaux, un aménagement peu coûteux et simple à mettre en œuvre, est presque inexistant. Ainsi, en 2017, les inondations, en Uttar Pradesh, ont submergé 3.000 villages et tués plus de 100 personnes. Dans le Gujarat, 130.000 personnes ont dû être relocalisées dans des zones plus sures. Si la vie dans les grandes villes est un peu moins dépendante des catastrophes climatiques, les conditions de vie de la majorité de leurs habitants sont d'une grande précarité. En effet, la majorité de ces nouveaux habitants vivent dans des bidonvilles. Dans certaines ville, c'est même l'habitat majoritaire: à Mumbai, par exemple, près de 50% des gens vivent dans ce type d'endroit. On comprend mieux, dès lors, pourquoi 25% des ménages urbains n'ont pas accès à l'eau potable. Dans cet ordre d'idée, 22% n'ont pas de salle de bains, 15% ne disposent pas de système d'évacuation des eaux usées et 11% n'ont pas de toilettes. La politique de la ville a donc un défi de tailler à surmonter: apporter l'eau, l'électricité, les transports, la santé et l'éducation dans la majorités des espaces urbains qui sont composés d'habitats spontanés de très mauvaise qualité.

Les raisons qui poussent les ruraux à venir vivre dans ces conditions précaires tournent autour de l'amélioration de leur condition économique. Les zones rurales montrent un fort taux de chômage, des exploitations agricoles petites, des salaires bas, peu d'infrastructures liées au développement économique. En revanche, en ville, il y a beaucoup plus de travail dans les usines, les boutiques, les bureaux, les administrations; on trouve également des centres de formation, des hôpitaux, des salaires plus élevés, des travails moins durs, des opportunités plus nombreuses du fait du dynamisme du marché de l'emploi, plus de liberté sociale (quand on est loin de sa famille), des divertissements, une vie un peu plus facile, en somme. Les gens résidant dans les zones rurales les plus reculées sont ceux qui hésitent le moins à se relocaliser dans les villes. Les plus riches et les plus pauvres du village ne sont pas concernés par ce phénomène. Les plus riches sont des sortes de rentiers qui vivent en exploitant leurs terres, sans fournir beaucoup d'efforts. Les plus pauvres sont aussi les plus malades et les moins forts physiquement. Ne pouvant pas travailler de leurs mains, et n'ayant pas de compétences intellectuelles reconnues par un diplôme, ils n'ont aucune chance de trouver un emploi où que ce soit. Aujourd'hui, le travail en ville ne concerne donc plus uniquement les diplômés où les gens qui disposent d'un réseau social développé; les travailleurs peu qualifiés trouvent aussi un emploi.

C- Les politiques de limitation des naissances.

Face à l'augmentation générale de la population, les différents gouvernements ont mené des politiques de limitation des naissances. En 1951, l'Inde devint même le premier pays du monde sous-développé à instituer un programme de planning familial organisé par l'État. Le but était de faire baisser le taux de fertilité et de ralentir la croissance démographique afin d'accélérer le développement économique. Au début des années 1970, le gouvernement d'Indira Gandhi mit en place un programme de stérilisation forcée. Officiellement, les hommes ayant deux enfants et plus devaient se faire stériliser. Cependant, des célibataires jeunes, des opposants politiques, des hommes pauvres et ignorants furent également stérilisés. Durant la période d'état d'urgence, à la fin des années 70, on pense qu'environ 8 millions d'hommes furent stérilisés de force, en un an. Cette politique très largement critiquée a jeté le discrédit sur le planning familial indien pendant de nombreuses années.

Quoi qu'il en soit, on estime que ce dernier a réussi à empêcher la naissance de 19 millions de personnes en 2003-2004, 15 millions, en 2010-2011 (ce qui représente 36% des naissances potentielles). Cependant, l'objectif de 2,1 enfants par femme n'est pas encore atteint, ce qui montre les limites des politiques publiques indiennes. Aujourd'hui, le planning familial continue son œuvre d'éducation. En 1970, 13% des femmes mariées utilisaient des méthodes contraceptives; en 2015, 58% de ces dernières le font. C'est la stérilisation qui est le procédé le plus utilisé (par 91% des femmes). Suivant les statistiques officielles, en 2017, 136.569.000 femmes ont utilisé des méthodes contraceptives, ce qui a empêché 39.170.000 grossesses non désirées, 11.966.000 avortements réalisés dans des conditions dangereuses, 42.000 décès en couches. En 2017, le ministère de la santé et du bien-être familial a lancé un nouveau programme qui vise à améliorer l'accès aux contraceptifs à travers un service de livraisons sécurisées et simplifiées. De plus, deux pilules contraceptives sont désormais gratuitement proposées dans tous les hôpitaux publics du pays.

Certains États de la confédération indienne ont une politique plus agressive. En 2017, par exemple, l'Assam a adopté une politique réservant les emplois publics aux personnes n'ayant pas plus de deux enfants. Dans cet ordre d'idée, le 11 septembre 2018, 125 députés ont signé une pétition réclamant une généralisation de la politique des deux enfants par couple. Cette fois-ci, il ne s'agit plus de toucher uniquement les politiciens et les fonctionnaires mais tout le monde. Ainsi, de lourdes amendes seraient appliquées lorsque les couples dépasseraient la limite de deux enfants par foyer. Cette politique agressive est sous-tendue par de grandes tensions religieuses entre les Hindous et les Musulmans. Les nationalistes Hindous voudraient voir les régions musulmanes faire moins d'enfants afin que les État hindous consolident leur domination démographique et politique.

Leçon 3: Le Brésil.

A- Démographie du Brésil.

La situation est encore différente au Brésil. Il possède une population d'environ 207 millions d'habitants; sa densité est de 25 habitant au km², ce qui en fait un espace très peu peuplé. Le taux de natalité est de 14,46 pour mille, le taux de mortalité, de 6,58 pour mille. Avec un accroissement naturel de 0,77% et un taux de fécondité de 1,77 enfant par femme, on ne peut pas dire que le surpeuplement soit un danger imminent. En fait, c'est une démographie de pays ayant fini sa transition démographie et qui, de surcroît, est déjà dans une logique de pays développé (le taux d'urbanisation est de 90%).

Le peuplement de cet endroit s'est effectué par vagues successives. Avant l'arrivée des Européens, le territoire était peuplés d'Amérindiens. Par la suite, il y eu une colonisation par les Portugais, lesquels importèrent de la main d'œuvre africaine. Il y eut également, au cours des siècles, l'arrivée de populations en provenance d'Asie, du Caucase et du Moyen Orient. Aujourd'hui, on compte aussi beaucoup de Brésiliens originaires d'Allemagne, d'Italie et de France. La population est donc très peu homogène d'un point de vue ethnique et culturel.

L'immigration ayant cessé, c'est la croissance naturelle qui est la cause essentielle de l'accroissement de la population brésilienne. La transition démographique (figure suivante) s'est effectuée entre 1940 et 2010. Jusqu'en 1960, la natalité avait peu baissé, restant stable autour de 45 pour mille. En 1960, la tendance s'inversa: la mortalité continua à baisser légèrement alors que la natalité baissa beaucoup plus, tombant de 37,1 pour mille, en 1980, à 18,1 pour mille, en 2010.

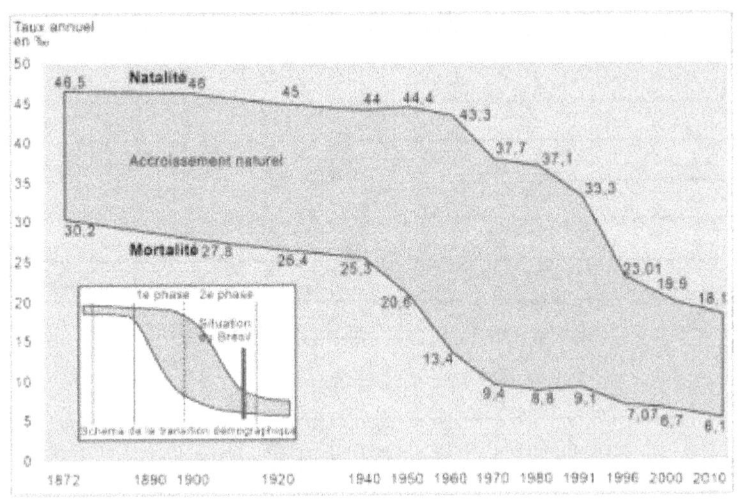

La transition démographique du Brésil.

https://journals.openedition.org/eps/docannexe/image/5733/img-8-small580.jpg

Ces taux moyens varient entre les régions, entre les villes et les campagnes et selon les revenus des groupes sociaux. La baisse de la natalité est parfaitement spontanée car aucune politique publique ne l'a encadrée. Pour la période 2005-2010, le taux de fertilité s'est établi à 1,8 enfant par femme. En 2025, le ratio pourrait se stabiliser à 1.5. Ce sont vraisemblablement l'urbanisation, l'influence de la culture mondialisée à travers les moyens de communication de masse et l'évolution du rôle des femmes dans la société qui ont facilité l'adoption de nouveaux comportements démographiques.

---

1. https://journals.openedition.org/eps/docannexe/image/5733/img-8-small580.jpg

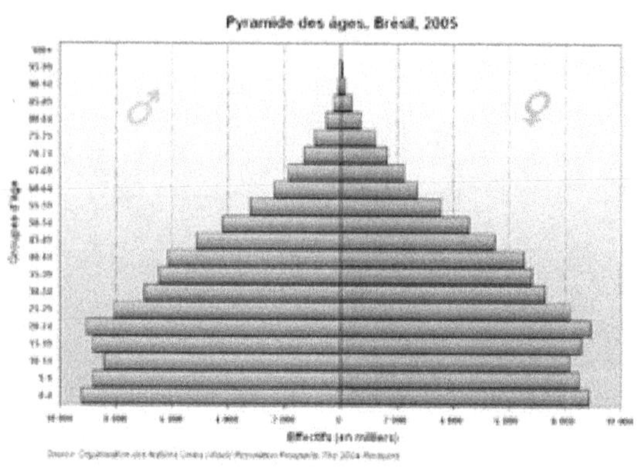

Pyramide des âges du Brésil en 2005.

https://commons.wikimedia.org/wiki/File:Pyramide_Bresil.PNG?uselang=fr

Depuis 2005, la pyramide des âges du Brésil (voir ci-dessus) montre des classes jeunes (en bas) qui sont assez égales, puis une baisse continue jusqu'en haut. Dans un pays développé ayant un taux de fécondité de 2,1, on aurait une colonne, puis un petit toit pointu. Si le taux de fécondité se maintenait près du fatidique 2,1 et que l'hygiène de vie faisait vivre les gens plus longtemps, le Brésil pourrait atteindre cet objectif qui est le seul modèle viable. Il est fort à parier que cela n'arrivera pas car on sent les prémices du vieillissement de la population. On peut alors se demander si la forte proportion de populations d'origine européenne fera prendre, à la démographie brésilienne, le chemin qu'est en train de suivre l'Allemagne.

---

2. https://commons.wikimedia.org/wiki/File:Pyramide_Bresil.PNG?uselang=fr

B- Les migrations internes.

Depuis le 16ème siècle, ce pays est traversé par des courants migratoires internes. Comme aux États-Unis, le mouvement historique du peuplement s'est dirigé de l'est vers l'ouest. Par la suite, c'est l'exode rural qui a déterminé la direction des migrations internes. Ainsi, de 1950 à l'an 2000, la proportion de gens vivant dans les villes est passée de 36 à 81,2%. Si le phénomène est, désormais, largement terminé, il a permis de coloniser la grande forêt amazonienne. Lorsque l'on regarde le taux de masculinité suivant les zones géographiques (carte suivante), on remarque une forte opposition spatiale entre les régions littorales et l'intérieur, d'une part, et entre villes et campagnes, d'autre part.

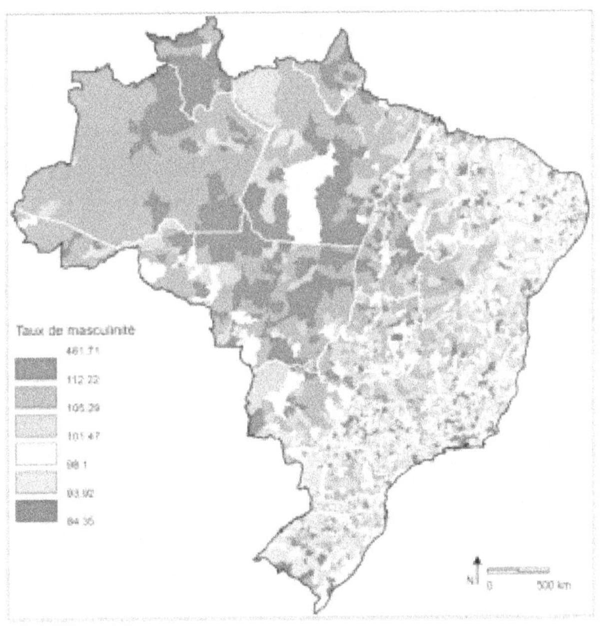

[1]

Taux de masculinité au Brésil suivant

---

le recensement de 2010.

https://journals.openedition.org/eps/docannexe/image/5733/img-14-small580.jpg

La prédominance des femmes (en rose sur la carte) est nette dans les grandes villes, en partie en raison de l'afflux de jeunes rurales qui y ont trouvé des emplois de domestiques, que les classes moyennes et supérieures brésiliennes emploient encore en grand nombre. Cette prédominance est encore marquée dans les campagnes du Minas Gerais, de São Paulo, de tout le sud, et surtout du nord-est mais, cette fois, il ne s'agit pas d'un afflux de femmes mais du départ des hommes. On retrouve ces hommes dans des zones bien spécifiques (en bleu sur la carte): les zones du nord-est, du centre-ouest et d'Amazonie, c'est-à-dire sur ce que l'on appelle l'*arc du déboisement*. Ces zones en bleu demandent une main-d'œuvre peu qualifiée mais dotée d'une grande force musculaire, laquelle est indispensable pour abattre de grands arbres; c'est donc l'univers des hommes jeunes. Ce sont aussi des régions où l'on vit loin de tout (école, hôpital, famille).

Les récentes migrations intérieures ne se font plus principalement entre les campagnes et les villes. Avec le ralentissement de la croissance démographique, des zones qui avaient attiré un grand nombre de migrants interrégionaux (centre-ouest et Sao Paulo) subissent, désormais, un mouvement inverse. Beaucoup de migrants ont cessé de quitter les États qui avaient un fort taux de départ comme le Minas Gerais et le Parana; les gens préfèrent se relocaliser à l'intérieur même de ces États. Même dans le nord-est, qui est une zone traditionnelle de départ, les flux migratoires sont moins importants. Il y a même des personnes qui retournent dans cette région. Le flux migratoire vers le sud-est et les régions amazoniennes a beaucoup baissé.

Dans les zones urbaines, les déplacements vers les villes moyennes et les migrations à l'intérieur même des villes sont de nouvelles tendances. Dans l'espace urbain, on assiste alors à une recomposition de la géographie sociale. Les personnes aisées quittent les centres-villes mal entretenus (dévolus aux classes populaires) pour s'isoler dans des périphéries boisées entourées de hautes grilles. Ainsi, depuis les années 1980, les centres des plus grandes villes se sont un peu dépeuplés. Néanmoins, la majorité des personnes qui habitent dans des zones urbaines vivent toujours, principalement, dans des villes de plus de 100.000 habitants. On ne peut donc pas encore parler d'exode urbain (en direction des campagnes). Quoi qu'il en soit, on se rend compte que les migrations interrégionales ne sont plus reliées uniquement à la recherche d'un emploi. On devine d'ailleurs des motivations familiales de plus en plus importantes car, en ce qui concerne le nord-est, par exemple, ce sont des familles entières qui retournent d'où elles viennent.

Exercice de réflexion:

Quels sont les faits marquants de cette pyramide des âges de l'Allemagne en 2017? (15 lignes).

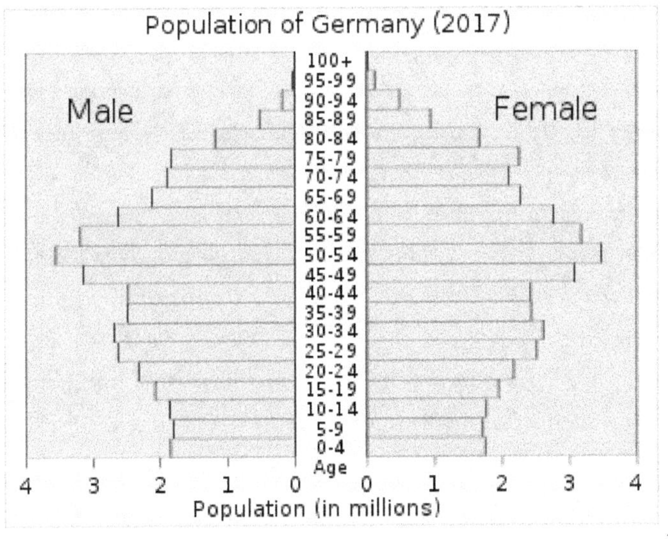

https://en.wikipedia.org/wiki/File:Germanypop.svg

---

2. https://en.wikipedia.org/wiki/File:Germanypop.svg

On remarque immédiatement la partie plus large de la pyramide, celle qui correspond aux classes d'âge qui vont de 59 à 45 ans. Les personnes qui avaient ces âges en 2017 sont nées entre 1958 et 1972. C'est le baby boom de la période d'expansion économique, laquelle coïncide avec un sentiment de confiance en l'avenir. Les couples font des enfants en étant convaincus que le futur sera meilleur que le présent; ils sont même persuadés que leurs enfants gagneront plus d'argent qu'eux. Le deuxième renseignement frappant est le rétrécissement à la base: plus le temps passe, moins les Allemands font d'enfants. On a raconté tout et son contraire sur la raison de ce phénomène. Bien sûr, si le travail des femmes est contrarié par la maternité, il ne faut pas s'attendre à avoir un taux de fécondité important. Constatons simplement que le but d'un mariage n'est manifestement plus la procréation. La richesse matérielle conduit à avoir d'autres priorités; la pauvreté et la précarité aussi; que dire de la peur dans l'avenir? Le troisième fait concerne le vieillissement de la population qui se remarque grâce à des bandes fournies sur le haut de la figure, les femmes étant plus nombreuses que les hommes. Les progrès de la médecine, une assez bonne hygiène de vie, une meilleure protection biologique des femmes contre les maladies cardiovasculaires, expliquent ce phénomène. La société montre alors un profile bien fragile: les jeunes, peu nombreux, qui travaillent, doivent supporter, socialement et, dans une certaine mesure, économiquement, les personnes les plus âgées. C'est une situation très dangereuse dans laquelle se trouve l'extrême majorité des pays développés. Cela conduit à une lutte des âges, visible politiquement, socialement et économiquement. L'objectif absolu de toute nation est de tendre vers la seule forme viable pour les sociétés et la planète: la forme en colonne surmontée par un toit pointu. Il faut maîtriser les naissances afin de garantir, perpétuellement, le même nombre d'habitants dans un pays sans devoir recourir à des artifices (l'immigration) qui prouvent que les citoyens ne maîtrisent absolument rien.

Séquence 17 : Le cas de la France.

Leçon 1 : Sa structure démographique.

A- La France métropolitaine.

Le nombre de personnes habitant en France est estimé à 67,2 millions, dont 65 millions en France métropolitaine et 2,2 millions dans les départements et régions d'outre-mer. Entre 2010 et 2017, la population française est passée de 64,6 millions à 66,9 millions, soit une augmentation d'environ 2,4 millions de personnes sur une période de 7 ans, ce qui fait de ce pays l'un des plus dynamiques en Europe. Au 1er janvier 2014, 11,6% des résidents français sont nés à l'étranger; 8,9% sont immigrés et 6,4% sont de nationalité étrangère. Selon l'Institut national des études démographiques, en 1999, près de 14 millions de personnes vivant en France (français et immigrés) avaient un parent ou un grand-parent immigré, ce qui représentait 23% de la population. En 2015, on estimait qu'entre 12 et 14 millions de Français, soit entre 18 et 22% de la population totale, avaient au moins un de leurs grands-parents né dans un territoire non européen. D'autre part, près de 3,5 millions de personnes nées en France vivent à l'étranger.

En 2018, le taux de fécondité s'établit à 1,87 enfant par femme. Il était à 2,9 en 1950 et à 1,8 en 1990. Ce taux est insuffisant pour assurer le renouvellement des générations. Si la population continue à augmenter, c'est à cause du nombre de personnes en âge de procréer, de l'immigration et de l'augmentation de l'espérance de vie, laquelle s'élève, en 2017, à 85,3 ans pour les femmes et 79,5 ans pour les hommes. L'espérance de vie n'est, toutefois, pas homogène sur tout le territoire: par exemple, on vit plus longtemps en région parisienne que dans le Nord-Pas-de-Calais. Il existe également des différences significatives entre les classes sociales: un ouvrier vit 6 à 7 ans de moins qu'un cadre supérieur.

La pyramide des âges est proche de la forme idéale, pour l'instant. Vous remarquez, sur le schéma qui suit, une forme en colonne qui se termine par un toit pointu. Il faudrait, bien sûr, un taux de fécondité de 2,1 pour maintenir la population au niveau actuel s'il n'y avait pas un apport d'immigrés. On constate donc que même s'il y a vieillissement, il y assez de jeunes pour faire fonctionner le système de production et soutenir les personnes âgées. Le problème d'emploi, en France métropolitaine, n'est pas dû à un facteur démographique.

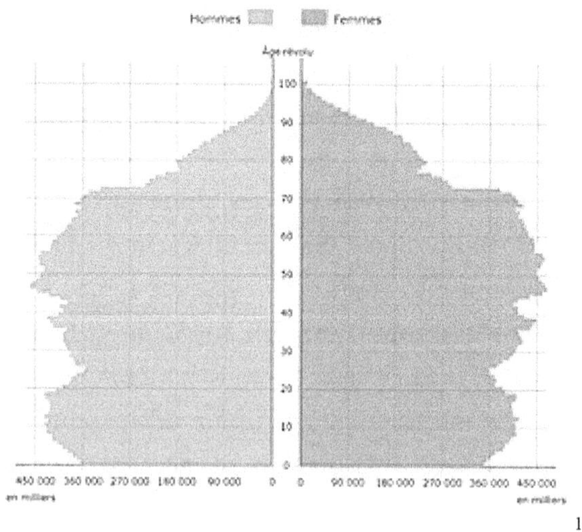

1

Pyramide des âges de la France au 1er janvier 2019.
https://commons.wikimedia.org/wiki/
File:Pyramide_des_âges_France_entière_2019.jpg?uselang=fr

---

1. https://commons.wikimedia.org/wiki/

File:Pyramide_des_âges_France_entière_2019.jpg?uselang=fr

Par ailleurs, La population française est inégalement répartie. Les régions de montages, les plaines et les plateaux du nord-est et du centre de la France, ainsi que les régions rurales du sud-ouest (la **diagonale du vide**), ont des densités inférieures à 50 habitants au km^2. Les grandes vallées fluviales, la frontière belge et les littoraux concentrent les populations. C'est l'eau comme axe de communication qui structure l'espace. De plus, dans chacun de ces espaces, les Français vivent très majoritairement dans des villes.

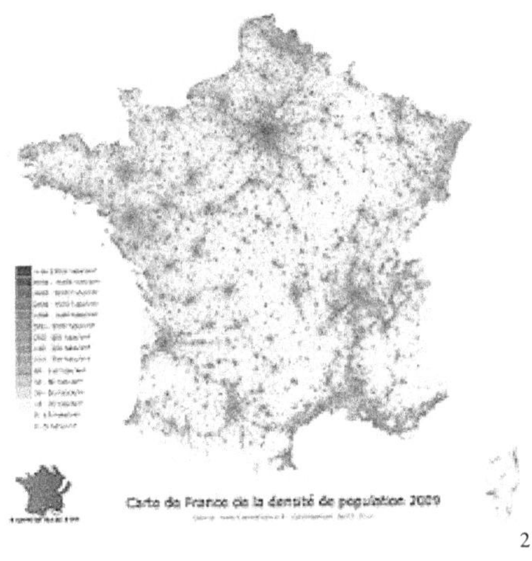

2

Répartition de la population en France métropolitaine.
https://commons.wikimedia.org/wiki/File:France_densité_2009.jpg?uselang=fr

En outre, ils sont de plus en plus mobile. En effet, on constate que les migrations entre les régions s'intensifient. Si l'île-de-France, le nord et l'est ont un solde migratoire négatif, les régions du sud (notamment autour de Toulouse et Montpellier), de l'ouest et des Alpes ont un solde migratoire positif. Cette répartition de la population s'explique par une concentration des activités économiques et des richesses dans les aires urbaines et sur les littoraux. Le climat plus ensoleillé explique aussi cette dynamique qui pousse les gens à s'installer dans des régions qui sont parfois très

---

2. https://commons.wikimedia.org/wiki/File:France_densité_2009.jpg?uselang=fr

touchées par le chômage (comme l'Hérault). Aujourd'hui, 82% des Français vivent dans une aire urbaine. Avec plus de 12,5 millions d'habitants, la région parisienne domine largement les autres aires urbaines. Suivent les aires de Lyon, Marseille, Toulouse, Bordeaux, Lille et Nice dont la population est supérieure à un million d'habitants. L'urbanisation du territoire s'accompagne d'un étalement urbain. En effet, la majorité des citadins vivent dans des banlieues et couronnes périurbaines, ce qui a entraîné un essor important des **migrations pendulaires** (déplacement de population matin et soir pour se rendre et revenir de leur lieu de travail). Ainsi, Les campagnes proches des villes sont devenues des espaces d'habitation et de loisirs pour les urbains alors que les espaces ruraux éloignés des villes, peu desservis par le réseau autoroutier ou ferroviaire, voient leur population diminuer.

B- La France ultramarine.

La population ultramarine ne suit pas exactement la métropole. La proportion de jeunes est plus importante, malgré une baisse rapide et forte de la fécondité, surtout en Guadeloupe, en Martinique et à la Réunion.

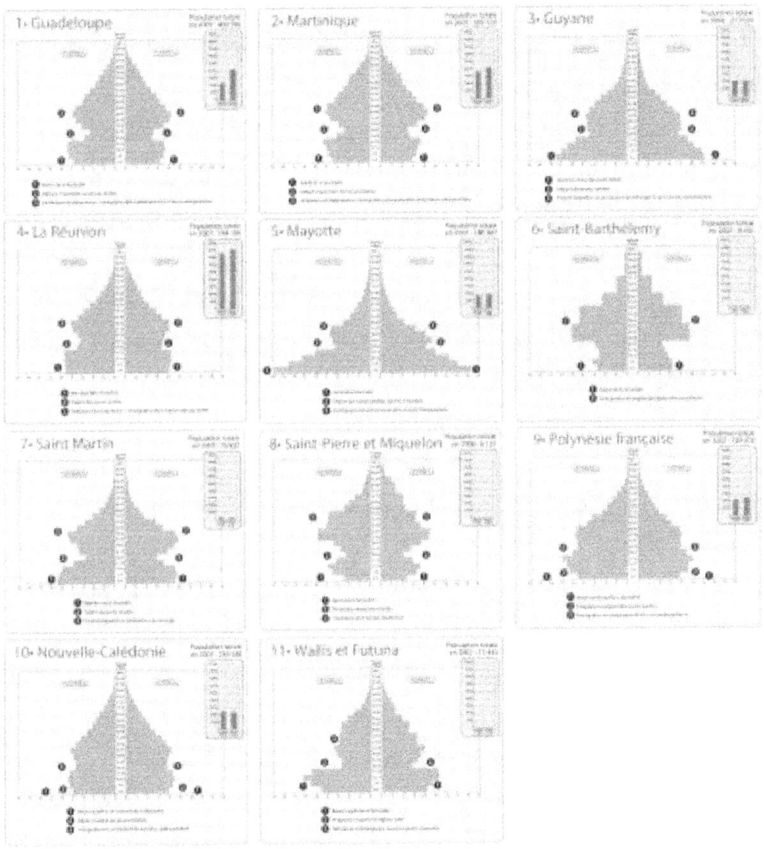

Pyramides des âges, en Outre Mer, en 2007.
Institut national d'études démographiques.

Si on regarde les pyramides des âges en 2007, on remarque deux groupes: les régions avec une base étroite et celle qui, au contraire, ont une base très large. En somme, La transition démographique n'était pas visible dans tous les territoires ultramarins. Aujourd'hui, on peut faire la même remarque. Ainsi, les pyramides des âges de Mayotte et de la Guyane montrent toujours un très fort dynamisme des naissances. D'ailleurs, le taux de fécondité de Mayotte, en 2017, est extrêmement élevé: 5,01 enfants par femme. Celui de la Guyane, pour 2016, l'est aussi (3,62 enfants par femme).

En revanche, les autres espaces ont une base qui se resserre depuis 2007. Ils suivent alors la logique des pays qui vieillissent mais avec un phénomène aggravant.

En effet, les migrations de population conduisent les jeunes à partir pour la métropole. Ces mobilités diffèrent selon le sexe et le milieu social: les jeunes hommes émigrent plus que les jeunes femmes, de même que les plus diplômés. En fait, beaucoup de jeunes adultes se rendent en métropole pour leurs études. Entre 20 et 34 ans, c'est environ un tiers de la population native des départements d'outre-mer qui vit sur le territoire métropolitain; plus du tiers de la population très diplômée y réside, et il en est de même pour les actifs occupés. Les jeunes hommes et femmes qui restent dans les départements d'outre-mer sont, en revanche, peu diplômés et au chômage. Dans cet ordre d'idée, la recherche d'un emploi est un facteur déterminant dans l'émigration des jeunes vers la métropole. Les jeunes les plus diplômés et ceux qui sont déjà intégrés dans le marché de l'emploi sont proportionnellement plus nombreux à venir. De toute manière, les économies des espaces ultramarins ne parviennent pas à fournir un emploi à l'ensemble des actifs; le taux de chômage, surtout pour les plus jeunes, y est très élevé. Par exemple, en 2017, celui-ci était de 18%, en Martinique, et de 22%, en Guyane. À Mayotte, l'explosion démographique conduit à augmenter mécaniquement, à terme, le nombre de demandeurs d'emploi. Ainsi, en 2018, le taux général de chômeurs est d'environ 29%, suivant les estimations de pôle emploi, et de 43% pour les jeunes.

Pour les natifs des territoires d'outre-mer, le bénéfice à résider en métropole est également manifeste pour ceux qui sont peu qualifiés. Ainsi, ils sont moins touchés par le chômage que les jeunes peu qualifiés qui restent dans leur espace ultramarin d'origine. En outre, moins ils sont diplômés plus on constate que les migrants régionaux sont favorisés, en ce qui concerne l'emploi, par rapport aux jeunes qui décident de rester. Quoi qu'il en soit, une grande partie de ceux qui travaillent en métropole retournent chez eux une fois l'âge de la retraite venu. Cela crée un déséquilibre démographique dans la majorité des espaces ultramarins. Le vieillissement de la population pourrait vite s'accélérer et produire une situation proche de celle du Japon, mais avec une population beaucoup moins nombreuse, ce qui sera beaucoup plus facile à gérer.

Leçon 2: Les politiques de rééquilibrage en métropole.

A- La France du vide.

Lorsqu'on laisse agir les hommes, ils finissent par s'installer dans les meilleurs endroits, ce qui crée des déséquilibres géographiques majeurs, lesquels conduisent à concentrer les gens et leurs activités. Dans les années 1970-1980, les géographes français ont non seulement constaté que la France avait une population très concentrée, mais ils ont également pris l'habitude de nommer la partie la moins peuplée *diagonale du vide*. Le terme qualifie une diagonale traversant le territoire du sud-ouest au nord-est; elle est caractérisée par des densités de population plus faibles qu'ailleurs. Dès 1947, J.F. Gravier avait affirmé que c'était bien l'action de l'homme qui créait ces déséquilibres qui, d'ailleurs, étaient déjà considérés comme un frein à l'atteinte de l'optimum économique. Depuis 50 ans, et parfois plus, certains endroits en rouges que vous pouvez voir sur la carte perdent de la population; ce phénomène continue. Certains départements (Creuse, Haute-Marne, Cantal, Allier, Nièvre, Ardennes) connaissent une baisse régulière de leur population depuis 1968. Si on ajoute les endroits en rose, soit les communes qui ont vu leur population baisser d'une manière plus irrégulière, la France très peu peuplée nous montre un visage qui n'est pas très diagonal!

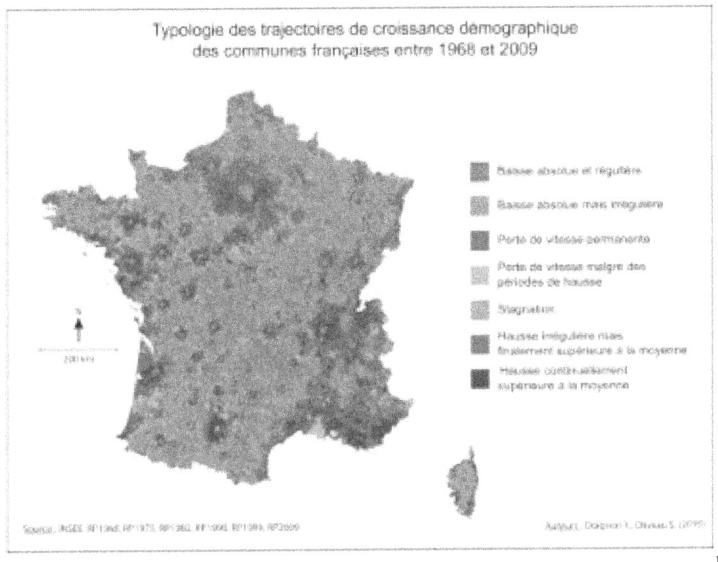

https://journals.openedition.org/cybergeo/docannexe/image/27439/img-4-small580.jpg[1]

Quoi qu'il en soit, dans un pays où l'interventionnisme d'État est courant, les autorités politiques et administratives essaient de contrecarrer ce phénomène. C'est notamment le cas dans le Massif Central qui, depuis la fin du 19ème siècle, est un territoire qui voit fuir sa population. Les nuisances urbaines étant de plus en plus importantes, les espaces ruraux ne sont plus perçus comme totalement répulsifs. D'ailleurs, dans la région, il y a, tout de même, trois zones urbaines de plus de 250.000 habitants, lesquelles disposent d'aéroports et d'un système de communications qui permet une bonne liaison avec le reste de l'Europe. En 2008, le Massif Central avait une population de 3,8 millions d'habitants, avec une densité moyenne de 44 habitants au km2, c'était la moitié moins que dans le reste de la France. Cette situation démographique préoccupante fut à l'origine d'une politique spécifique d'accueil de nouvelles populations. Cette politique s'inscrivait dans le cadre de la Loi Montagne de 1985, laquelle permettait d'établir des actions

---

1. https://journals.openedition.org/cybergeo/docannexe/image/27439/img-4-small580.jpg

s'étendant au-delà des frontières administratives des régions. Les actions soutenues ont évolué dans le temps. En 2003, dans le Limousin, il y eut la mise en place d'une politique d'aides à l'installation d'entreprises, laquelle fut étendue à tout le Massif Central, à partir de 2007, avec la signature d'une convention interrégionale. Cette convention insiste sur le développement de l'implantation et de la reprise d'entreprises, sur l'accompagnement des migrants interrégionaux, sur l'accueil des femmes entrepreneurs, par exemple. Cette politique volontariste s'appuie sur des financements importants: pour la période 2007-2013, ce sont 162 millions d'euros qui ont été dédiés à la revitalisation économique de cet espace. Grâce à ces efforts, après plus de 30 ans de décroissance démographique, le Massif Central a gagné près de 15 000 habitants. Néanmoins, cette croissance démographique de 0,4 % par an reste faible. De plus, elle ne se fait pas d'une manière très égale: les territoires urbains ou sous influence urbaine présentent des dynamiques démographiques largement positives alors que les espaces ruraux enclavés n'attirent pas grand monde. Le prochain bilan de l'action du Comité de Massif aura lieu en 2021, il permettra alors d'évaluer le résultat de son action pour la période 2014-2020.

Le gouvernement central est conscient de la nécessité de combattre le déséquilibre démographique du territoire, lequel ne fait que souligner un déséquilibre économique opposant des zones rurales pauvres à des espaces urbains plus riches. Il vient de lancer une idée qui consiste à revitaliser les centres-villes de 222 villes moyennes situées dans des espaces ruraux (citons, par exemple, Douai, Lorient, Colmar, Limoges, Mont-de-Marsan). L'objectif est de permettre de mobiliser de l'argent pour ramener des habitants et des commerces dans les cœurs de villes désertées. Les subventions pourront mener les maires à favoriser le développement de commerces au pieds des immeubles, à faire réhabiliter des logements, à soutenir leur rénovation thermique, à aider les commerçants à disposer aussi d'un site de vente sur internet. Le maintien d'activités en centre-ville empêcherait alors la fuite des habitants. Les services publics pourraient continuer à fonctionner alors qu'ils disparaissent peu à peu, faute d'administrés. Cette politique néglige, cependant, le facteur principal du maintien des populations en zones rurales: le chemin de fer (qui est beaucoup plus déterminant que la route). En fait, c'est la liaison rapide à la grande ville qui, dans un premier temps, permet aux personnes de s'implanter dans les zones rurales en continuant à bénéficier de tous les avantages (sans les inconvénients) des villes. Il n'y a pas de politique de rééquilibrage spatial sans chemin de fer.

B- La mégalopole parisienne.

L'autre particularité de l'espace français est l'existence d'une capitale dont la zone urbaine accueille plus de 18 % de la population métropolitaine. En outre, elle domine pour écraser de tout son poids le réseau urbain métropolitain. Cette mégalopole parisienne attirant des activités qui auraient pu se localiser dans des régions manquant cruellement d'emplois, les autorités décidèrent, à partir du milieu des années 1960, de mener une politique de villes nouvelles. Celles-ci (neuf au total) devaient permettre de désengorger les centres-villes en amenant les activités et les habitants à se localiser plus loin. La ville moderne devait montrer un **espace multipolaire** (plusieurs villes structurant alors le même espace urbain), pas un plan en auréoles dont chaque cercle correspondait à une histoire du développement urbain (le centre-ville étant l'endroit le plus ancien). Cette politique était également rendue nécessaire par un réseau de communications concentrique totalement saturé.

Le schéma directeur de la région Île-de-France fut adopté en 1965. Cinq villes nouvelles (Évry, Cergy-Pontoise, Saint-Quentin-en-Yvelines, Marne-la-Vallée, Sénart) reliées à Paris par des autoroutes de banlieues et un réseau ferroviaire de proximité (Réseau express régional) furent aménagées. Si, au début, les aménageurs étaient persuadés de limiter le développement de la région parisienne et de développer d'autres villes françaises, ils comprirent vite que ce serait déjà bien s'ils réussissaient à harmoniser la répartition de la population de la région en mettant en valeur des pôles de développement éloignés de Paris, lesquels auraient une véritable autonomie. Les cinq villes nouvelles parisiennes furent alors créées sur des sites localisés de 15 à 50 kilomètres de la capitale. Ces villes nouvelles se voulaient différentes des banlieues dortoirs; elles voulaient devenir des villes où l'on réside, vit et travaille; elles ne voulaient pas être des banlieues! Les cinq villes nouvelles franciliennes abritent aujourd'hui 850.000 personnes; entre 1975 et 1990, elles ont absorbé jusqu'à la moitié de la croissance démographique de l'Île-de-France. On ne peut donc pas parler d'échec. Quoi qu'il en soit, cette politique n'a eu aucune influence sur la restructuration de l'occupation du territoire français.

Il semblerait, d'ailleurs, que les décideurs politiques hésitent à mener une politique ambitieuse et efficace en ce domaine. Le projet qui occupe les élus franciliens, en ce moment, est un aménagement du réseau ferroviaire. Il sera très utile pour l'Île-de-France mais il n'aura vraisemblablement que très peu d'influence sur le reste du territoire. Il s'agit du **Grand Paris Express** qui est un projet de réseau de transports publics composé de quatre lignes de métro automatique autour de Paris et de l'extension de deux lignes existantes. D'une longueur totale de 200 kilomètres, il combine réorganisation économique (pôle de Saclay), désenclavement des banlieues délaissées (ce qui garantira un meilleur accès à l'emploi), lutte contre la pollution et le réchauffement climatique, réduction des temps de trajet et allégement du trafic de certaines lignes. Comme vous pouvez le constater sur le plan situé dans l'exercice de réflexion de cette leçon, il s'agit de rompre la logique concentrique qui impose aux habitants de banlieue de passer par Paris pour se rendre dans une autre banlieue, ce qui entraîne toujours une congestion de la zone centrale. Le plan circulaire a été inauguré par les récentes lignes de tramway qui relient déjà des espaces périphériques entre eux. Ici, ce sont trois cercles juxtaposés qui mettent les banlieues en relation tout en permettant, grâce à la ligne 14, de rejoindre le réseau parisien central en forme d'étoile. Le réseau existant est donc inclus dans la logique de l'ensemble ce qui permettra de le désengorger.

Leçon 3: Les projets de développement en outre-mer.

A- Les espaces insulaires.

La politique d'aménagement du territoire est encore timide dans les espaces ultramarins. Il faut dire que si l'on regarde le nombre d'habitants, l'État central ne considère pas encore qu'il soit urgent d'agir. Quoi qu'il en soit, la grande majorité de ces espaces sont des îles, c'est-à-dire des espaces fragiles et dépendants de l'extérieur. De plus, ces territoires sont de petite taille; ils ont des écosystèmes très sensibles et sont soumis au danger du surpeuplement. Le besoin en logements, l'étalement urbain, les politiques de transports, la gestion des déchets, la recherche d'eau potable sont autant de risques pour le milieu naturel. Les politiques d'aménagement du territoire qui sont projetées semblent d'un autre âge pour les métropolitains. Elles montrent que le développement de ces endroits n'en est qu'à ses débuts. Ainsi, le plan «EAU-DOM» constitue le cadre dans lequel les acteurs publics veulent intensifier leur action dans le domaine de la fourniture d'eau potable et du traitement des eaux usées, des services qui sont une condition essentielle pour la stabilisation des populations et qui ne sont toujours pas généralisés en outre-mer. Il est aussi envisagé de développer les dispositifs d'accueil collectif des enfants de moins de trois ans, en priorisant les territoires où ils sont les plus nécessaires; on estime, en 2018, que les besoins s'élèvent à 6500 places. Plus de classes de crèche pourrait conduire les jeunes mères à ne pas migrer vers la métropole. Dans cet ordre d'idée, 700 millions d'euros d'argent public sont budgétisés, pour la période 2018-2022, dans le cadre des pactes d'investissement dans les compétences pour accompagner les jeunes vers l'emploi et les former aux filières d'avenir. On a prévu un contrat de professionnalisation des jeunes adapté à l'outre-mer et des formations de pré-emploi afin d'intégrer les populations les plus fragiles dans le système de production.

Le développement économique est supposé décourager les migrations. En Martinique, grâce au Fonds européens de développement régional, on a planifié des aménagements urbains qui sont destinés à renforcer l'activité commerciale de proximité (réalisation de parkings, aménagement et réhabilitation de marchés, opérations de rénovation urbaine). Le nord de l'île étant plus défavorisé, le plan local pour l'investissement et l'emploi est particulièrement actif. Il met en œuvre des opérations d'accompagnement de parcours, de mobilisation, d'accompagnement à la création d'entreprise, d'ateliers chantiers d'insertion, d'immersion en entreprise et en Structures Intermédiaires d'Insertion par l'Activité économique (SIAE), ainsi que des actions de soutien à la formation professionnelle diplômantes et qualifiantes et à la mobilité.

B- La Guyane.

La Guyane fait figure d'opposition géographie: elle couvre près de 84.000 km2, ce qui correspond, à peu près, à la superficie de l'Autriche. C'est un terre d'asile pour les étrangers: un tiers de la population guyanaise, soit plus de 80.000 habitants, est d'origine étrangère. La forte fécondité et l'immigration feront doubler la population d'ici 2030. La densité est dérisoire, elle est inférieure à 3 habitants au km², soit 8 fois moins que celle de la Lozère. Malgré ses 84.000 km² de superficie, la Guyane voit l'essentiel de sa population concentrée sur la bande côtière. La ville de Cayenne regroupe à elle seule plus d'un tiers de la population totale. Les communes de l'intérieur sont immenses, de la taille d'un département, voire d'une région de la métropole. 94% du territoire est couvert par la forêt amazonienne, espace dépeuplé qui appartient en quasi-totalité au «domaine privé» de l'État français.

Favoriser les mobilités entre les territoires et remédier à la problématique d'enclavement de certains pôles de la Guyane a conduit à la mise en place d'infrastructures aériennes performantes. Les liaisons aériennes constituent ainsi un facteur d'attractivité économique, d'échanges et de communication. Les politiques d'aménagement du territoire engagées depuis 2015 visent à renforcer les capacités de l'aéroport Félix Éboué dans un objectif d'accroissement des trafics moyennes et longues distances (recherche de nouvelles liaisons au niveau de la Caraïbe, du plateau guyanais et de toute l'Amérique). Les aérodromes régionaux permettent de développer les lignes intérieures. Parallèlement, le renforcement et le développement du maillage routier doivent participer à l'accroissement des échanges de biens et de personnes entre les six territoires qui composent la Guyane. Par ailleurs, afin de désengorger les réseaux existants, de fluidifier la circulation et de désenclaver des secteurs d'habitation ou à vocation économique, il est prévu d'améliorer le maillage routier interurbain comme, par exemple, la « route du centre » à Matoury. La création de services publics de transports (routiers) en commun devrait rendre le territoire plus accessible. Le schéma d'aménagement régional a également pour objectif de développer les ports maritimes et fluviaux.

Le tourisme étant un relais de croissance et une activité pourvoyeuse d'emplois, plusieurs projets sont en cours d'étude (centre régional de congrès, maison des cultures et des mémoires de la Guyane à Cayenne, maison du carnaval à Kourou, aménagements permettant un accueil de qualité des croisiéristes à Dégrad des Cannes, Cayenne, Roura et Kourou, aquarium, extension du Zoo de Macouria, office de la biodiversité amazonienne de Guyane, jardin botanique...). La satisfaction des besoins énergétiques de la Guyane doit conduire à instaurer des règles permettant un recours généralisé aux énergies renouvelables. Le schéma d'aménagement régional prévoit le déploiement de centrales de valorisation de la biomasse, la poursuite de projets d'installations solaires, l'implantation de petites centrales hydrauliques, d'hydroliennes, d'éoliennes, de centrales hybrides (thermique et solaire).

A l'horizon 2030, on prévoit la constitution d'un maillage dense d'institutions de formation afin de permettre aux jeunes d'effectuer toutes leurs études en Guyane. Afin de suivre l'évolution démographique, les autorités s'engagent à bien répartir, sur tout le territoire régional, les écoles, collèges et lycées. Le réseau médical étant très insuffisant, un gros effort devrait être fait: on développera les structures hospitalières de Cayenne, Kourou et Saint-Laurent-du-Maroni, on créera deux hôpitaux à Maripasoula et à Saint-Georges, des structures de prise en charge des personnes âgées et en situation de handicap, des écoles d'infirmières et d'autres concernant les métiers de l'enfance (sage-femmes, auxiliaires de puériculture). La Guyane est un territoire tellement vaste, neuf et peu peuplé que la planification du développement peut s'effectuer, ce qui est un fait extrêmement rare, avant l'apparition des premiers déséquilibres spatiaux.

Exercice de réflexion:

Le projet du Grand Paris Express peut-il rééquilibrer l'espace francilien? (20 lignes).

La région parisienne est victime de ses atouts. La Seine, fleuve navigable, hélas, a permis, dès les premiers peuplements, de mettre en relation, les territoires situés en amont et en aval. La sédentarisation du pouvoir souverain dans la région (fin 16ᵉ-début 17ᵉ s.), la concentration des routes, puis des lignes de chemin de fer sur la capitale, la présence d'un trop grand nombre d'industries et d'entreprises de service, ont entraîné la formation d'un espace urbain énorme qui attire les populations en recherche d'emploi, ce qui engorge les réseaux de transport et finit par rendre la région dysfonctionnelle. Aujourd'hui, si l'État central ne cherche plus véritablement à rééquilibrer l'espace de production français, ce qui est une erreur fondamentale, le pouvoir régional a la très ferme volonté de rendre l'Île-de-France praticable. Ainsi, le vieux réseau ferroviaire en étoile et le métro parisien doivent se mouler dans une nouvelle organisation de l'espace qui vise à faire communiquer les périphéries (qui accueillent de très nombreux résidents et activités économiques). Il ne sera bientôt plus nécessaire de passer par la ville centre (Paris) pour se rendre dans une autre banlieue. Vous remarquez sur la carte que le nouveau réseau en auréole communique très bien avec l'ancien réseau en étoile grâce aux lignes 14 et 11, ce qui permettra aux 2.150.000 parisiens de se rendre dans les banlieues beaucoup plus facilement. Le résultat sera une très bonne mise en relation entre les travailleurs et les activités économiques. On peut donc raisonnablement penser que les gens auront désormais tendance à s'installer en banlieue, sachant qu'ils pourront se déplacer beaucoup plus facilement, sans devoir prendre un transport individuel. Cependant, il y a un phénomène très particulier dans la ville centre: elle attire les résidents qui dépensent des sommes folles pour y habiter. On remarque que la moyenne d'âge des parisiens ne cesse d'augmenter, qu'il y a de moins en moins d'enfants (on ne cesse de fermer des classes dans le primaire et le secondaire) et que les acheteurs bénéficient d'un solide capital (issu principalement d'héritages). On peut donc en déduire que ce sont des personnes relativement âgées qui quittent la banlieue pour venir habiter à Paris. Le snobisme, la présence de nombreux commerces, de structures de soins et d'institutions culturelles peuvent expliquer, en partie, ce phénomène. Avec l'arrivée de ces services en banlieue, ce phénomène pourrait alors s'inverser. Cependant, les investisseurs continuent aussi à acheter des appartements pour les louer. Pourraient-ils se tourner vers la périphérie avec l'évolution des espaces après la mise en place du Grand Paris Express? Il est difficile de répondre car, du fait du vieillissement général de la population, il y aura de plus en plus de personnes ne travaillant pas, se déplaçant peu, qui préféreront toujours se localiser près des services qu'elles utilisent le plus. La politique des transports est donc insuffisante dans le cas de Paris. Il faudrait remettre des jeunes dans le centre-ville (avec la construction de nombreux logements sociaux, notamment dans le 7ème où il n'y en a, pour ainsi dire, pas), brider le prix des loyers et mettre des plafonds sur les prix de vente des biens immobiliers. En fait, c'est la chute de la rentabilité du capital investi dans la pierre qui pourrait faire baisser le nombre d'habitants (âgés) dans Paris.

1

https://commons.wikimedia.org/wiki/File:Grand_paris_express.svg?uselang=fr

---

1. https://commons.wikimedia.org/wiki/File:Grand_paris_express.svg?uselang=fr

Thème 3: Des mobilités généralisées.

Il n'y a jamais eu tant de monde sur la Terre ni tant de déplacements. Pour simplifier les choses, on peut distinguer les déplacement temporaires (les flux touristiques par exemple) et les déplacements définitifs (les migrations). Ces deux facteurs ne posent pas les mêmes problèmes car ils ne pèsent pas de la même manière sur la gestion des ressources.

Séquence 18: Les flux touristiques.

Leçon 1: Des pays riches vers les pays pauvres.

A- Vers l'Asie du sud-est.

Une grande partie des flux touristiques concerne des déplacements qui s'effectuent des pays riches vers les pays pauvres, ce qui, a priori, peut nous faire croire que, de cette manière, ce sont les riches qui vont financer, grâce à l'argent dépensé, les espaces les moins développés. En Asie du sud-est, c'est principalement le marasme économique des années 80 qui a poussé les gouvernements et acteurs privés à diversifier leur économie qui était principalement fondée sur l'agriculture et l'exportation de matières premières. Les infrastructures touristiques étaient relativement simples et peu coûteuses; il s'agissait de construire, principalement, des hôtels, des routes et des aéroports. Les devises amenées par les touristes étrangers allaient alors permettre de les financer et de développer des activités annexes comme les loisirs et un artisanat qui avait pour but de s'industrialiser. Le résultat fut à la hauteur des espérances. De nombreux emplois furent créés, ce qui contribua à faire baisser le taux de pauvreté des endroits touristiques.

C'est principalement grâce à l'avion que les touristes arrivent sur place. Si on prend tout l'espace asiatique, en 2015, 61% des visiteurs ont utilisé ce mode de transport. La place du transport aérien a considérablement augmenté grâce à la politique d'abaissement du prix du billet d'avion des compagnies low cost. La proportion du transport maritime ne cesse de baisser: il est passé de 9%, en 1995, à 6% en 2015. Comme dans les autres parties du monde, la motivation du voyage concerne les loisirs et les vacances; les voyages d'affaires ne concernent que 12% des déplacements dans l'espace asiatique, en 2015. La particularité du tourisme asiatique est de se faire à l'intérieur même de l'Asie. Ainsi, environ 80% des visiteurs sont des Asiatiques. Avec le développement économique de la Chine et l'apparition d'une classe moyenne nombreuse dans ce pays, les Chinois sont devenus les voyageurs les plus nombreux. Avec les Coréens et les Japonais, ils sont à l'origine d'un flux touristique important qui va du nord vers le sud. On peut d'ailleurs le vérifier en ce qui concerne les personnes qui visitent les Philippines.

Le tourisme philippin génère 10,6% du **produit intérieur brut** (richesse produite dans le pays par les entreprises nationales et étrangères). 18,8% des emplois se trouvent dans ce secteur. C'est un tourisme qui est principalement balnéaire: Boracay est connue pour ses plages de sable blanc et sa vie nocturne alors que Moalboal permet aux plongeurs d'admirer des paysages de coraux. Les montagnes, les forêts pluviales et quelques sites historiques diversifient l'offre touristique. Ce sont les Coréens du sud qui sont les principaux visiteurs; leur nombre ne cesse d'augmenter depuis 2011. Viennent ensuite les Américains, les Chinois et les Japonais. L'espace philippin représente un flux touristique classique: un déplacement de courte durée de pays riche à pays pauvre. Ainsi, un atout géographique indispensable au repos (la plage), un niveau de vie bas et des transports peu coûteux permettent au plus grand nombre de s'offrir cette destination, ce qui permet alors d'expliquer le **tourisme de masse**.

B- Vers la Tunisie.

Dans cet ordre d'idée, et malgré la concurrence du Maroc et de l'Espagne, les bas coûts de la Tunisie attirent également de nombreux visiteurs qui viennent de pays riches. Le secteur touristique tunisien subit, néanmoins, le contrecoup de la "révolution du jasmin". Ainsi, il y eut une chute de 40% en janvier 2011 (entrées et recettes) par rapport au même mois de 2010. Cependant, ce sont les attentats du musée du Bardo (18 mars 2015) et de la plage de Sousse (juin 2015) qui ébranlèrent durablement le secteur. En effet, ce sont, respectivement, 22 et 38 personnes qui furent tués (très majoritairement des touristes). Le terrorisme avait déjà touché l'Afrique du nord, notamment l'Égypte, mais la Tunisie faisait figure de havre de paix isolé de la furie du monde moderne, ce qui lui garantissait un flux continu de visiteurs venus principalement d'Europe du nord. Après les attentats, ce pays n'apparaissait pas plus sûr qu'un autre. Néanmoins, grâce au retour du calme, les touristes commencèrent à revenir à partir de 2017.

La Tunisie attire majoritairement des touristes en vacances (81,9%), bien plus que des hommes et femmes d'affaires en déplacement professionnel (18,1%). En 2014, ce secteur emploie directement 6,8% de la population active, ce qui représente 13,9% de la population active si l'on tient compte des emplois induits. Dès 1986, la majorité des visiteurs arrivaient par avion, ce qui représente, aujourd'hui, environ 80% des arrivées. Les trois quarts d'entre eux voyagent dans le cadre de voyages organisés dont le forfait comprend l'avion et le logement. Les deux tiers des touristes étrangers sont des Européens, principalement des Français. Ils séjournent sur le littoral qui représente 93% de la capacité d'hébergement. Les flux sont très fortement concentrés sur la haute saison estivale; la période qui s'étend de juin à septembre représente 46% des entrées annuelles.

Les site balnéaires ressemblent à ce que l'on trouve sur la Costa del Sol: l'habitat fait face à la plage, à la mer, au soleil implacable de l'Afrique du nord. Le voyageur n'a donc pas beaucoup de trajet pour rejoindre le lieu où il passera la plus grande partie de sa journée. On est véritablement dans l'univers urbanisé et standardisé du tourisme balnéaire de masse. Néanmoins, la région d'aménagement de Sousse nord cible une clientèle plus fortunée: on y trouve un port de plaisance de 340 anneaux et un golf international de 18 trous.

Le cas de Djerba (île située au sud de la Tunisie) est, quant à lui, un cas particulier car il met en relation les déplacements touristiques nord-sud et les migrations de travail sud-nord. Cet aménagement touristique commencé vers 1968 a représenté, pendant longtemps, pour les Tunisiens du continent, un substitut à la migration temporaire en France. L'offre d'emplois touristiques saisonniers permettait aux ruraux de trouver un emploi pendant la période estivale. Certains d'entre eux s'établirent définitivement sur l'île. Ainsi, ces migrants tunisiens représentaient, à la fin des années 1990, environ 45% de l'ensemble des habitants de l'île et 60% des actifs. Les emplois touristiques étant précaires, les jeunes travaillant sur l'île cherchaient à nouer des contacts avec les touristes afin de planifier une émigration vers l'Europe du nord. L'île de Djerba servait donc de tremplin vers l'étranger, principalement pour les garçons qui rêvaient d'une vie meilleure en France ou en Allemagne: des lettres d'accueil et, dans certains cas, un mariage, encourageaient les départs. Aujourd'hui, l'extrême méfiance de l'Europe du nord limite considérablement ce mouvement.

Leçon 2: Entre pays riches.
A- Les flux intra-communautaires.

Le tourisme européen représente environ 10% de la richesse produite et emploie 26 millions de personnes (directement et indirectement), surtout des personnes peu qualifiées appartenant à des populations fragiles, d'où son extrême importance sociale. À l'intérieur de l'**espace Schengen** (accord de libre circulation des personnes), 400 millions d'Européens sont susceptible de devenir des touristes intra-communautaires. Ainsi, selon Eurostat, pour l'année 2015, 61% des résidents européens âgés de 15 ans et plus ont fait un voyage touristique. Lorsque ces Européens partent en vacances à l'étranger, la plupart d'entre eux choisissent de séjourner dans les autres États membres de l'Union Européenne. Suivant les années, cela représente les deux tiers des séjours réalisés à l'étranger par les touristes européens. Il faut signaler ici que, lors de périodes de crises (guerres, attentats, épidémies, catastrophes naturelles...), les flux touristiques intra-communautaires demeurent solides car cet espace est considéré plus sûr que les autres destinations, ce qui est loin d'être vrai.

En 2016, les voyages faits par les résidents de l'Union Européenne dans un autre État membre avaient une durée moyenne de 7 jours, soit un écart qui allait de 2,6 jours en Estonie à 10,4 jours à Chypre. Ces différences de durée s'expliquent par la corrélation entre l'accessibilité de la destination et sa proximité de la majorité de ses visiteurs. Ainsi, les Finlandais étant à la fois les principaux visiteurs de l'Estonie et des voisins, cette destination n'implique que de très courts séjours; le voyage étant plus coûteux pour Chypre, le voyage n'est rentabilisé que si le voyageur reste plus longtemps. Cette même année, 47% des voyageurs intra-communautaires utilisèrent l'avion et 36%, un véhicule motorisé. Les destinations ensoleillée du sud (qui attirent des voyageurs plus éloignés venus du nord de l'Europe) impliquent que 97% des visiteurs intra-communautaires qui arrivent à Chypre utilisent l'avion; ils sont 88% à Malte, 87% en Grèce et 84% en Espagne. Compte tenu de l'infrastructure ferroviaire à grande vitesse, le chemin de fer est utilisé par 20% des visiteurs qui viennent en Belgique et 15% de ceux qui arrivent en France. Juillet et Août sont les mois les plus concernés par ce genre de tourisme alors que janvier est le mois le plus creux.

Si la majorité des déplacements concerne le tourisme urbain, balnéaire et de sport d'hiver, un autre type de déplacement touristique s'est mis en place sur la Costa del Sol. En effet, l'uniformisation des règlements et pratiques à l'intérieur de l'Union Européenne, notamment en ce qui concerne les frais de santé, a permis aux retraités du nord de passer une partie de l'année dans le sud. Ainsi, dans la région qui s'étend de Nerja à Málaga, on trouve de nombreux Anglais, Allemands, Néerlandais et Danois retraités qui séjournent de novembre à avril. Quand ils travaillaient, ils passaient souvent leurs vacances dans cette région; ils ont d'ailleurs pu apprendre l'espagnol; l'âge de la retraite venue, ils n'hésitent pas à acheter une résidence secondaire pour y passer une partie de l'année.

Vue de la promenade faisant face à la mer à Algarrobo Costa.
http://www.andalucia.org/media/fotos/image_152891_jpeg_800x600_q85.jpg

L'exemple le plus caricatural en la matière est le village de Competa, lequel est situé à 20 km à l'ouest de la photo de dessus. De grandes maisons avec piscines, vides en été, accueillent les retraités du nord en hiver. À cette période, on n'entend jamais parler espagnol dans les rues; l'espace ressemble à une sorte de ghetto de riches retraités. L'exemple d'Algarrobo Costa est à la fois plus intéressant et représentatif car il concerne beaucoup plus de personnes (leurs revenus sont beaucoup moins élevés). Dans cet endroit, ce sont principalement les Allemands qui sont les touristes. Les plus téméraires viennent quelques années avant la retraite pour ouvrir un commerce et organiser la fin de leur vie; le marché de l'emploi étant totalement sinistré (l'Andalousie est l'une des régions les plus pauvres et les plus touchées par le chômage en Europe), les autres préfèrent attendre la date de leur retraite pour s'y installer presque à demeure. Ce flux touristique génère un certain type d'habitat. L'immeuble en jaune qui est loin d'être luxueux (mais qui est très bien entretenu) offre de petits appartements bon marché; au pieds, on trouve la piscine (qui appartient à cette résidence), des bars et des restaurants où tout le monde parle allemand (car la très grande majorité des propriétaires de l'immeuble sont allemands). À longueur de journée, les télévisions des cafés diffusent des matchs en allemands. La cuisine, les palmiers, la promenade et les plages restent espagnoles, mais on assiste bien à une recomposition du paysage social, lequel oppose, géographiquement, les retraités étrangers, relativement riches, en bordure de plage, et les Espagnols, relativement pauvres, dans des habitats périphériques moins bien entretenus. Ajoutons que les Espagnols sont très conscients de la nécessité de développer ce nouveau type de tourisme pour élargir la période touristique qui, même là, est très concentrée sur la période estivale, et, donc, gagner de l'argent tout au long de l'année (ce qui, au total, revient à en gagner plus).

B- Les flux entre le reste du monde développé et l'Union Européenne.

L'Union Européenne accueille également de nombreux touristes qui viennent d'autres endroits du monde. Ce sont d'ailleurs la France, l'Espagne et l'Italie qui sont les destinations européennes les plus appréciées par les touristes internationaux. 55% de ces derniers utilisent principalement l'avion pour s'y rendre (en 2016). Ce sont les Suisses, les Américains et les Asiatiques qui sont les principaux visiteurs, les Chinois étant de plus en plus nombreux. Parmi les visiteurs européens ne faisant pas partie de l'UE qui y viennent pour passer leurs vacances, on trouve, à la première place, les Suisses, lesquels se rendent principalement en Italie, en Allemagne, en France et en Espagne. Les Russes, se situent à la deuxième place; ils affectionnent les destinations ensoleillées de Grèce, d'Espagne, d'Italie, de Croatie.

Depuis quelques années, les touristes asiatiques et du Pacifique se font de plus en plus nombreux. Pour la période 2012-2016, le taux de croissance de ces visiteurs s'est établi à 16% par an. À l'intérieur de ce groupe, ce sont désormais les voyageurs Chinois (en incluant les habitants de Hong Kong) qui sont les plus nombreux, devant les Australiens, les Japonais et les Coréens du sud. Les Chinois affectionnent particulièrement l'Italie, le Royaume Uni, la France, l'Allemagne, l'Espagne et l'Autriche. Quant aux Australiens, ils visitent principalement le pays de leurs ancêtres, à savoir le Royaume Uni et l'Italie. Les Japonais visitent principalement la France, l'Espagne et l'Allemagne; les Coréens du sud se dirigent vers l'Italie, l'Espagne, l'Allemagne, la France et la Croatie. En somme, c'est principalement le tourisme culturel et historique qui amène ces peuples en Europe.

Les Américains des USA sont des clients fidèles depuis des années. Leur histoire est tellement liée à celle de l'Europe qu'ils continuent à visiter le Royaume Uni (beaucoup d'entre eux ont des ancêtres Anglais, Écossais ou Irlandais), la France (le débarquement en Normandie n'est pas un mauvais souvenir) et l'Italie (l'émigration italienne aux USA a été considérable). L'Espagne est une destination qui les attire de plus en plus. Ainsi, 20% des voyageurs qui ont choisi, pour la période d'avril à juin 2018, de venir séjourner en Espagne sont des habitants des USA. Ils apprécient particulièrement la ville de Séville. Ceux d'entre eux qui visitent cette ville sont âgés de 35 à 40 ans; ils ont un bon niveau social, ce qui les conduit à séjourner dans des hôtels de 4 et 5 étoiles. Ils recherchent l'exotisme extrême de la ville, le cliché espagnol composé de corridas, de spectacles de flamenco, de bars à tapas (petits plats de nourriture très grasse). Ils s'intéressent également au passé historique et n'oublient pas de visiter la Cathédrale avec la Giralda, l'Alcazar et la Place d'Espagne. Les Canadiens viennent aussi en Espagne mais ils préfèrent le Royaume Uni et l'Italie. Quant aux Brésiliens, ils se dirigent principalement vers l'Italie, le Portugal, l'Espagne et la France.

L'UE accueillent aussi des Africains, les plus riches d'entre eux: ceux qui viennent d'Afrique du Sud. Ils visitent très majoritairement le Royaume Uni. Ainsi, quelle que soit l'origine géographique du touriste international qui visite l'UE, il s'agit toujours de visiteurs disposant d'une certaine aisance et qui viennent uniquement pour passer des vacances assez courtes.

C- Le tourisme à Dubaï.

À Dubaï, les visiteurs sont encore plus privilégiés. Ce sont alors les riches Indiens, les habitants d'Arabie Saoudite, les Anglais, les Chinois, les Russes, les Américains, les Allemands et les Iraniens qui forment le gros des contingents de touristes. L'objectif des autorités est de faire de cette ville la quatrième destination la plus visitée au monde en restant positionné sur le tourisme de qualité, celui qui attire les personnes les plus fortunées et qui allie plages, hôtels prestigieux et achat d'objets de luxe. Avec la plus haute tour du monde, la **Burj Khalifa**, qui mesure 829,8 m, et sa skyline de gratte-ciels très design, c'est New York sur mer que l'on a créé. Il faut également ajouter que le tri se fait par le prix du billet d'avion et du logement sur place: la grande majorité des chambres d'hôtels est située dans des établissements de 4 et 5 étoiles; le tourisme de masse ne se développera pas ici.

Si Dubaï est devenue une destination touristique importante, c'est d'abord parce que la ville jouit d'une grande stabilité politique alors que la région est plus une poudrière qu'un havre de paix. C'est aussi grâce à sa compagnie aérienne nationale, *Emirates*, qui a fait de la ville le centre d'un réseau de communication mondiale qui relie environ 150 destinations réparties sur les cinq continents; aujourd'hui c'est un **hub** (plate-forme de redistribution des flux de personnes et de marchandises) qui unit intimement l'Europe, l'Afrique, l'Asie et l'Océanie. Ainsi, l'aéroport international de Dubaï s'est imposé, depuis 2014, comme le premier aéroport mondial en termes de passagers internationaux. Il ambitionne d'accueillir 98 millions de passagers en 2020 et de se hisser à la première place mondiale en termes de flux globaux, devant Atlanta et Pékin. Pour dominer le transport aérien mondial, l'ouverture, en 2013, d'un second aéroport passagers, *Al Maktoum international*, au sud de la ville, contribuera à accroître encore la fréquentation touristique de cette région. La construction du premier terminal pour les paquebots de croisières, en 2001, et l'ouverture du deuxième, en février 2010, a déjà permis de diversifier l'offre touristique et de donner naissance à des flux de visiteurs venant de Singapour, Sydney, Athènes, Douvres, Venise, Le Cap, Istamboul, New York, Miami, Los Angeles, Hong Kong, Shanghai...

Pour atteindre l'objectif de 20 millions de visiteurs par an, le gouvernement organisera une Exposition Universelle en 2020. Ce sera la première fois qu'un pays du Proche et Moyen-Orient accueillera une Exposition Universelle. Cette manifestation sera accompagnée d'une politique de développement des infrastructures. De nombreux projets immobiliers ont d'ores et déjà vu le jour. En plus des 30 hôtels prévus pour accueillir les visiteurs, il y aura le parc d'attraction Légoland, le Dubaï Opera House (un opéra) et The Frame (un cadre immense permettant d'avoir un aperçu sur la vieille ville d'un côté et sur la nouvelle ville de l'autre).

Exercice de réflexion:
L'utilisation de l'espace sur la côte d'Algarrobo est-elle intelligente?
(15 lignes).

http://www.andalucia.org/media/content_images/
main_image_40668_jpeg_800x600_q85.jpg

Les flux touristiques mettent en relation un espace jugé stressant et un autre qui ne l'est pas. Manifestement, à en juger par cette photo, on serait plutôt sur un espace de repos, même si les immeubles en bas à gauche ressemblent à des grands ensembles de la région parisienne! L'espace montré est d'une grande simplicité: des montagnes et la mer encadrent une plaine côtière assez étroite, laquelle est traversée par un cours d'eau (regardez en bas à gauche, entre les immeubles très géométriques et les pavillons bien alignés). La localisation des constructions n'est pas idéale. Elles sont trop proches de la mer qui, chaque année, grignote la plage, ce qui oblige la municipalité à aller chercher du sable dans la rivière que vous voyez pour redonner du volume à la plage. En outre, dans une région ou les rares pluies (début novembre et fin mars) sont extrêmement fortes, c'est toujours une mauvaise idée d'être près d'un fleuve. Malgré cela, on ne peut pas considérer que cette côte soit «bétonnée». En effet, ce qui apparaît en vert sont des espaces agricoles où l'on fait pousser des légumes (choux, fèves et haricots en hiver, tomates et poivrons en été). Les arbres en haut, à gauche, ne sont pas une forêt mais une plantation d'arbres fruitiers tropicaux (néfliers du Japon ou avocatiers). Les grands rectangles blancs sont des serres recouvertes par un plastique jaune, en fait. Vous n'y avez pas pensé mais, connaissant bien l'endroit, je peux vous affirmer qu'il y a une grande compétition pour l'eau: les touristes en consomment beaucoup, les cultures aussi. Quoi qu'il en soit, on ne peut pas dire que l'occupation du sol soit illogique: les touristes sont en front de mer, les cultures se positionnent derrière. Pour l'instant, du fait d'une population peu nombreuse, on peut affirmer que c'est un espace qui fonctionne bien. Cependant, compte tenu des réserves d'eau (le lac de retenue de La Viñuela qui a du mal à se remplir à plus de 50% de sa capacité depuis des années), l'activité touristique ne peut pas plus se développer pour l'instant.

Séquence 19 : Les migrations définitives.

Leçon 1 : Les migrations redoutées.
A- Vers les États-Unis.

Les migrations définitives impliquent une gestion plus compliquée. Il faut s'assurer que l'espace qui accueille le migrant peut à la fois lui fournir les biens nécessaires à sa vie et un travail. Face à l'explosion démographique dans les pays pauvres et les différents désordres internationaux, le nombre des migrants qui cherchent de meilleures conditions de vie dans les pays riches a considérablement augmenté, ce qui pose de nombreux problèmes aux sociétés occidentales. Les États-Unis, terre d'accueil depuis le début du 17ème siècle, sont, d'ailleurs, en train de mettre en œuvre des politiques de limitation de l'immigration car, depuis 2009, elle ne cesse d'augmenter. La moitié des flux migratoires, en volume, se dirigent vers les USA.

Nombre d'immigrés et leur proportion dans la population
des USA de 1850 à 2017.

Le principal flux est celui qui part d'Amérique centrale, passe par le Mexique et se termine aux États-Unis. Selon le *Rapport international sur les migrations* de 2017, environ 30 millions de Mexicains vivent aux USA; les émigrés qui viennent du Guatemala, du Honduras et du Salvador ne sont que 1,5 millions. Leur nombre ne cesse d'augmenter alors que celui des Mexicains stagne. L'Amérique centrale étant devenue l'un des endroits les plus violents au monde, même s'il n'y a pas véritablement de guerre, les populations les plus fragiles fuient pour rester en vie. Ainsi, on trouve surtout des femmes et des enfants, alors que dans les années 1990 et 2000, les migrants étaient surtout des hommes assez jeunes qui cherchaient du travail ou voulaient retrouver les membres de leur famille qui vivaient déjà en Amérique du nord. Dans cet ordre d'idée, on constate que les Mexicains restent au Mexique: les migrants illégaux du Mexique pris par la police sont passés de 1,6 millions, en 2000, à 130.000, en 2017. En 2018, il y a même eu plus de Mexicains qui ont quitté les USA que de Mexicains qui ont essayé d'y entrer. Il faut dire que ce pays est assez calme, que son économie est relativement dynamique, que le nombre de postes d'ouvriers dans la construction et les usines, aux USA, a stagné. De plus, la démographie mexicaine s'est occidentalisée: il y a moins de jeunes à intégrer dans le système de production.

Les migrants d'Amérique centrale qui traversent la frontière illégalement, contrairement à leurs prédécesseurs, n'essaient pas de fuir les patrouilles de police qui surveillent la frontière. En fait, ils se rendent spontanément pour pouvoir faire une demande d'asile politique dans les règles. On a du mal à estimer l'ampleur du flux, mais on dispose de quelques estimations: en 2010, il y avait 5886 migrants venant de cet endroit, ils étaient 25.989 en 2014. Cette année-là, l'administration Obama édicta une règle qui imposait le retour dans leur pays d'origine pour les clandestins membres de gangs, les criminels et personnes mettant en jeu la sécurité nationale. L'administration Trump a élargi les raisons de refoulement en incluant les personnes ayant commis un petit délit, comme un vol à l'étalage, ou ayant contrevenu au code de la route. Le message politique étant de protéger la nation de l'immigration, tout est bon pour fermer les frontières.

B- Vers l'Europe.

Depuis une dizaine d'année, la croissance de la population européenne s'explique principalement par l'immigration. Ainsi, 57 millions des résidents de l'Union Européenne sont nés dans un autre pays, ce qui représente 11,3% de la population totale. Sur ces 57 millions, environ 37 millions viennent de pays qui ne font pas partie de l'UE. Les désordres mondiaux sont le principal soutien de ce flux migratoire. Les demandeurs d'asile sont principalement des hommes jeunes (âgés de 18 à 36 ans). Le nombre de mineurs isolés ne cesse d'augmenter: en 2015 et 2016, environ 30% des demandeurs d'asile étaient des enfants. En 2017, la presque totalité des migrants sont arrivés en passant par la Méditerranée. 92% d'entre eux sont venus par la mer. Cette année-là, l'Italie a reçu 64% de ces migrants (119.369 personnes). Cela paraît élevé, mais le chiffre baisse du fait d'accords efficaces avec la Libye. On note également une diminution des arrivées en Grèce et en Bulgarie. En 2017, par exemple, il y a eu 35.052 entrées, contre 173.614, en 2016. En contrepartie, les flux se sont intensifiés en Espagne et à Chypre. Le mouvement générale est donc le même; il y a juste une évolution des itinéraires empruntés: le flux se déplace de l'est et du sud de la méditerranée vers l'ouest.

La nationalité des migrants qui arrivent en Italie évolue peu: on trouve toujours les mêmes nationalités. En 2016 et 2017, ce sont les Nigériens qui sont les plus nombreux, suivis des Érythréens, des Somaliens, des Marocains, des Bangladeshis. Les Irakiens, les Syriens et les Afghans sont les principaux groupes qui débarquent en Grèce. En 2017, on a également noté l'arrivée d'Algériens, de Palestiniens, de Koweïtiens et de Camerounais. La route de la Méditerranée centrale est la plus dangereuse: sur les 3119 décès en 2017, 2834 ont eu lieu sur ce trajet. Les flux migratoires en direction de l'Europe semblent baisser. Ainsi, il y eut 186.768 entrées en 2017, contre 387.739, en 2016, et 1.046.599, en 2015. Quoi qu'il en soit, comme aux USA, les opinions publiques sont très sensibles au problème migratoire, surtout en période de crise économique. Même l'Allemagne, qui a accueilli la majorité de ces migrants, est en train de limiter le nombre d'arrivées, d'autant plus que les partis nationalistes gagnent des sièges dans les assemblées en faisant ressortir le spectre de l'invasion barbare. D'ailleurs, depuis janvier 2017, 31.000 personnes ont été rapatriées dans leur pays d'origine, depuis la Libye, par l'Organisation internationale des migrations.

C- Le nord marocain comme zone de passage.

La Méditerranée est donc devenue la porte d'entrée de l'Europe car c'est du sud et de l'est que viennent les migrants et que c'est un maillon faible du fait de la faiblesse des États d'Afrique du nord, la Libye étant même une caricature d'État.

En 2018, le flux migratoire méditerranéen a baissé. Il faut dire que le message très accueillant des Allemands de 2015 a laissé place aux cris et aux murs anti immigration des Hongrois qui se vantent, aujourd'hui, d'avoir totalement stoppé le processus. Quoi qu'il en soit le nord du Maroc reste le maillon faible, plus exactement les enclaves espagnoles de Ceuta et Melilla. Le nombre d'arrivée a presque doublé entre 2017 et 2018: il y a eu 28.707 arrivées, en 2017, contre 64.427 en 2018. Ainsi, en 2018, la première porte d'entrée en Europe est l'Espagne marocaine, avec environ 40% des entrées illégales sur le continent. En fait, on revient aux circuits d'il y a dix ans. Cependant, avec le renforcement des contrôles, les passages sont de plus en plus risqués et, donc, de plus en plus coûteux. Sur cette route, les Guinéens sont majoritaires, suivis par les Marocains eux-mêmes, puis les Maliens. Les réseaux de passeurs se sont adaptés. Les tarifs en vigueur, selon la police espagnole, sont de 200 à 700 euros pour traverser le détroit de Gibraltar dans une embarcation de fortune, de 5 000 euros pour un scooter des mers et de 18 euros pour escalader les barrières hérissées de barbelés qui séparent le territoire du Maroc des enclaves de Ceuta et de Melilla.

La frontière entre Melilla et le Maroc.
https://img.20mn.fr/JKnxSpRQTk68Yw_kaY6zrA/640x410_la-frontiere-separant-le-maroc-et-l-enclave-espagnole-de-melilla-le-9-juillet-2014.jpg

Comme vous pouvez le constater sur cette photographie, une double barrière de grillages, régulièrement coupés à la cisaille par les migrants, est une faible protection contre des flux migratoires importants alimentés ici par la forte natalité des pays d'Afrique de l'ouest. L'espoir de trouver du travail facilement entraîne alors de jeunes hommes à traverser le désert et à affronter la police marocaine, laquelle n'hésitent pas à repousser vers ce désert, et sans eau, les migrants illégaux qu'elle intercepte. Ici, on n'a pas de statistiques sur les morts intervenues sur les routes de l'immigration par le Maroc mais elles ne seraient pas plus brillantes que celles dont nous disposons pour la Méditerranée.

Leçon 2: Les migrations intra-européennes.

A- L'est et le centre émetteurs.

La majorité des migrations à l'intérieur de l'Union Européenne concerne des déplacements de résidents de l'UE. Les États du centre et de l'est ont la population la plus mobile. Avec l'élargissement de l'UE à l'ouest, en 2007, (entrée de la Bulgarie et de la Roumanie), et en 2013, (entrée de la Croatie), le potentiel de mobilité s'est encore accru à l'est. Cependant, les traités d'adhésion de ces nouveaux membres ont autorisé les autres pays d'imposer des restrictions, allant jusqu'à sept ans, ce qui conduisit à la limitation des flux migratoires. Ainsi, en 2004, 12 des 15 plus anciens membres de l'UE adoptèrent des mesures de contrôle de l'immigration venant de l'est. En 2007, avec l'entrée de la Bulgarie et de la Roumanie, 15 des plus anciens membres de l'UE imposèrent un permis de travail. L'Espagne qui avait levé ses mesures limitant l'immigration des Roumains, en 2009, les remit, en 2011, afin de protéger son marché de l'emploi totalement sinistré.

Les pays de l'est qui entrèrent dans l'UE en 2004 virent un pic de migration de leur population en 2006. Le pic, pour la Roumanie et la Bulgarie, eut également lieu en 2006, un an avant leur entrée dans l'Union. La crise économique eut une influence sur les flux migratoires du fait de l'évolution des opportunités de travail. Ainsi, la Lettonie et la Lituanie qui virent leur PIB chuter de 10 à 20% assistèrent à un véritable exode de leur population, laquelle diminua de plus de 10% entre 2008 et 2012. Ce sont principalement les jeunes qui émigrèrent (il y eut une baisse de 20 à 25% des populations de jeunes travailleurs dans ces pays). L'émigration de masse continua entre 2013 et 2016. D'ailleurs, depuis 2013, on assiste à un regain de l'émigration des Européens du centre et de l'est du fait de l'amélioration du marché du travail en Europe de l'ouest.

Ces migrations semblent être définitives. En effet, même au plus fort de la crise, les émigrés de l'est et du centre se sont accrochés à leurs emplois et ne sont pas retournés dans leur pays d'origine. Il existe de très minces flux de retour aujourd'hui. Ils concernent la tranche d'âge 25-44 ans, qui est la tranche d'âge la plus mobile. Ce sont des hommes célibataires, diplômés, de moins de 45 ans, qui, à l'ouest, occupent des emplois peu qualifiés. Cela prouve que l'Europe de l'ouest n'intègre pas mieux que l'Europe centrale ses travailleurs les plus compétents. Cela conduit au ressentiment de ces gens et explique les problèmes structurels des économies et sociétés occidentales qui sont complètement immobiles et inégalitaires.

Ce sont l'Allemagne et la Grande Bretagne qui sont les destinations principales de ces flux migratoires. Il existe quelques excentricités toutefois. Ainsi, les Roumains préfèrent s'installer en Italie et en Espagne alors que les Estoniens privilégient la Finlande pour des raisons de proximité géographique et de similarité culturelle. L'Autriche, quant à elle, attire ses voisins: les Croates, les Slovènes et les Hongrois. Suivant les statistiques officielles de l'UE, les émigrés de l'Europe de l'est et du centre n'ont pas pris, massivement, le travail des populations locales car ils se sont dirigés majoritairement vers des pays qui avaient besoin de main-d'œuvre.

B- Toujours le sud.

L'émigration des pays du sud (Grèce, Italie, Portugal et Espagne) vers le nord et l'ouest de l'Europe nous montre un flux plus classique. De 2000 à 2012, le nombre des émigrés du sud vivant dans les pays du nord a baissé, même si le marché du travail de leur pays d'origine fut particulièrement touché entre 2008 et 2012. Il faut dire qu'une grande partie de la jeunesse peu qualifiée du sud de l'Europe se trouve en compétition avec une jeunesse plus qualifiée venant du nord et de l'est de l'UE. Quoi qu'il en soit, depuis 2013, les flux migratoires du sud sont repartis à la hausse. La mobilité intracommunautaire des Européens du Sud est d'ailleurs plus forte qu'avant 2008. Ils ont en particulier repris le chemin de l'Allemagne et du Royaume-Uni, ainsi que, dans une moindre mesure, celui de la France, où ils sont installés de longue date. Au Royaume-Uni, le nombre de ressortissants espagnols, grecs, italiens et portugais disposant d'une assurance sociale aurait été multiplié par 2,5 depuis 2010. De manière comparable, la propension à migrer des Européens ne croît pas mécaniquement avec le taux de chômage de leur pays d'origine. Dans les pays d'Europe du sud très touchés par la crise de la zone euro, les taux d'expatriation semblent particulièrement faibles par rapport à l'ampleur des problèmes économiques, notamment en Italie et en Espagne. Cela ne permet pas d'alléger le poids des demandeurs d'emploi sur le marché du travail. L'expatriation des Espagnols et des Italiens représente, respectivement, moins de 1% et de 4% des chômeurs dans ces deux pays (9% pour le Portugal). De plus, la relocalisation de la main-d'œuvre par l'émigration s'est largement faite hors d'Europe: les candidats au départ, en Europe du sud, ont préféré des destinations plus lointaines que l'Europe voisine.

Si on prend l'exemple de l'Espagne, on a assisté à une légère baisse de l'émigration de 2013 à 2015. Il y eut 215.400 départs, en 2013, contre 179.500 en 2015. Les flux majoritaires concernent des départs vers la Roumanie, le Royaume-Uni, l'Allemagne, la France et la Bulgarie. Les flux en direction de la Roumanie et de la Bulgarie concernent, bien sûr, des retours de Roumains et de Bulgares dans leur pays d'origine, alors que les autres montrent des migrations de travail des Espagnols. En 2016, l'État européen qui avait la population la plus importante de personnes nées en Espagne était la Grande Bretagne (126.900 personnes). La Belgique, deuxième pays le plus concerné par ce phénomène, venait très loin derrière avec ses 47.000 personnes. On remarque que la majorité de ces émigrés nés en Espagne sont plus jeunes et beaucoup moins diplômés que ceux qui, durant la période de crise, sont restés en Espagne. On peut alors penser que c'est la main d'œuvre la moins qualifiée qui a été la plus touchée par la crise, ce qui l'a conduit sur les routes de l'émigration. Il faudrait, toutefois, des statistiques par métiers pour mesurer ce phénomène. Il est fort probable que l'on trouverait beaucoup de jeunes travailleurs de la construction dans ce flux migratoire.

C- Le rejet de certains pays du nord.

Les flux migratoires européens inquiètent également certains pays qui reçoivent les plus forts contingents de ces migrants. Le Royaume-Uni s'affirme comme le premier pays de destination des migrants européens les plus récents et accueille plus d'un tiers des travailleurs ayant migré depuis deux ans dans un autre État membre. En 2015, il y avait environ 3,3 millions d'émigrés de l'Union qui vivaient en Grande Bretagne alors qu'ils n'étaient que 0,9 million en 1995. 2,5 millions de ces personnes sont âgés entre 16 et 64 ans; 2 millions travaillent. Les Polonais représentent 29% de ces émigrés. Londres accueille un tiers des émigrés vivant au Royaume-Uni. 70% d'entre eux déclarent qu'ils sont venus pour des raisons d'emploi. Ils sont plus diplômés, plus jeunes et reçoivent, en moyenne, moins d'aides sociales que les travailleurs nés au Royaume-Uni. Ce sont des concurrents directs des Britanniques sur les emplois les moins qualifiés (les employeurs préférant employer des personnes plus qualifiées, peu regardantes sur les conditions de travail et le salaire). Dans certains secteurs, comme l'hôtellerie, la restauration, les commerces alimentaires, et dans les grandes villes, les employés britanniques sont peu présents, ce qui alimente la peur des classes les plus populaires de se faire voler son emploi par ces étrangers.

C'est d'ailleurs cette immigration qui a été au cœur de la campagne référendaire sur le Brexit, en 2016. Avant la campagne, le Premier ministre de l'époque, David Cameron, avait été rappelé à l'ordre par d'autres dirigeants de l'UE lorsqu'il avait tenté de restreindre les droits des migrants européens aux prestations sociales britanniques. C'est le même ministre qui, certain que les citoyens britanniques voteraient pour rester dans l'UE, avait organisé le referendum demandant au peuple son avis sur la place du Royaume-Uni dans l'Union. Après une campagne nocive et l'assassinat de la députée Joanne Cox, le résultat donna tort à

Cameron: la majorité de la nation décida de quitter l'organisation européenne. Le Brexit, véritable casse-tête compte tenu du statut et de l'histoire de l'Irlande (pays majoritairement catholique dans un espace assez protestant), pourrait conduire les autorités à cesser de donner un accès privilégié à son territoire aux citoyens européens. Le premier ministre May a, toutefois, affirmé que les travailleurs les plus qualifiés continueraient à être accueillis. Cela n'arrange pas les Européens du centre, de l'est et du sud qui n'entreront vraisemblablement pas dans cette catégorie. Pour l'instant, rien ne change mais on peut raisonnablement penser que si le Brexit devient effectif les flux migratoires européens en direction de la Grande Bretagne diminueront considérablement.

Exercice de réflexion:
Pensez-vous que cette barrière de Ceuta soit efficace pour lutter contre l'émigration
qui se dirige vers l'Europe? (15 lignes).

http://www.ipsnews.net/Library/2015/06/Benzu-Flickr-629x472.jpg

La construction de murs pour protéger un territoire est très ancienne. Cependant, pour que ces derniers soient efficaces, il faut qu'ils soient hauts, larges et protégés par des guerriers armés qui tirent sur les assaillants. Toutes les murailles de Chine finissent par s'effondrer si elles ne sont pas défendues. Ici, la technique choisie est un double grillage suivi de fils barbelés torsadés et d'un fin mur en béton terminé par des barbelés en ligne. La première protection est facile à franchir: il suffit de se munir de pinces coupantes pour ouvrir les deux grillages. Le mur en béton est très peu haut. Même sans échelle, aidé par une autre personne, il est facile d'atteindre la zone de barbelés pour les couper à la pince. Cette protection est très peu efficace. En fait, ce sont les coups de matraque de la police marocaine qui permettent de réduire l'afflux des migrants. Quoi qu'il en soit, plusieurs fois dans l'année, ils se mettent en groupe pour prendre d'assaut ces faibles fortifications et finissent par passer en lançant des projectiles sur les policiers espagnols qui essaient de les repousser. Une fois posé un pieds en «Espagne», les forces de police sont obligées d'enregistrer leur demande d'asile. Lorsqu'ils ne réussissent pas à passer, ils restent de l'autre côté pendant des jours et planifient une nouvelle attaque en groupe du grillage. Si la mer est une frontière efficace du fait de la précarité des embarcations, des courants marins et des intempéries, les protections terrestres sont toujours des ouvrages faibles qui, avec de la bonne volonté et de nombreux bras, finissent toujours par être percés.

Séquence 20: Le cas de la France.

Leçon 1: Les migrations entre la métropole et les espaces ultramarins.

A- De la métropole vers les DOM-TOM.

Si on prend maintenant l'exemple de l'espace intérieur français, espace très éparpillé sur la planète, on remarque déjà un faible flux migratoire de la métropole vers les espaces ultramarins. S'il n'existe pas d'étude récente sur l'ensemble du phénomène, on se rend compte de certaines tendances en analysant les statistiques disponibles pour quelques territoires. Ainsi, en ce qui concerne la Polynésie française, on voit que les migrants non natifs de cet endroit représentent encore 85 % de l'immigration; ce sont le plus souvent des métropolitains, diplômés du supérieur et qui résident dans les Îles Du Vent. Ils travaillent principalement comme salariés du secteur public où ils occupent des postes de cadres, mais aussi dans le secteur privé. Cette caractéristique leur permet d'être beaucoup moins touchés par le chômage et l'inactivité. Le retour des migrants natifs se fait pour d'autres motifs que les non natifs. Ils reviennent souvent, entre 20 et 50 ans, mais aussi après 60 ans, de métropole où ils y ont travaillé ou poursuivi des études supérieures. Entre 2012 et 2017, 12.000 personnes sont arrivées en Polynésie; 76% habitaient auparavant en France métropolitaine, 11% dans un département ou une collectivité d'outre-mer et 13% à l'étranger. Huit fois sur dix, ces nouveaux arrivants s'installent dans les Îles du Vent. Parmi ces nouveaux arrivants, 9700 sont âgés de 15 ans ou plus et, huit fois sur dix, ils occupent un emploi. Les enseignants (professeurs, instituteurs et professions assimilées) représentent 20% des nouveaux arrivants en terme d'emplois; les policiers et militaires, quant à eux, représentent 17%. Parmi ces 12.000 personnes arrivées dans les cinq dernières années, 2000 sont natives de Polynésie, dont un tiers sont des diplômées du supérieur et sont âgés de 25 à 40 ans; ils s'intègrent rapidement au marché du travail: 80% déclarent avoir un emploi.

À La Réunion, 83% des habitants sont nés sur l'île. Avec la Martinique, il s'agit de la région française qui compte le plus grand nombre de natifs. Les Réunionnais de naissance sont peu enclins à la mobilité. Ainsi, seulement 29% des arrivants sont des natifs de l'île (soit 3 000 personnes). À l'opposé, 44% des partants sont nés à La Réunion (5 000 personnes). Chaque année, 1 700 actifs natifs sont de retour sur l'île; ils sont dotés d'un niveau de formation généralement élevé. Parmi eux, 43% sont titulaires d'un diplôme du supérieur contre 23% des natifs partants. Ainsi, le nombre des actifs nés sur l'île et titulaires d'un diplôme du supérieur augmente de 300 individus par le jeu des migrations. Il s'agit d'étudiants préalablement partis de La Réunion pour se former en métropole. Ils y sont certainement restés quelque temps après leurs études car ils reviennent le plus souvent sur l'île en famille, avec des enfants nés en métropole. En sens inverse, très peu d'étudiants métropolitains choisissent de venir faire leurs études sur l'île. La Réunion fait partie des régions les moins attractives pour les étudiants. La Réunion est également l'une des régions les moins attractives de France pour les actifs. L'éloignement géographique et un marché du travail très étroit sont de très gros désavantages. Ainsi, le taux d'entrée des actifs est de 15‰, ce qui est proche de celui des Antilles.

Sans tenir compte des échanges avec l'étranger, la Martinique a accueilli, en 2014, 5380 personnes qui habitaient une autre région française en 2013. Inversement, 6770 personnes, qui habitaient en Martinique en 2013, résident à présent dans une autre région française. Le taux d'entrée dans la région est de 14,1‰, taux légèrement supérieur au taux guadeloupéen, mais inférieur de cinq points au taux guyanais. Ayant un taux de sortie plus élevé (17,8‰), le solde migratoire de la Martinique avec les autres régions françaises est déficitaire. Ce déficit migratoire s'explique, là aussi, par l'isolement, les coûts d'installation et l'étroitesse du marché du travail. Un quart des échanges se font avec l'Île-de-France. Des échanges, moins intenses mais très significatifs, ont lieu avec l'Occitanie, Auvergne-Rhône-Alpes et Provence-Alpes-Côte d'Azur. En 2014, plus de 40% des actifs arrivés en Martinique occupaient un emploi public. Les professions intermédiaires de la fonction publique représentent près de 40% de ces emplois. Contrairement à la Guadeloupe où la proportion de cadres est comparable à celle des employés, la Martinique accueille plus d'employés (36%) que de cadres (24%). Un quart des actifs occupant un emploi public viennent d'Île-de-France. Avec des flux deux fois moins importants, on retrouve comme région antérieure l'Occitanie et Provence-Alpes-Côte d'Azur.

B- Des DOM-TOM vers la métropole.

En fait, les flux migratoires sont plus importants dans l'autre sens: de l'Outre Mer vers la métropole. Si on reprend le même exemple de la polynésienne, on remarque un déficit migratoire très important: 7700 personnes entre 2007 et 2012, ce qui représente plus de 1500 départs par an. Les 15-24 ans sont particulièrement concernés, avec un déficit migratoire de 4200 personnes en cinq ans, soit 8% de la classe d'âge. La Polynésie française a été durement frappée par la crise économique mondiale. Entre 2007 et 2012, la perte nette d'emplois salariés a été d'environ 2,5% par an et la dynamique de créations d'entreprises est restée faible. Par conséquent, on dénombrait 25.000 chômeurs en 2012 contre 12.700 en 2007, soit un doublement! Si on prend maintenant la période 2012-2017, on constate un léger ralentissement du phénomène: 1100 personnes par an sont parties, soit 17.500 personnes au total, ce qui représente 6% de la population. Parmi elles, 4500 avaient entre 18 et 25ans. Ainsi, tous les ans, un jeune adulte sur dix âgé de 18 à 25 ans quitte le territoire.

En ce qui concerne La Réunion, chaque année, 1800 actifs nés sur l'île partent vers la métropole, soit un taux de sortie de 6‰. Il est nettement inférieur à la moyenne des régions françaises (9‰). Seuls les actifs natifs de Corse quittent moins souvent leur région (3‰). Les jeunes qui quittent l'île sont principalement des étudiants majeurs. Chaque année, 2200 étudiants partent s'installer en métropole pour se former. Les filles sont aussi mobiles que les garçons. Ces jeunes partent, en majorité, entre 18 et 20 ans, soit, dès l'obtention du baccalauréat. Les étudiants ayant quitté l'île privilégient nettement les régions du sud de la France. Ces régions concentrent d'ailleurs 45% des natifs de La Réunion qui résident en métropole. L'assurance d'être plus proche d'un membre de la famille installé en métropole rassure probablement ces jeunes. Ainsi, seuls 15% des étudiants réunionnais choisissent l'Île-de-France alors que l'offre de formation y est pourtant la plus conséquente. Les actifs réunionnais, employés ou au chômage, sont peu mobiles: ils représentent 14 départs pour 1000 actifs. La Réunion se place parmi les régions les moins mobiles, avec le Grand Est et les Antilles, loin derrière la Guyane ou le Centre-Val de Loire (respectivement 23‰ et 24‰). La mobilité croît avec le niveau de diplôme. Or, le niveau de formation des Réunionnais est encore faible, avec notamment un jeune sur trois qui arrête sa scolarité sans diplôme.

Dans la Caraïbe, on note que 40% des actifs ayant quitté les Antilles et la Guyane pour la métropole occupaient un emploi public: ce sont donc les fonctionnaires qui sont arrivés qui décident, à un moment de leur carrière dans l'administration, de repartir vers la métropole. Faute d'autre renseignements et d'études, ce phénomène semble un peu étrange. S'agit-il de métropolitains qui finissent pas se lasser de l'endroit? Dans le secteur privé, les personnes qui quittent la Martinique pour la métropole sont très souvent des gens qui ne sont pas originaires de l'île. Les nouvelles régions de résidences des partants sont principalement l'Île-de-France et la Nouvelle Aquitaine. Quoi qu'il en soit, l'emploi public des métropolitains demeure un facteur déterminant des ces échanges migratoires.

Leçon 2: Les migrations pour de longues périodes à l'intérieur du territoire métropolitain.

A- La Français qui se relocalisent sur Les côtes.

Les flux migratoires, à l'intérieur de l'espace métropolitain, montrent un mouvement qui part de l'intérieur pour se diriger vers les côtes. Ainsi, en 2014, la Nouvelle-Aquitaine a accueilli 115.800 personnes qui résidaient dans une autre région française un an auparavant, alors que 86.000 Néo-Aquitains l'ont quittée pour emménager ailleurs en France. Cette attractivité résidentielle explique presque intégralement la variation de population régionale. La région est appréciée par les Franciliens qui représentent près du quart des entrants. Les motifs de changement de lieu de résidence sont divers: formations pour les étudiants, mutations ou perspectives d'emploi pour les actifs, charmes de la région pour les retraités. Si on prend maintenant l'Occitanie, pour la même année 2014, elle figure parmi les régions qui attirent le plus de résidents en provenance d'autres endroits de France. Dans ses échanges migratoires avec les autres régions françaises, l'Occitanie est excédentaire pour chacune d'entre elles, à l'exception de la Guyane où cela concerne des effectifs très faibles. Les motifs qui incitent à changer de région sont les mêmes que pour la Nouvelle-Aquitaine. Cependant, on remarque un singulier attrait des personnes âgées qui semblent très attirées par le soleil. Ainsi, si la région accueille en moyenne 6 entrants pour 5 sortants, l'écart est plus marqué pour les seniors de 60 à 64 ans, avec plus de 2 entrants pour 1 sortant. La région est dite «sélective» en faveur des seniors de 60 à 64 ans. Elle est toutefois moins sélective en faveur de ces seniors que la Bretagne et la Nouvelle Aquitaine, à l'inverse de l'Île-de-France que quittent massivement les 60-64 ans. Dans une moindre mesure, l'Occitanie est également sélective en faveur des moins de 20 ans, des 35-44 ans, des 55-59 ans et des 65-69 ans (plus de 4 entrants pour 3 sortants). Le nombre de personnes inactives de 55 ans ou plus arrivant en Occitanie, rapporté à la même population déjà présente, est plus élevé en Occitanie que dans les autres régions, à l'exception de la Corse. Ces jeunes retraités ou futurs retraités qui choisissent de s'installer en Occitanie privilégient les départements littoraux, avec des arrivées importantes dans l'Hérault, le Gard, les Pyrénées-Orientales et l'Aude. Les trois quarts de l'excédent migratoire des retraités et assimilés s'y concentrent. L'impact de ces migrations liées à la retraite est particulièrement marqué sur l'aire urbaine de Perpignan (7 retraités supplémentaires pour 1000 retraités résidents), loin devant celles de Nîmes et Montpellier (3 pour 1000 chacune).

Les migrations des étudiants vers l'Occitanie sont principalement liées aux possibilités offertes par les établissements d'enseignement supérieur et à leur attractivité, non à la recherche d'une meilleure qualité de vie qui combinerait études et plage. Forte de plusieurs pôles universitaires, dont deux d'envergure nationale, l'Occitanie est l'une des régions qui attirent le plus d'étudiants, derrière l'Île-de-France et l'Auvergne-Rhône-Alpes. Comme ces deux régions, elle est excédentaire pour cette catégorie de population. Ainsi, au cours de l'année 2013, par exemple, 19.000 étudiants sont venus habiter dans cette région alors que 16.500 en sont partis. En Occitanie, les flux d'étudiants se polarisent essentiellement sur les grandes aires urbaines de Toulouse et de Montpellier: celles-ci concentraient les trois quarts des étudiants arrivant dans la région courant 2013.

La région est également attractive auprès des actifs; elle est la 4e région de France au regard des nouveaux arrivants exerçant un emploi, en nombre absolu (43.200) comme en taux d'entrants

(20‰). C'est aussi la 1ère région de France pour les nouveaux arrivants au chômage (19.600), ce qui mérite une tentative d'explication du phénomène. Sachant que le marché de l'emploi est totalement sinistré, ces gens n'espèrent pas y trouver du travail. Aussi, l'**héliotropisme** (attrait du soleil), l'**haliotropisme** (attrait pour les littoraux) et un coût de la vie plus bas sont autant de facteurs qui doivent expliquer leur changement de lieu de résidence.

B- Les migrations des jeunes diplômés du supérieur.

Les déplacements de populations d'étudiants sont aussi des flux importants en France. Ils permettent de mettre principalement en relief les villes les plus dynamiques dans le domaine de l'enseignement et de l'emploi et les régions les moins favorisées, ce qui revient à redessiner la carte du vide que nous avons vue plus haut. Ainsi, l'Île-de-France, énorme centre universitaire, est un passage obligé pour tout étudiant, quelle que soit la nature des études. Cette région attire de nombreux jeunes venus d'autres régions; si leur poids dans le nombre total des résidents n'est que de 22.8%, c'est que la très grande quantité d'étudiants franciliens diminue mécaniquement la proportions de ces provinciaux.

Le niveau de diplôme a un effet très net sur la tendance à migrer des jeunes diplômés. La part des jeunes ayant changé de région au cours des trois premières années suivant la fin de leurs études augmente avec le niveau de formation. Lorsque l'on s'intéresse aux soldes des migrations inter-régionales de jeunes diplômés du supérieur long, le cas de l'Île-de-France apparaît comme très particulier. Son taux de fuite est, de loin, le plus faible. Cette région parvient non seulement à conserver la plupart de ses diplômés, mais aussi à en attirer un très grand nombre venant des autres régions. Au niveau du supérieur long, en effet, 41% des jeunes qui changent de région au cours des trois premières années suivant la fin des études se dirigent vers l'Île-de-France. Ce facteur s'explique par son vaste marché du travail et la structure de l'emploi: la part des emplois de cadres et professions intellectuelles supérieures atteint 30% dans la région quand, dans les autres parties du territoire nationale, la moyenne n'est que de 14%. Autre facteur important, le poids de l'Île-de-France parmi les jeunes sortant d'une formation du supérieur long en France est de 28%, alors que le poids de cette région parmi l'ensemble des cadres est de 37%.

Dans les cycles courts du supérieur. La prépondérance de l'Île-de-France disparaît. Seules 16% des migrations de jeunes diplômés du supérieur court se font en faveur de l'Île-de-France. Une explication possible est qu'il n'y a pas, en Île-de-France, une concentration d'emplois de professions intermédiaires telle qu'elle existe pour les cadres et professions intellectuelles supérieures. Les régions qui parviennent à attirer de jeunes diplômés du supérieur court durant les trois premières années qui suivent la fin de la formation initiale sont souvent celles qui avaient perdu des étudiants durant le cycle des études: c'est le cas de la Bretagne, de Rhône-Alpes, de Provence- Alpes-Côte-d'Azur, de la Haute-Normandie, de la Champagne et des Ardennes. On peut donc attribuer une part de l'attractivité de ces régions à un phénomène de retour des jeunes qui avaient passé leur bac dans ces endroits. Ce facteur est particulièrement sensible pour la Bretagne, dont plus des trois quarts des arrivées durant les trois années qui suivent la fin des études ne sont autres que des retours dans la région d'origine. En Champagne, dans les Ardennes et en Haute-Normandie, plus de la moitié des arrivées sont également des retours de cette nature. En Rhône-Alpes, ce ne sont que 43% des arrivées qui correspondent à des retours. L'attractivité de cette région ne repose donc pas principalement sur un effet retour. En fait, elle parvient à attirer de jeunes diplômés du supérieur court tout en conservant la quasi-totalité (85%) des jeunes qu'elle forme du fait du dynamisme de son marché de l'emploi.

C- Toujours Paris et sa région.

En 2013, six Franciliens sur dix, soit près de sept millions d'habitants, vivaient dans le périmètre de l'actuelle **métropole du Grand Paris** (MGP) qui correspond à Paris et sa proche banlieue. Depuis 2008, cette population a augmenté de 0,4% par an (0,5% en Île-de-France), grâce à l'excédent des naissances sur les décès, seul moteur de la croissance démographique de cet espace central déjà très encombré et peuplé. Les migrations résidentielles freinent cette croissance, les départs de la métropole vers le reste de la France étant plus nombreux que les arrivées. Les arrivants dans la métropole du Grand Paris viennent de province pour les deux tiers, en particulier des métropoles de Lyon, Toulouse et Lille. Le tiers restant provient du reste de l'Île-de-France, notamment des Yvelines d'où sont originaires près de 10% des arrivants. Parmi ceux qui ont quitté la métropole du Grand Paris, la majorité s'est installée en province, notamment dans les métropoles de Lyon, Bordeaux, Toulouse et Nantes. Les personnes qui ont choisi de rester en Île-de-France ont principalement déménagé en Seine-et-Marne ou dans les Yvelines. Au cours de l'année 2012, la métropole du Grand Paris a attiré deux tiers des nouveaux Franciliens. Cette attractivité est principalement due à celle de la capitale: près d'un arrivant sur deux s'installe à Paris alors que la population parisienne ne représente qu'un tiers de la population de la métropole. Paris bénéficie, en effet, d'un vaste marché de l'emploi, d'une offre importante et diversifiée en termes de formations et d'un très grand rayonnement culturel. De plus, la structure du parc de logements de la capitale, qui comprend une forte part de logements locatifs privés (44%), permet d'accueillir ces arrivants, en particulier dans de petits logements. Ce parc représente la moitié du parc locatif privé de la métropole. Les nouveaux habitants de la métropole s'installent, cependant, également dans les territoires du sud et de l'ouest du Grand Paris, qui sont des espaces socialement privilégiés.

Les jeunes arrivant dans la métropole du Grand Paris viennent pour achever leurs études ou débuter leur carrière professionnelle. Quand ils fondent une famille, une partie d'entre eux peut être amenée à quitter la métropole, à la recherche d'un autre cadre de vie ou de conditions de logements plus favorables. Ces départs familiaux se traduisent par un déficit migratoire des 30-49 ans et des enfants de 5 à 14 ans. Les familles qui quittent la métropole, à cause du prix prohibitif des logements, restent plus souvent en Île-de-France que les personnes seules ou les couples sans enfant: 45% contre 26% des personnes seules. Elles accèdent, ainsi, à de plus grands logements, tout en se maintenant à proximité de leur emploi. Ce processus vide cependant la ville centre de sa substance: on ne cesse de fermer des classes, Paris fait fuir ses enfants et vieillit rapidement. Les personnes âgées de 65 ans ou plus représentent 8% des départs et 5% des entrées dans la métropole du Grand Paris alors qu'elles représentent 14% de la population. Le solde migratoire est déficitaire pour ces personnes retraitées ou proches de l'âge de la retraite. Parmi les 15.200 seniors ayant quitté la métropole au cours de l'année 2012, les trois quarts ont rejoint la province, privilégiant notamment les régions littorales que nous venons de voir, soit la Nouvelle Aquitaine ou Provence-Alpes-Côte d'Azur, en particulier les communes de Nice, Marseille et Toulouse. Il faudrait, toutefois, des statistiques plus fines pour comprendre mieux le vieillissement de la ville-centre, surtout en ce qui concerne les flux des personnes les plus âgées. Ils se pourrait qu'il y ait une migration des personnes de plus de 70 ans qui décident de venir habiter dans Paris pour avoir accès à l'immense choix de soins médicaux ici.

Leçon 3: Les migrations occasionnelles à l'intérieur du territoire métropolitain.

A- Nouvelle géographie des courses en Île-de-France.

Les déplacements occasionnels posent de nombreux problèmes de circulation dans cet espace surpeuplé qu'est l'Île-de-France. Avec la multiplication des centre commerciaux, force est de constater que le recours aux commerces de proximités (ceux qui sont en bas de l'immeuble et que l'on visite à pieds) ont été concurrencés par les centres commerciaux où l'on se rend principalement en voiture. En 2016, dans cette région, on totalise 218 centres commerciaux d'une surface égale ou supérieure à 5000 m². Plutôt faiblement équipée en grandes surfaces alimentaires, l'Île-de-France est, en revanche, bien dotée en centres commerciaux généralistes. Même si la localisation des points de ventes a tendance à se diversifier avec l'accroissement de la mobilité et le développement du e-commerce, l'achat se fait encore principalement près du domicile de résidence de l'acheteur. Les 16 centres commerciaux régionaux, principalement issus de la programmation des grands schémas directeurs et des villes nouvelles, sont répartis en deux anneaux autour de la capitale. On trouve un premier anneau, d'environ 10 km de diamètre, composé de *O' Parinor, Rosny 2, Créteil soleil, Belle Épine, Vélizy 2, Parly 2, les Quatre Temps*. Le second anneau, plus éloigné, se situe au niveau des villes nouvelles; il montre des centres généralement de plus petite taille qui sont les *Arcades, Val d'Europe, Carré Sénart, Évry 2, Espace St-Quentin, Les 3 Fontaines*. Le *Forum des Halles*, en plein centre de Paris, complète cette armature. Alors que la tendance était à la réalisation d'unités de taille plus modeste, deux centres, Aéroville (84 000 m²), à Tremblay-en-France (93), et Qwartz (86 000 m²), à Villeneuve-la-Garenne (92), ont ouvert en 2013 et 2014. Les magasins d'usine, lesquels ont une zone de chalandise (aire d'attraction des clients) beaucoup plus large, sont peu nombreux: 9

au total. Ils sont bien répartis sur le territoire. Quant aux centres commerciaux spécialisés, ils regroupent une grande variété de magasins qui ont en commun leur surface, 5000 m² environ, et le fait qu'ils ne vendent pas de nourriture. Depuis les années 2000, on appelle retail parks ceux de ces centres commerciaux à ciel ouvert qui mettent en commun leurs parkings. L'Île-de-France compte une soixantaine de ces centres spécialisés; leur localisation dépend de la nature du centre: les galeries marchandes (passage du Havre, Carrousel du Louvre) sont en centre-ville, les retail parks (Les Chanteraines, Alpha park) se trouve souvent en petite couronne ou à la marge des agglomérations.

Avec 13% des surfaces autorisées, Paris vient en 4ème position parmi les départements d'Île-de-France pour les commerces ayant obtenu l'autorisation d'exploitation commerciale entre 2010 et 2015. Les projets y sont souvent localisés autour des gares qui, depuis quelques années, du fait du passage de nombreux clients potentiels, se transforment pour accueillir plus de commerces (comme à la Gare de Lyon et la Gare Montparnasse). D'autres autorisations ont été accordées pour des restructuration (Galerie Gaîté dans le 14ème arrondissement) et de grandes rénovations (Galeries Lafayette dans le 8ème arrondissement). Les départements de petite couronne ne regroupent que 21% des surfaces. Les plus grosses opérations sur cette période se trouvent dans le nord-ouest de la Seine-Saint-Denis et dans le nord des Hauts-de-Seine. Plus de la moitié des grandes surfaces sont localisées en grande couronne avec une place particulière pour la Seine-et-Marne, laquelle cumule 22% de ces commerces. En Essonne et dans les Yvelines, les pôles commerciaux se renforcent aussi, comme celui de la Croix Blanche à Sainte-Geneviève-des-Bois avec un projet de 62.396 m². Quoi qu'il en soit, le nouveau visage du commerce en Île-de-France montre un visage radicalement différent caractérisé par la taille. En effet, que l'on se positionne en centre-ville, en petite couronne ou en grande couronne, les zones commerciales sont grandes afin de donner un vaste choix au consommateur qui, sans cela, serait tenté de commander sur internet. C'est véritablement l'ampleur du choix proposé par le e-commerce (et la rapidité de la livraison), plus que le prix (qui n'est pas forcément plus bas), qui a entraîné cette évolution radicale, laquelle est en train de tuer le petit commerce. Cette évolution n'est pas forcément une mauvaise chose. En effet, il ne faut pas oublier que la livraison de la commande internet se fait par un véhicule motorisé qui pollue et congestionne le trafic. Avec de grandes surfaces de centre-ville, l'acheteur peut se déplacer à pied ou en transports en commun. En ce qui concerne les autres centres commerciaux situés en banlieue (proche ou éloignée) c'est à nouveau la voiture qui est le mode de déplacement principal. Même les personnes qui habitent à proximité utilisent ce moyen de transport, surtout lorsqu'il s'agit d'acheter des biens alimentaires (ces courses pèsent lourd). Apparaît alors une sorte de portrait-robot du banlieusard qui, quel que soit ses revenus, habite soit dans une tour, soit dans un pavillon, mais utilise sa voiture pour tout, même pour acheter une baguette à 100 mètres de chez lui. Comment aller contre cela? J'ai bien peur que seule la livraison gratuite des commissions puisse combattre cet état d'esprit nocif.

B- Les mouvement pendulaires et l'enjeu des transports en commun.

Plus les transports se perfectionnent, plus les temps de trajet entre les villes diminuent. Avec l'ouverture de la ligne à grande vitesse entre Paris et Bordeaux, on a vu des Parisiens s'installer dans cette ville et faire le trajet, presque quotidiennement, jusqu'à la capitale. Ce n'est pas une bonne nouvelle géographique en soit. Cela montre la domination d'un territoire sur un autre et prouve qu'une partie du travail, en France, ne veut obstinément pas se déplacer vers les grandes villes de province. Pour l'instant, c'est le déplacement banlieue-Paris qui caractérise la majorité des déplacements concernant le travail dans cette région. Comme dans beaucoup d'endroits en Europe, l'espace urbain s'est spécialisé après la deuxième guerre mondiale, du fait de la nécessité de loger une population plus nombreuse dans des espaces non-construits. Les banlieues sont alors devenues des zones de résidence alors que les centres-villes continuaient à concentrer les emplois. Ce phénomène a évolué. Aujourd'hui les emplois sont principalement créés en banlieue, Paris est redevenue une ville de résidence, ce qui implique le développement d'un réseau de transport reliant très bien les banlieues entre elles, sans délaisser, pour autant, la ville-centre. Par ailleurs, depuis peu, une partie de la population qui cherche un cadre de vie plus agréable se relocalise en très grande banlieue (phénomène de la **périurbanisation**), cela implique de ne pas négliger le réseau ferroviaire national.

Ainsi, les travailleurs se déplacent chaque jour à deux reprises: de la périphérie vers le centre, le matin, du centre vers la périphérie, le soir. Cette tendance générale peut se modifier progressivement et tend, parfois, à s'inverser: des emplois s'implantent alors hors des centres-villes. L'évolution récente vers l'implantation d'emplois en banlieue a des effets positifs, parce qu'elle rééquilibre le trafic aux heures de pointe, mais aussi des effets négatifs, car elle entraîne plus de déplacements en automobile car les transports en commun relient mal les banlieues entre elles. Depuis 1998, les salariés français mettent dix minutes supplémentaires pour se rendre au travail. Aujourd'hui, la durée moyenne des déplacements domicile-travail des salariés est de 50 minutes. En région parisienne, cette durée est de 68 minutes alors que les distances à parcourir sont plus courtes. 74% des actifs utilisent leur voiture personnelle pour se rendre au travail. A Paris, l'usage des transports verts (bus, marche, vélo) est bien supérieure à la moyenne; 60% des travailleurs parisiens se déplacent même en transports en commun, pour leur trajet domicile-travail, alors qu'ils ne sont que 12,5% dans les communes périurbaines. Pour les autres aires urbaines en France, les temps de déplacements sont plus courts et la part de la voiture est beaucoup plus importante par rapport à l'aire urbaine de Paris. Dans ces espaces, la part des transports collectifs est comprise entre 8 et 12% pour les actifs vivant dans des agglomérations; elle est de moins de 5% pour ceux qui vivent dans une commune périurbaine. Les femmes mettent 46 minutes pour se rendre au travail, contre une moyenne de 52 minutes pour les hommes. Les femmes travaillent donc plus près de leur domicile que les hommes.

C- Les déplacements touristiques.

En ce qui concerne les déplacements touristiques, on remarque déjà que tous les Français ne partent pas: en 2016, 63,4% des personnes âgées de 15 ans et plus sont partis plus de 4 jours en vacances, au moins une fois dans l'année. Les séjours à l'étranger et dans les DOM-TOM ne concernent que 26,3% des Français. Les destinations nationales préférées sont toujours les mêmes. Si on examine la répartition des nuits passées par les touristes dans des établissement touristiques, ce sont les départements côtiers, ceux du nord des Alpes et Paris qui attirent le plus les touristes français. Le schéma de déplacement est donc toujours le même: le tourisme balnéaire concerne les déplacements d'avril à septembre, le tourisme de sport d'hiver est préféré de janvier à mars, Paris est concerné tout au long de l'année. Les séjours sont plus longs à la mer (plus de 7 jours) qu'à la montagne et à Paris (moins de 4 jours). Les destinations rurales ont du mal à attirer les touristes. Les châteaux du Val-de-Loire permettent à cet espace rural de faire figure d'exception. Même les stations de sport d'hiver qui ont fait de lourds investissements pour devenir des destinations d'été (aménagements pour le ski d'été, patinoires, piscines, parcours d'alpinisme, vol à voile...) n'arrivent pas encore à attirer de gros flux de clientèle, même si les statistiques montrent une petite hausse de fréquentation en juillet et août. À l'étranger, les Français se dirigent principalement vers l'Espagne du fait de sa proximité, ses prix bas, la grande qualité des hôtels et l'omniprésence du soleil. Les désordres internationaux (notamment les attentats en Égypte et en Tunisie) ont encore, récemment, augmenté ce flux. L'Italie, qui a l'avantage d'associer tourisme culturel et balnéaire, est la deuxième destination étrangère préférée des Français. Viennent, ensuite, la Belgique et le Luxembourg, le Royaume-Uni et l'Allemagne, pour les séjours culturels courts, et le Portugal, pour les séjours balnéaires plus longs.

Si on regarde maintenant le mode de transport utilisé pour se rendre sur le lieu des vacances en France métropolitaine, pour l'année 2016, 81% des touristes utilisent un petit véhicule motorisé (les camping-cars et bus sont exclus ici); ils sont 13,5% à prendre le train. Le prix des locations des véhicules et l'insuffisance des transports publics sur place conduisent les Français à continuer à utiliser un mode de transport individuel polluant qui s'illustre, chaque année, par des pics d'embouteillages (et de pollution) sur les grands axes routiers menant aux stations de sport d'hiver et aux villes balnéaires. Ils font la même chose lorsqu'ils visitent les pays européens voisins, même lorsque les distances sont parfois beaucoup plus grandes (sud du Portugal et de l'Espagne). Le transport individuel a des avantages que les transports publics n'offrent pas encore: à n'importe quelle moment du jour ou de la nuit, l'individu peut se déplace pour aller dans l'endroit le plus isolé de la région où il réside, en transportant avec lui de très lourds bagages. Pour aller contre cet état de fait, la seule solution est de multiplier le nombre de trains en journée, et surtout la nuit, et faire baisser le prix des locations de voitures dans les gares.

Exercice de réflexion:
D'après ce graphique sur les temps de trajet suivant le lieu de
résidence en région parisienne,
peut-on définir des espaces privilégiés et d'autres
qui ne le sont pas? (15 lignes).

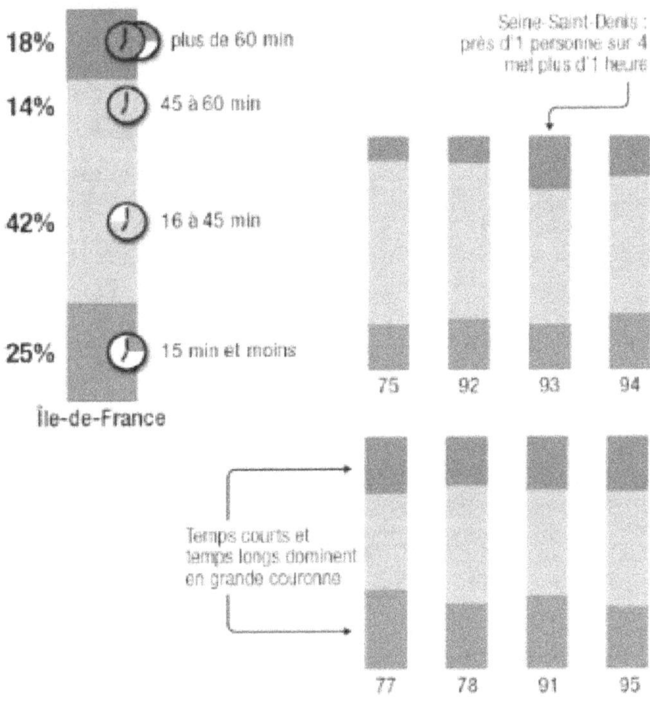

http://www.em-services.fr/wpcms/wp-content/uploads/2016/12/temps-franciliens-aller-au-travail.png

Vous remarquerez déjà que c'est le rouge qui nous intéresse pour répondre à cette question. Cette couleur concerne les trajets qui durent une heure et plus (pour un aller simple; cela ne comprend donc pas le retour). Ainsi, deux départements se distinguent immédiatement: la Seine-Saint-Denis (93) et la Seine-et-Marne (77) où près d'une personne sur quatre fait de longs trajets pour aller travailler. On peut dès lors penser que la population concernée n'est pas favorisée car les prix des loyers et des logements sont parmi les moins chers, ce qui implique que les gens se localisent là pour cette raison, les obligeant à faire de longs parcours pour aller travailler. La Seine-et-Marne est un endroit original car il montre, également, qu'une grande partie des gens travaillent juste à côté de leur lieu de travail. Il existe donc une population un peu plus privilégiée ou, tout simplement, plus chanceuses (il y a de nombreux emplois dans ce département). En fait, c'est le 92 (les Hauts-de-Seine) et surtout Paris qui font figure de lieux de résidence de personnes plus favorisées (regardez les nuances de vert qui montrent des déplacements relativement courts en temps). Les prix de l'immobilier et des loyers y sont très élevés et, comble du luxe, les habitants travaillent assez près de leur lieu de résidence. Cela n'implique tout de même pas que tous les Parisiens travaillent à Paris, ils se dirigent également vers la proche banlieue. En fait, le zoning social (répartition des gens suivant leur degré de fortune) est absolument nocif: il réserve les meilleurs emplacements aux plus riches, lesquels sont toujours, dans le cas d'un réseau en étoile, près du centre géographie du réseau de transport. Pour les parisiens, les quartiers chers et bien localisés sont donc près des stations Les Halles, Charles-de-Gaulle-Étoile, Saint-Lazare, Gare de Lyon, Nation.

Thème 4: L'Afrique australe: un espace en profonde mutation.

Séquence 21: Surpeuplement et milieu.

Leçon 1: démographie de l'Afrique australe.

A- l'Explosion démographique.

La partie sud de l'Afrique subit une explosion démographique qui pose un problème très important à la nature; celle-ci a de plus en plus de mal à nourrir une population qui ne cesse de croître rapidement dans tout l'espace étudié. Aussi, il ne faut pas se laisser abuser par la démographie de l'Afrique du Sud car, avec son indice de fécondité de 2,55 enfants par femme, ce pays n'est pas du tout représentatif de la démographie de l'Afrique australe. On dispose surtout de statistiques générales concernant tout le continent. Ainsi, le taux de fécondité est actuellement estimé à 4,7 enfants par femme. La vitesse et l'ampleur de sa baisse varient considérablement d'un pays africain à l'autre. Dans le sud de ce continent, si on exclue l'Afrique du Sud, il reste à un niveau élevé. Cela est dû notamment à un grand nombre de grossesses précoces: la pression sociale n'arrive pas à retarder l'âge au mariage des filles qui, de la puberté à la ménopause, ne cessent d'enfanter. Au Mozambique, par exemple, le pourcentage d'adolescentes âgées de 15 à 19 ans qui attendent ou viennent d'avoir un enfant est de 37,5%. Ainsi, le ralentissement de la fécondité se poursuit à un rythme très lent, les femmes donnent naissance, encore, en moyenne, à plus de cinq enfants. Plusieurs hypothèses ont été avancées pour expliquer cette diminution très lente: les niveaux élevés de mortalité infantile, la structure de la production où le secteur agricole prédomine (les enfants sont alors associés à une force de travail), le faible niveau d'instruction des femmes, le mode de prise en charge de la vieillesse (les jeunes s'occupent des vieux), la persistance des régimes de nuptialité traditionnels (entrée en union précoce, polygamie, remariages fréquents après un divorce...). La dynamique démographique est également soutenue par l'allongement de la vie: sur la période qui s'étend de 1980 à 2015, l'espérance de vie à la naissance est passée de 50 à 60 ans. Cependant, cette moyenne cache des disparités, Ainsi, sur la même période, certains pays comme le Zimbabwe ont enregistré une réduction nette de l'espérance de vie, en raison, principalement, du sida.

Si on regarde maintenant un peu plus dans les détails, en Afrique méridionale, il existe des États ou le taux de fécondité commence tout de même à baisser. C'est le cas de la Namibie (4,7 enfants par femme) et du Zimbabwe (3,53 enfants par femme). On ne doit tout de même pas encore parler d'inversement de tendance car il faudrait que la baisse soit à la fois constante et plus forte. En effet, dans certains pays, on remarque des remontées du taux à certaines périodes, ainsi qu'une grande timidité de la baisse lorsqu'elle a lieu. Ainsi, en Zambie, le taux était de 5,9 enfants par femme en 2002, de 6,2 en 2007, de 5,3 en 2014. Avec ces chiffres, on est certain que la transition démographique n'est encore qu'une illusion. D'ailleurs, il semblerait que 5 enfants par femmes soit une sorte de constante imposée par la conjonction des facteurs énumérés plus haut. Le Mozambique, avec ses 5,15 enfants par femme, apparaît alors comme l'exemple parfait de la démographie de cet espace.

B- Les migrations du monde rural.

La population urbaine, dans toute l'Afrique, est actuellement estimée à 40%, contre seulement 27% en 1980. Malgré la rapidité de cette urbanisation, qui est la plus forte parmi toutes les régions du monde, l'Afrique reste le continent le moins urbanisé de la planète. Le taux d'urbanisation de l'Afrique méridionale, quant à lui, est passé de 44,7% en 1980 à 61,6% en 2015. Cet espace est donc encore plus concerné par l'exode rural et la croissance des villes que le reste de l'Afrique.

Il y a des raisons objectives qui poussent ces ruraux à se diriger vers les villes. En Afrique du Sud, les statistiques du gouvernement affirment que les grandes villes du pays sont à l'origine de 80% de l'augmentation du produit intérieur brut. Entre 1996 et 2012, 75% des emplois crées le fut dans des aires métropolitaines. Si les flux migratoires de ruraux vers ces espaces sont très importants, il faut se garder de croire qu'ils ne concernent que les personnes sans qualifications: les opportunités de travail, la promotion sociale, sont plus courants en ville qu'à la campagne. L'Afrique du sud faisant figure de pays riche, ses villes attirent alors des immigrés venus d'autres endroits du continent, particulièrement d'Afrique de l'ouest. La fin de la ségrégation raciale, et la normalisation des rapports avec les autres pays de cet espace, ont conduit à l'augmentation des flux migratoires en direction de ce pays. Le taux élevé de pauvreté (qu'elle soit urbaine ou rurale), le chômage et le manque de services sociaux ont encouragé les migrations vers l'Afrique du Sud qui, en 2017, avec ses 2,2 millions d'arrivées, était toujours la destination préférée des migrants africains devant la Côte d'Ivoire (2,1 millions d'entrées), l'Ouganda, l'Éthiopie, le Nigeria et le Kenya.

Si on prend maintenant l'exode rural en Zambie, il dépend étroitement de l'amélioration de l'environnement économique dans les zones urbaines. La migration des zones rurales vers les villes a repris, induisant, à nouveau, des taux élevés de croissance de la population urbaine: 4,2% entre 2000 et 2010, contre 1,5% entre 1990 et 2000. Sur la même période, la croissance urbaine dans la province du Nord-Ouest a atteint 8,3% par an en raison de l'attractivité des mines nouvellement entrées en production dans cette région. Depuis 2000, les dynamiques migratoires se sont diversifiées. Le dernier recensement national (qui date déjà de 2010) met en évidence l'ampleur des migrations entre zones urbaines (39% de l'ensemble des migrations de longue durée), en particulier entre les provinces de Lusaka, du Centre et de Copperbelt, c'est-à-dire les zones les plus urbanisées du pays, lesquelles sont situées le long de la principale voie ferrée. Les migrations des campagnes vers les villes (30% des migrations de longue durée) sont devenues plus compliquées en raison de la distinction de moins en moins nette entre espaces ruraux et urbains, ce phénomène étant lié à la mobilité accrue des individus entre les deux espaces. La plupart des migrations entre zones rurales et urbaines ne se limite plus strictement à des motifs économiques: les individus migrent d'abord pour rejoindre leur famille, se marier, poursuivre des études ou obtenir des soins médicaux. Aujourd'hui, la scolarité induit fréquemment la migration: pour les jeunes ruraux, commencer l'école au village et continuer en ville est fréquent lorsque leurs parents en ont les moyens. Cela peut constituer la première étape d'un processus migratoire, consolidé, ensuite, par l'accès à un premier emploi dans de petites villes de province, avant une migration de plus long terme vers la capitale ou d'autres grandes villes du pays. Enfin, les migrations entre zones rurales, depuis les provinces du Sud et de l'Ouest, vers le nord du pays, se sont développées à partir des années 1990 (en 2010, elles représentaient 17% des migrations internes). Les sécheresses successives et les maladies qui ont décimé les troupeaux ont été des éléments déclencheurs, en particulier pour la province du Sud, dans les années 1990. Cependant, ce flux ne concerne pas uniquement les migrations entre campagnes et villes. En effet, la disponibilité en terres et la bonne pluviométrie des régions du nord ont incité de nombreuses familles à s'installer dans les zones rurales de cet endroit. En Zambie, l'accroissement de la mobilité des individus explique l'émergence d'une forme de migration renouvelée: la migration circulaire. Ce type de migration temporaire, parfois limitée à quelques mois, se caractérise par un retour régulier au lieu de résidence principal. Il n'implique pas nécessairement des déplacements sur de longues distances, au contraire; il s'agit, le plus souvent, de déplacements au sein de la même province. Cette dynamique émergente résulte, d'une part, d'une certaine méfiance quant à la durabilité des emplois en ville et, d'autre part, des contraintes climatiques et de la pression foncière qui limitent la production agricole et incitent à la recherche de revenus supplémentaires ailleurs.

Il existe, par ailleurs, des migrations du rural vers le rural, ce qui est un phénomène relativement rare. À Madagascar, malgré l'existence de bonnes réserves de terres cultivables, la superficie moyenne des exploitations agricoles ne cesse de diminuer, ce qui est la conséquence de la forte croissance de la population et de son inégale répartition. La superficie par exploitation pourrait même atteindre 0,61 hectare en 2024, ce qui est trop petit pour permettre la vie d'une famille. Dans les territoires à haute densité de population (plus de 100 habitants au km^2), les terres sont toutes appropriées et tellement morcelées qu'elles ne peuvent plus être divisées et cédées en héritage. Les jeunes qui n'ont pas hérité des terres de leurs parents n'ont alors pas d'autre solution que d'en acheter. Les terres de qualité (notamment les rizières) sont onéreuses. En milieu rural, plus de 80% des ménages vivent dans la pauvreté. Par conséquent, la seule façon d'accumuler un capital est, soit de travailler sur la propriété d'un autre, soit de partir à la recherche de terres bon marché situées dans d'autres régions. Aussi, les jeunes se déplacent vers les zones forestières de l'ouest et du nord du pays pour accéder à des emplois, défricher, produire du charbon et, ensuite, négocier un accès à la propriété foncière auprès des communautés locales. Pour les populations des régions centrales, les migrations sont fréquentes lorsque les densités de populations sont fortes et les superficies des exploitations insuffisantes. Les jeunes considèrent souvent la migration comme la dernière des options. Les zones rurales sont préférées aux villes. Elles sont perçues comme sources de meilleures opportunités d'emploi que les centres urbains où les jeunes, nombreux et peu qualifiés, se font concurrence. Du fait d'un nombre extrêmement limité d'entreprises en milieu urbain, les petits boulots dans le secteur informel sont la règle et les candidats sont nombreux: 400.000 jeunes entrent chaque année sur le marché du travail. Dans ce contexte, les territoires ruraux demeurent les plus attractifs. Les migrants quittent leur village d'origine mais conservent un contrôle sur les petits terrains qu'ils y possèdent déjà. Peu de territoires jouent réellement un rôle d'accueil massif des migrants. Les fronts pionniers historiques (Ambatondrazaka dans la région de l'Alaotra) sont à présent totalement appropriés et mis en valeur. Les migrations s'effectuent alors vers les nouveaux fronts pionniers (régions de Sofia, Diana, est d'Amoron'i Mania et de la Haute Matsiatra), lesquels sont situés dans des environnements isolés caractérisés par une forte insécurité. Ces migrants défrichent alors les terres qui se situent près des villages et des infrastructures publiques existantes, ce qui a un certain impact sur les espaces naturels.

C- Les bidonvilles.

Les personnes qui migrent vers les espaces urbains ont de très grandes chances d'atterrir dans un bidonville. En fait, un quart de la population mondiale y vit. L'Afrique subsaharienne, quant à elle, compte la plus grande proportion de population urbaine vivant dans des bidonvilles: 72%.

En Afrique du Sud, beaucoup de bidonvilles sont nés à cause de la législation de 1923 (loi sur les aires urbaines) qui restreignait l'installation des personnes de couleur dans les villes. La même loi permettait alors aux municipalités de réserver des terrains pour ces personnes, ainsi que des habitats spécifiques. On arriva alors à une totale ségrégation raciale et spatiale entre les populations blanches et noires. Cependant, dans ce pays, d'autres phénomène sont à l'origine de ce type de structure urbaine. En effet, certaines implantations viennent de baraquements qui étaient destinés à loger et surveiller des hommes célibataires employés par des institutions comme la compagnie des chemins de fer, des municipalités, de grandes sociétés industrielles. Du fait de l'absence d'entretien, de la surpopulation, du vieillissement de l'habitat aussi, les constructions se sont détériorées. Le troisième type de zone urbaine dégradée consiste en l'appropriation illégale du sol au cours du temps. Après la chute du régime de l'apartheid (ségrégation raciale), ces constructions furent cependant légalisées.

La majorité des habitants des bidonvilles gagnent leur vie en ayant recours à des activités informelles, mais essentielles, et fournissent, ainsi, des services que le secteur privé ne pourrait pas offrir aussi facilement. Sans leur travail, de nombreuses villes et industries seraient simplement au point mort. Dans les grandes villes en cours de croissance, beaucoup d'habitants des bidonvilles se sont installés sur les espaces libres situés le long des routes et des lignes de chemins de fer. À Soweto (Afrique du Sud), les maisons qui font face à la ligne de chemin de fer offrent un paysage assez uniforme d'un habitat désordonné composé de maisons en briques crues, disposant de peu de pièces, menacées par les inondations (très courantes), les maladies amenées par les ordures et une hygiène trop rudimentaire, beaucoup plus que par la violence et les crimes qui ne sont pas plus courants que dans le reste du pays. La majorité des habitants sont des travailleurs précaires de l'industrie, des agents de sécurité, des femmes qui vendent des fruits dans les rues, des gens qui gagnaient bien leur vie mais qui ont perdu leur emploi. Dans certains endroits du bidonville, la vie ne s'arrête jamais. Près des marchés qui accueillent les détaillants qui viennent chercher leurs marchandises la nuit, les bars sont ouverts 24 heures sur 24. Quant aux jeunes, la majorité sont sans emploi. Quelques-uns préfèrent faire des petits boulots comme fabriquer des briques crues pour la construction des maisons de Soweto. La précarité de la vie ne les conduit ni à tuer, ni à voler mais à rêver; l'occident entraperçu à la télévision engage certains à migrer vers un nord qui les maintiendra dans la même précarité, dans des bidonvilles de toiles de tente. L'herbe n'est pas beaucoup plus verte ailleurs.

Leçon 2: La pression sur le milieu naturel.

A- La dégradation du milieu et des conditions de vie.

Lorsque la population devient trop nombreuse, elle exerce une telle pression sur le milieu naturel qu'elle finit par le mettre en danger. Beaucoup de problèmes de cette nature affectent déjà l'Afrique méridionale. Ainsi, l'eau propre est devenue une denrée rare. Il faut dire que, dans cet espace, les pluies sont mal réparties: 60% de l'eau douce disponible est située sur 20% du territoire. Il n'y a que 10% des eaux de surface qui est accessible. Le reste est localisé en dessous de formations rocheuses qui rendent sont accès compliqué. La migration de population vers les zones rurales ajoute encore une certaine pression sur l'eau douce disponible. Celle-ci est devenue tellement rare que lorsqu'elle n'est pas souterraine, elle devient l'objet de toutes les convoitises: l'eau des barrages est très souvent volée. Reste alors de l'eau contaminée qui véhicule de nombreuses maladies (typhoïde, leptospirose, bilharziose...).

Par ailleurs, le réchauffement climatique n'est pas sans influence sur la vie des habitants de l'Afrique méridionale. On estime que le changement du régime des pluies a contribué au retour spectaculaire du paludisme (maladie véhiculée par les moustiques dont les larves se développent dans l'eau). Suivant les années, ce sont entre 10 et 37 millions de nouveaux cas qui se déclarent; 200 à 300.000 personnes en meurent. Quant à la disparition progressive des arbres, on peut directement incriminer les populations locales (pauvres d'ailleurs) qui utilisent le bois pour cuire leurs aliments. Cet espace majoritairement sec dispose de peu de forêts; celles-ci ont presque disparu aujourd'hui. Même à Madagascar qui était un espace très boisé, il ne reste plus grand-chose de la forêt primitive. Au Mozambique, toutefois, c'est l'exportation du bois qui a conduit à ce résultat, de même que le défrichement afin de planter du tabac (c'est la même chose en Tanzanie et au Zimbabwe). Avec la disparition de la forêt, le régime alimentaire des paysans s'est appauvri car ils trouvent, dans cet espace, une partie des plantes alimentaires qu'ils consomment.

La pollution n'épargne même pas l'Afrique australe. Comme dans les sociétés occidentales, les habitants vivent à l'heure des emballages. Les sacs en plastique, les cannettes en fer blanc et les bouteilles en plastique assiègent les zones périurbaines, les villes et les bordures des routes. Beaucoup de villes génèrent le même volume d'ordures que celles qui sont situées en occident alors que les modes de vie sont différents. La majorité des détritus est déversée sur des décharges à ciel ouvert et force est de constater que leur recyclage et leur traitement ne sont pas encore une priorité environnementale. En Afrique du sud, certains industriels n'hésitent même pas à laisser leurs ordures sur des terrains vagues pour économiser un peu d'argent. Ici, la route de l'écologie est encore bordée de détritus.

B- Les problèmes liés à l'agriculture.

L'agriculture de l'Afrique méridionale n'est ni la plus scientifique, ni la plus productive, ni la plus respectueuse de l'environnement. À Madagascar, 80% de la population active travaille dans ce secteur et force est de constater que ces travailleurs sont très majoritairement pauvres, ce qui nous permet de comprendre pourquoi les pratiques culturales sont à la fois inadaptées et agressives, parfois. Les populations rurales pratiquent une agriculture essentiellement vivrière où le riz joue un rôle prépondérant car la pluviométrie importante autorise sa culture.

Cultures en terrasses inondées près d'Ambalandingana, centre-est de l'île.

Il constitue l'aliment de base de la population malgache, l'une des plus grosses consommatrices de riz dans le monde: 140 kg de riz décortiqué par habitant et par an. Il est cultivé par 85% des agriculteurs et constitue la principale source de revenu des familles dans 45% des communes malgaches. Sa production s'est développée mais elle n'a pu suivre la croissance démographique. Aussi, de pays exportateur jusque dans les années 1970, Madagascar est devenu un

---

1. https://commons.wikimedia.org/wiki/File:Landscape_Madagascar_06.jpg?uselang=fr

pays importateur. Par exemple, en 2014, la production s'est élevée à 3,6 millions de tonnes mais il a fallu importer 200.000 tonnes pour répondre aux besoins des Malgaches. D'un point de vue technique, la riziculture malgache est peu performante. Les rendements sont de 2,5 tonnes par ha environ, ce qui est très inférieur à ceux que l'on trouve dans les pays asiatiques. L'érosion des sols, leur manque de fertilité, les aléas climatiques et le manque d'infrastructures induisent une faible productivité. L'insécurité alimentaire affecte alors une partie importante de la population: 35% des populations rurales et urbaines les plus pauvres. La plupart des exploitations sont familiales, de petite taille (0,8 ha de moyenne) et très morcelées. L'utilisation de la mécanisation et des produits chimiques est encore anecdotique.

L'érosion des sols est causée par l'agressivité du climat, le surpâturage, les feux de brousse et la déforestation. C'est un phénomène particulièrement destructeur à Madagascar; il se traduit par la formation de **lavakas**, des trous énormes qui éventrent les collines. Depuis 2009, l'île est aussi le théâtre de gigantesques invasions de criquets (500 milliards décomptés lors d'une invasion en 2013) qui engloutissent toutes les cultures sur leur chemin en à peine quelques heures. Cet insecte, très discret et solitaire d'habitude, est poussé par la sécheresse à se regrouper et à rencontrer d'autres congénères. Les premières pluies les conduisent à se reproduire: leur proximité induit une explosion démographique qui conduit à la formation de grosse populations, pas très voraces, mais un criquet qui mange 2 grammes de plantes par jour peut détruire toute la végétation lorsqu'il est accompagné par 500 milliards de ses congénères! Par ailleurs, ces dernières décennies, la pluviométrie s'est largement affaiblie; les saisons se sont décalées de 3 mois sur dix ans. Le riz blanc makalioka, par exemple, une espèce fragile propre au pays, souffre de ce décalage, ce qui fait baisser son rendement. On peut dès lors être assez pessimiste sur la sécurité alimentaire des Malgaches.

Si on prend maintenant un espace plus sec, comme le nord de la Namibie (il pleut entre 300 et 650 mm par an), on constate que lorsque la moyenne annuelle des précipitations passe en dessous de 350 mm par an, les populations ne cultivent plus mais pratiquent l'élevage de moutons et de chèvres. Les cultivateurs ne se regroupent pas toujours en villages; ils sont parfois éparpillés sur leurs terres, ce qui forme le paysage typique du lit de la rivière Okavango. Dans d'autre endroits, le village est au centre de la zone cultivée ou des pâturages. Le sol est pauvre; il est composé d'un sable très peu fertile car il ne retient pas l'eau et ne permet pas d'avoir une vie organique: c'est un substrat inerte, en fait. Les endroits les plus fertiles ont été utilisés pendant de très nombreuses années, ce qui a considérablement réduit leur fertilité. La présence de sel dans la roche peut affecter également la fertilité des sols. La majorité des paysans dispose de petites exploitations d'une taille qui va de 1 à 4 hectares. La stérilité des sols fait que peu de terrains sont utilisés: 20% des terres défrichées dans le Kavango et le Caprivi. Si la majorité des exploitations dispose de poules, un tiers ne possède ni vaches ni chèvres. La plupart des éleveurs a moins de 30 vaches et chèvres. Si seulement 4% des agriculteurs utilisent des fertilisants du commerce, 42% emploient un peu de fumier fourni par leurs animaux. Face à ce manque de fertilisants, de nouvelles variétés (peu exigeantes) de mil et de sorgho ont été introduites afin d'accroître la production. La majorité des champs portent donc des cultures de mil à chandelle, de maïs et de sorgho. Les paysans réservent une petit espace pour les plantes potagères (citrouilles, choux, tomates, épinards, melons...). Leur potager est généralement localisé au milieu des champs de céréales, près de leur maison car ils bénéficient ainsi des déchets domestiques (fertilisants), d'un fréquent désherbage et arrosage. On trouve également beaucoup de ces jardins potagers le long des berges des rivières permanentes. On rencontre, par ailleurs, des cultures de maïs sur les champs inondés par les rivières temporaires. Quoi qu'il en soit, cette recherche de l'eau et de la productivité n'arrive pas encore à nourrir toute la population namibienne. En 2015, 42,8% des Namibiens montraient des signes de sous-nutrition, ce qui est pire que ce que l'on trouve au Botswana, au Lesotho et au Swaziland.

C- L'industrie minière.

Au sein de cet espace composite qu'est l'Afrique méridionale, la présence de ressources minières diversifiées permet de comprendre, dans un premier temps, la forte relation de la région au reste du monde. Aujourd'hui, plus de la moitié de la production mondiale de vanadium, de platine et de diamants se trouve en Afrique australe, où l'on trouve également 36% de la production d'or et 20% de la production de cobalt. Seul le pétrole est plus rare car il est uniquement présent en Angola. Quant au gaz, d'immenses gisements offshore ont été découverts sur la côté nord du Mozambique. En 2015, les ressources minières représentaient 18% du PIB sud-africain, 12% du PIB de la Zambie, 11,5% du PIB de la Namibie, 15% du PIB zimbabwéen et 5% du PIB du Mozambique. Cette présence importante de ressources minières a donné lieu à la construction rapide de lignes de chemin de fer qui servent à l'acheminement du minerai vers les ports. Au Mozambique, les récentes découvertes minières expliquent l'attractivité de ce pays auprès des investisseurs internationaux. Les réserves du pays en charbon sont aujourd'hui estimées à 23 milliards de tonnes, ce qui constitue un défi logistique pour acheminer le minerai de la province de Tete jusqu'aux ports de la côte. Le gouvernement a délivré d'immenses concessions à exploiter à des entreprises étrangères (notamment *Anglo-American*, une entreprise sud-africaine, *Riversdale*, une entreprise australienne, *Vale*, une entreprise brésilienne) en contrepartie d'une rente et de financements destinés à rénover ou construire les infrastructures de transport. Ainsi, plus de 2000 km de voie ferrée ont été financés par le groupe *Vale* et des investisseurs chinois afin de relier le gisement de Moatize à l'Océan Indien. Cette ruée vers le charbon n'est pas sans répercussions sociales: les populations vivant à proximité des sites d'extraction ont été expulsées et ont reçu peu de compensations. Si dans certains cas des relogements ont eu lieu, l'accès aux terres a bien souvent été perdu pour ces paysans. Quant au pétrole, dans la région, c'est en Angola qu'on en trouve le plus. En 2012, il représentait 45% du PIB et plus de 90% des revenus d'exportation. Malgré l'épanouissement du secteur pétrolier, un tiers de la population de l'Angola vit avec moins de 2 dollars par jour. La mortalité infantile demeure élevée (96‰ en 2015, contre 31,7 dans le monde); l'espérance de vie masculine est faible (51 ans en 2014, contre 69 ans dans le monde). Par ailleurs, le chômage est de 26%: les richesses minières sont loin de donner du travail à tout le monde.

En Afrique méridionale, le charbon est principalement utilisé pour produire de l'électricité du fait de l'absence d'alternatives efficaces. Cela cause de grands problèmes de santé aux populations. En Afrique du Sud, les centrales au charbon sont responsables de la forte pollution de l'air: chaque année, la production d'électricité relâche 170 millions de tonnes de dioxyde de carbone dans l'air, ainsi que 1,5 tonne de soufre et 0,7 tonne d'oxyde d'azote. L'eau des mines de charbon est extrêmement acide et toxique. Elle est une source très importante de pollution des eaux superficielles et souterraines. Mpumalanga est la province d'Afrique du Sud où il y a le plus de mines de charbon et, en même temps, les plus importantes rivières du pays prennent leur source dans cette région. Ces rivières remplissent les lacs de retenue qui servent à la boisson des populations et à l'agriculture. Les autorités sanitaires ont constaté qu'elles étaient toutes polluées. La rivière Olifants est l'une des plus polluées par le plomb et le cadmium; les poissons qui, hélas, sont consommés par les riverains, sont également contaminés. Les terres de la région étant fertiles et adaptées à la mise en culture, cet endroit est le plus gros producteur de produits maraîchers, lesquels sont arrosés avec des eaux contaminées par les métaux lourds. Les cultures les plus exigeantes en eau, comme le maïs, sont celles qui sont le plus polluées. L'acidité de l'eau finit même par faire dépérir les cultures! Quelles seront les conséquences pour la santé humaine?

Exercice de réflexion:

Quels sont les dangers, plus ou moins apparents, de cette mine de diamants? (15 lignes).

Une mine de diamants au Botswana.
https://assets.survivalinternational.org/pictures/8913/bots-bush-gd-ghaghoo-apr2014-02-sm_article_column@2x.jpg

À quoi servent les diamants? En poussière, ils peuvent servir d'abrasifs mais on les utilise surtout pour confectionner des bijoux. Les mines de diamants sont des endroits très sécurisés: avez-vous remarqué la barrière qui entoure le site? Et encore, vous n'avez pas vu les systèmes qui permettent aux gardiens de détecter les pierres qui ont été volées par les mineurs. Comment les extrait-on? Sur terre, il y a deux techniques. Dans les mines à ciel ouvert, on creuse de très grands trous qui finissent par ressembler à des cônes inversés avec des escaliers. C'est le cas ici: regardez au milieu, à droite. On peut également creuser des puits pour aller chercher la roche intéressante dans des galeries qui peuvent être très profondes. Le minerai récolté est concassé et trié. En Australie, du fait du manque d'eau, on utilise des machines qui utilisent l'air pour chasser les poussières et ne retenir que les minéraux lourds intéressants. Ici, ça ne semble pas être le cas car il y a une très grosse réserve d'eau (au milieu, à gauche) qui doit servir à laver le minerai. Contrairement aux mines d'or, d'argent et de platine, on n'a absolument pas besoin de dissolvants: le mercure n'est donc pas utilisé. Il n'y aura donc aucune pollution. Cependant, dans un paysage aussi aride, on aimerait utiliser cette eau pour arroser les rares plantes de la photo. En fait, le danger est social. Les mines de diamants attirent une main-d'œuvre qui pourrait trouver à s'employer dans des projets plus utiles dans un espace très fragile qui n'arrive pas à nourrir sa population, comme on vient de le voir. Les diamants ne se mangent pas; ils ne se boivent même pas! La vanité conduit à s'arrêter à des détails. Honnêtement, les strass brillent autant tout en causant moins de problèmes.

Séquence 22 : Les voies du développement.

Leçon 1 : Un nouveau rapport à la nature.

A- Les réserves naturelles.

En Afrique méridionale, la relation entre la nature et l'homme n'est plus fondée uniquement sur la prédation. C'est au 19ème siècle que les habitants de cet endroit ont pris l'habitude de piller les ressources naturelles, lorsque les Européens se sont implantés durablement dans la région. Aussi, on peut être convaincu que culturellement, la protection de la nature n'est pas un acquis. Cela se vérifie d'ailleurs en ce qui concerne les parcs nationaux. Il faut se garder de croire que, d'un seul coup, les habitants de l'Afrique australe se sont rendus compte qu'ils ne pouvaient pas continuer à détruire la végétation et les animaux afin d'assurer un avenir aux prochaines générations. De 1850 à 1950, environ, les Européens ont colonisé progressivement l'intérieur du territoire, aidés par des politiques de discrimination raciale qui chassèrent les Africains de leurs terres. Cette implantation de blancs entraîna un fort déclin de la vie sauvage du fait de l'installation de grands troupeaux d'animaux domestiques qui dévorèrent la couverture végétale et propagèrent des maladies épidémiques. Ce n'est qu'à partir des années 1980 que les autorités prirent des mesures pour limiter la destruction du milieu naturel. Ainsi, en Afrique du Sud et au Zimbabwe, des lois permirent aux propriétaires fonciers d'exploiter la vie sauvage, sans autorisation préalable de l'État, et, donc, de créer des réserves destinées à accueillir des chasseurs où à produire de la viande d'animaux sauvages. La faible rentabilité de l'élevage et de l'agriculture traditionnels conduisit beaucoup de fermiers habitant dans les endroits les plus secs à transformer leurs exploitations en réserves de chasse. Dans le Limpopo (Afrique du Sud), par exemple, une région d'élevage, en 1998, 29% des terres étaient des réserves de chasse. Cette politique eut l'avantage de conduire les fermiers à tout faire pour permettre aux animaux sauvages de se multiplier grâce à la protection de leur milieu naturel. Le cycle de la destruction de la couverture végétale et de la désertification fut notablement ralenti. Cependant, on ne pouvait pas encore parler de gestion respectueuse de la nature.

En fait, c'est avec la mise en place de parcs nationaux que l'idée de développement durable fit son chemin dans les mentalités des habitants, et cela d'autant plus qu'il y a une véritable politique d'inclusion des populations locales dans ces projets. À ce titre, on peut prend l'exemple du **parc national de Karoo** (situé dans un environnement sec près de la ville de Beaufort West), qui fut fondé en 1979. Il est d'une superficie de 96.000 hectares et possède une unité d'hébergement de 138 lits ainsi que 24 sites accueillant des campeurs. 116 km de routes permettent aux visiteurs d'avoir facilement accès aux animaux sauvages. La population de la ville de Beaufort West est d'environ 43.000 personnes. 32% des habitants n'a pas été scolarisée et le taux de chômage est de 38%, ce qui est le chiffre le plus élevé de l'espace situé à l'ouest de la ville du Cap. L'indice de développement humain (**IDH**), lequel mesure le degré de pauvreté où de richesse d'une population, est très bas (0,6). Aussi, la présence du parc est une véritable chance pour cette population pauvre et sans qualification. Il a permis d'employer 244 habitants et d'amener des touristes qui participent au fonctionnement des commerces de la ville (notamment des hôtels et restaurants). Si on prend l'ensemble des parcs nationaux d'Afrique du Sud et que l'on tient compte des emplois directs et indirects, en 2017, environ 12.000 personnes ont bénéficié d'un emploi à temps partiel lié à leur présence, ce qui représente 6469 équivalents temps plein. L'objectif principal est d'amener les jeunes et les femmes des zones rurales, les populations les plus pauvres, à s'intégrer au marché du travail.

La politique récente (depuis 2015) des parcs nationaux a de plus en plus d'objectifs éducatifs. Des programmes de jeunes scientifiques, économistes et protecteurs de la nature sont mis en place en Afrique du Sud. Le gouvernement actuel veut que les jeunes Africains se forment, d'une manière sérieuse, afin que le pays dispose de bonnes volontés adultes capables de mettre en œuvre une politique de développement durable dans un environnement durement touché par le changement climatique. Les populations autrefois délaissées par un système éducatif fondé sur la ségrégation raciale, sont désormais les principales bénéficiaires de cette éducation à l'écologie active. On estime que, chaque année, 200.000 élèves participent aux programmes éducatifs. Le gouvernement s'est fixé un objectif d'une croissance du nombre d'élèves de 2% par an jusqu'en 2030. Dans cet ordre d'idée, chaque année, tous les parcs nationaux font une semaine de portes ouvertes où 50.000 personnes peuvent alors découvrir gratuitement un univers qu'elles n'auraient jamais pu approcher. Le programme *Éducation de base pour adultes* à pour but d'accroître les connaissances en sciences naturelles des travailleurs non-qualifiés. Les parcs nationaux financent également les laboratoires scientifiques des écoles qui bordent ces parcs. Ils organisent des formations sur la gestion intégrée des déchets afin que les gens sachent comment les réduire et les gérer en minimisant l'impact environnemental. Les sécheresses récurrentes les ont conduits à enseigner aux populations locales comment utiliser les ressources naturelles d'une manière responsable, ce qui contribue à changer les mentalités et à faire baisser le braconnage (en direction des rhinocéros et des éléphants) et le vol de plantes.

B- Rentabiliser la nature.

On ne doit pas opposer la nature et l'activité humaine. En somme, on ne la sauvera que si l'homme réussit à la rentabiliser sans la détruire. Se pose alors la question de savoir si l'exportation d'animaux et de produits animaux entrent dans la catégorie de la rentabilisation de la nature dans une optique de développement durable. Ainsi, on ne mettra pas dans cette catégorie les 393.000 peaux de phoques exportées, chaque année, de la Namibie vers la Turquie. On aura également du mal à considérer que tous les animaux «de compagnie» envoyé en occident sont issus d'élevages lorsque l'on connaît tous les trafics autour des perroquets et des reptiles. En revanche, le commerce des graines et des plantes succulentes entre, tout à fait, dans la logique d'une relation économique qui préserve le milieu. Ainsi, l'Afrique du Sud, la Namibie, le Swaziland et le Mozambique sont une extraordinaire réserve de succulentes puisqu'ils abritent, avec leurs 1700 espèces endémiques, la plus grande variété au monde de ces végétaux, soit la moitié. Ces végétaux sont utilisés comme plantes décoratives mais aussi dans la cosmétique et la médecine. Pour la période 2005-2014, les exportations comprenaient les graines, les extraits de plantes, les fleurs, les plantes vivantes et en tiges. C'est l'Afrique du Sud qui exporta la majorité des extraits, des graines et des plantes vivantes. La Tanzanie s'était spécialisée, quant à elle, dans le commerce des fleurs et des tiges. La destination principale de ces flux était les Pays-Bas (plantes vivantes et fleurs), la Namibie (plantes vivantes et graines) et l'Argentine (extraits). La très grande majorité des extraits venait cependant de sources sauvages d'Aloès du Cap (Aloe Ferox). Cette plante est largement utilisée, comme l'Aloe Vera, comme complément alimentaire (constipation) et agent cosmétique (peau). Quant aux plantes entières, elles comprenaient des espèces décoratives comme les Rhipsalis et les euphorbes. À l'intérieur de ce commerce légal, les autorités des différents pays d'Afrique australe ont réussi à déterminer un flux illégal de plantes interdites à la commercialisation (car elles sont menacées dans leur milieu d'origine). Il représentait 8% du total des échanges (Madagascar étant un lieu très concerné par ce trafic), ce qui confirme d'autres statistiques officielles qui affirment que 83% des produits vendus venaient de pépinières (la différence entre les deux concerne alors les graines prélevées dans la nature).

Par ailleurs, l'**écotourisme** est en train de se développer en Afrique australe. Le but est de sensibiliser les visiteurs aux problèmes de l'environnement sans que, justement, ils ne le mettent en danger. Le principal intérêt économique de cette activité est de faire baisser la pauvreté en donnant du travail aux populations les moins qualifiées tout en amenant de l'argent dans tout le système économique. Il faut savoir que 95% de l'argent apporté par ce genre de tourisme haut de gamme est directement injecté dans l'économie locale. Il faut comparer ce chiffre avec celui du tourisme de masse où 80% des gains bénéficient aux compagnies aériennes et chaînes hôtelières internationales. De plus, les «écotouristes» dépensent beaucoup plus d'argent durant leurs vacances (90 US$ par jour en moyenne) que les clients habituels des voyagistes (52 US$ par jour). Les destinations étant localisées dans des endroits très isolés, la présence de résidences de luxe implique la construction de routes et de centres de soins (sans même parler d'hôpitaux); les habitants bénéficient alors de ces équipements de santé. La préservation du milieu étant la condition de leur séjour, les populations locales se mettent à protéger leur environnement. Les autorités mettent, d'ailleurs, des moyens supplémentaires pour débusquer les braconniers.

Le type d'hébergement hôtelier classique pour ces touristes aisés est le lodge, un bâtiment rectangulaire en bois, sans étage, qui rappelle les constructions coloniales du 19ème siècle. Singita Lebombo est un lodge particulièrement important dans l'exploitation du parc national Kruger, en Afrique du Sud. Il offre 15 suites luxueuses sur un terrain de 15 hectares situé sur les contreforts des montagnes du Lebombo. Cet hébergement réussit à ne pas impacter le milieu. Les matériaux de construction ont limité considérablement l'utilisation du béton. Les suites sont construites en bois étuvé et en verre. La structure est faite de bois issu de plantations locales et d'un peu d'acier. L'isolation est composée de terre compactée. La route qui y mène est même couverte de pierres qui viennent du parc. L'hôtel a, d'ailleurs, reçu le prix du tourisme responsable de l'Afrique du Sud. Il s'est érigé en une sorte de centre pédagogique pour touristes fortunés désireux d'étudier le milieu et ce qui peut le sauver. Son circuit intitulé *villages du Singita* permet même aux visiteurs de mettre en relation les habitants et le milieu naturel. Le lodge prend une part active dans l'éducation de son personnel et, surtout, des populations locales: il a crée une école pour les guides touristiques et donnent des bourses d'étude aux jeunes du coin. Son école de cuisine accueille aussi, prioritairement, des jeunes de la région. Il finance également des programmes éducatifs en direction des élèves des écoles maternelles et primaires de la région.

Leçon 2: Le développement économique de l'Afrique australe.

A- Monde rural et développement.

Le monde rural et ses activités sont indispensables pour assurer un jour la sécurité alimentaire des populations ainsi que structurer la société et son économie. Au Zimbabwe, cependant, l'agriculture a traversé une période de crise après la réforme agraire du début des années 2000. La productivité et les investissements ont vu une baisse considérable de la part de ce secteur dans le PIB; de 2007 à 2016, elle est passée de 21,6 à 11%. En 2017, si la production est repartie à la hausse, le gouvernement a été obligé de lancer un programme de modernisation du secteur afin d'assurer la sécurité alimentaire du pays. Il est trop tôt pour juger de l'efficacité des mesures pour ce pays. En revanche, en ce qui concerne la Zambie, on voit, dès à présent, les résultats des efforts accomplis dans le secteur agricole. Par exemple, de 2007 à 2017, la production de soja est passée de 55.000 à 350.000 tonnes. Notons que ce ne sont pas que les gros producteurs qui sont les responsables de cette hausse. En 2017, la part des petits exploitants représente 43% des récoltes.

Il faut savoir que, outre la pluviométrie capricieuse, c'est le faible recours aux fertilisants qui est responsable de la faible productivité des espaces agricoles. Le prix des fertilisants chimiques est élevé car ils sont produits à l'étranger par quelques multinationales qui, faute de concurrence locale, imposent des prix propres aux pays occidentaux riches. En effet, si on exclue l'Afrique du Sud, les autres pays qui forment l'Afrique australe ne produisent pas de fertilisants. En fait, quand on analyse le nature de cette production, on retrouve toujours les mêmes acteurs. Ce sont Canpotex (des Américains) et BPC (des Russes et Biélorusses) qui contrôlent le marché de la potasse. PhosChem (des Américains) et OCP (des Marocains) dominent les phosphates. Quant au produits azotés, la concentration des entreprises internationales et des ententes sur les prix ont contribué à maintenir des prix élevés. Le développement futur de l'agriculture de l'Afrique méridionale repose donc sur l'émergence d'acteurs locaux.

En Afrique du Sud, l'élevage de poulets est une production dominée par trois acteurs principaux (Astral, Rainbow, Country Bird) qui possèdent des accords de licence avec les deux plus gros industriels au monde (Cobb et Aviagen). Considérant que les fermiers qui produisent de la nourriture sont dispersés et que ceux qui les élèvent et achètent cette nourriture le sont aussi, le développement du secteur repose sur l'action de coordination de grandes entreprises qui mettent en relation ces deux maillons de la chaîne de production. C'est cette organisation de ce que l'on appelle la *chaîne régionale de valeur ajoutée* qui va déterminer le coût total de la production. Celui-ci dépend étroitement du prix de la nourriture des volailles et, donc, de leur lieu de production. Ainsi, le pays étant un gros producteur de maïs, le prix de la nourriture n'est pas élevé, ce qui conduit à produire des poulets bon marché. Lorsque la sécheresse est importante, le maïs doit être importé. Son prix, bien qu'élevé, ne peut pas être totalement répercuté sur le prix de vente des poulets, ce qui met les éleveurs dans une situation financière très difficile. La solution n'est pas forcément d'allier production de nourriture pour les poulets et élevage de ceux-ci car cela ne règle pas le problème de la production de nourriture animale lors des périodes de sécheresse. En fait, les sud-Africains regardent du côté des sources d'approvisionnement qui semblent sures: la Zambie. Le régime des pluies étant différent, les sécheresses n'ont pas lieu au même moment. On a calculé que même en utilisant la route, le soja de Zambie est en train de devenir meilleur marché que celui qui vient d'Argentine par la mer (signalons au passage que les navires sont très polluants). Aussi, à l'avenir, cette liaison interrégionale entre producteurs de nourriture animale et éleveurs pourrait conduire à une meilleure maîtrise des coûts de production et à une certaine réduction de la pollution induite par le transport.

Dans les espaces ruraux, depuis longtemps, l'extraction de charbon occupe une partie des travailleurs. Pour respecter les objectifs internationaux de réduction des gaz à effet de serre, l'Afrique du Sud s'est donnée l'objectif de baisser considérablement le nombre de ses mineurs et la production (1,1% par an à partir de 2017). Cela implique de développer, en regard, les installations produisant de l'énergie renouvelable et qui absorberont les emplois perdus dans les mines de charbon. En 2050, les autorités voudraient que le soleil génère 80% de l'énergie consommée dans le pays, que le biogaz représente 16%, et que le reste se partage entre hydroélectricité et importations d'énergie. Ces objectifs qu'aucun État développé n'oserait évoquer restent, pour l'instant, un objectif louable mais très hypothétique.

B- L'économie verte en Afrique du Sud.

Ainsi, le désir de s'inscrire dans une démarche de développement durable est en train de conduire les Africains du Sud à favoriser les industries et projets qui suivent cette logique. Cela commence d'ailleurs par le financement de ces projets, ce qui a pour fonction d'accélérer la transition vers l'économie verte. C'est en 2012 que l'on a créé le *Fond vert sud-africain*. Le programme est mis en œuvre par la *Banque sud-africaine de développement*, laquelle agit pour le compte du ministère des affaires environnementales. Le tout est financé par de l'argent public car le gouvernement, constatant que les initiatives privées étaient trop timides, a décider de favoriser et d'accélérer le développement de l'économie verte. Le programme de financement comprend trois thématiques: les villes vertes, l'économie sans carbone, la gestion des ressources environnementales et naturelles. En 2016, le Fond vert avait déjà accepté 55 projets qui prévoient de créer 12.700 emplois verts.

Par ailleurs, la transition énergétique sud-africaine est sur les rails. Des centrales solaires sont en construction, comme celle de Upington, dans la province du Cap Nord. Khi Solar One est une centrale gigantesque qui occupe 300 hectares couverts de miroirs réfléchissants qui concentrent les rayons du soleil sur le haut d'une tour de 205 mètres de haut. Situé dans en environnement désertique, le système de refroidissement à sec utilise 90% moins d'eau qu'un système traditionnel. Le projet est financé par une entreprise privée, à hauteur de 51%, l'État et les collectivités locale. Le but est de produire de l'électricité sans relâcher dans l'atmosphère les 183.000 tonnes de carbone qui seraient produites par une centrale à charbon.

Des projets moins pharaoniques mais tout aussi utiles sont en train de se développer. Ainsi, *Iyeza express bicycle courier service* a été fondée en 2013 afin de délivrer à bicyclette des médicaments. Aujourd'hui, ce service localisé dans un quartier de la ville du Cap emploie 5 jeunes sans formation qui livrent environ 1000 clients. Quant à *Tshwane Food and Energy Centre,* c'est un espace de 200 hectares situé dans une région agricole. Le centre a pour but de rationaliser l'agriculture de la région afin d'assurer la sécurité alimentaire des habitants tout en n'utilisant que des méthodes respectueuses de l'environnement. Dans cet ordre d'idée, 25 familles originaires des bidonvilles environnants ont reçu un morceau de terrain leur permettant de vivre et de se nourrir. Celui-ci comprend une maison, une réserve d'eau pour recueillir les eaux de pluie, un chauffe-eau solaire, une serre, des poulets avec leur poulailler, ce qui leur permet de vivre en complète autosuffisance. Le centre propose des cours pour tous les fermiers de la région afin qu'ils puissent faire pousser des aliments de bonne qualité. Les producteurs sont alors encouragés à vendre leur production au marché géré par le centre. C'est la municipalité qui a fourni la majorité du capital afin de suivre les recommandations de la **COP21** (accord international visant la réduction des gaz à effet de serre).

Parallèlement, le gouvernement essaie de véritablement jouer son rôle, à savoir développer les services d'enseignement, de soin, d'accès à l'électricité et à des logements convenables. Aujourd'hui, d'ailleurs, tous les garçons et les filles fréquentent l'école primaire. De 2002 à 2015, le nombre de foyers ayant accès aux services sanitaires de base est passé de 62 à 80%. En 2016, on comptait que 84% des foyers avaient l'eau courante et que 90,3% disposaient de l'électricité. Une vaste politique d'aide a même permis de sortir la population de l'extrême pauvreté. Cependant, on estime qu'il faudrait créer 600.000 emplois par an pour véritablement faire baisser le taux de chômage et de pauvreté. En 2017, l'IDH se situait très bas, à 0,67, ce qui mettait l'Afrique du Sud à la 119ème place sur 188 pays. Il faut dire que les inégalités sont criantes: 95% de la richesse de ce pays est détenue par 10% de la population.

Exercice de réflexion:

Quel genre d'hôtel peut-on construire dans ce genre d'endroit? (15 lignes).

Qu'est-ce qui est le plus remarquable: la nature ou les constructions humaines? La réponse dépend de l'opinion de la personne qui répond à la question. Quoi qu'il en soit, il peut très bien ne pas avoir de lutte entre les deux. Il s'agit de mettre la construction sur un endroit qui n'entraîne pas la destruction d'une partie de la couverture végétale. La région étant située dans un climat sec, il faut également veiller à ne pas se localiser près des arbres à cause du feu. En somme, là où vous voyez des zèbres, vous pourriez implanter un hôtel. Quel style choisir? Là encore, c'est une question de goût. Si le goût des touristes plaiderait pour un lodge en bois, les miens m'amèneraient immédiatement vers une villa romaine avec ses colonnes de marbre et ses mosaïques colorées. Quel que soit le style retenu, il faut suivre ce que l'on vient de voir pour le lodge Singita Lebombo. Tous les matériaux de construction doivent être trouvés sur place. En outre, les ouvriers et les futurs employés de l'hôtel doivent être des gens de la région. On remarque, tout de même, que c'est un endroit très isolé qu'il va falloir relier au reste du monde. S'il y a de la place, on pourrait aménager une piste d'atterrissage pour les petits avions. Le terrain très plat ne nécessite peut-être aucun travail de nivellement. Une route est cependant nécessaire. Elle n'a pas besoin d'être en dur mais, dans ce cas, ce sont des 4x4 polluants qui utiliseront cette piste. Le défi le plus important reste la fourniture d'eau. S'il n'y a pas de source, un forage pourrait servir à alimenter le lodge. Reste à savoir si un puits peut être considéré comme respectueux de l'environnement. Cela peut être le cas si les utilisateurs font attention à puiser peu d'eau afin de ne pas assécher la nappe et mettre en danger les végétaux qui, durant la saison sèche, en font la condition de leur survie.

Un paysage de savane arborée du Limpopo (Afrique du Sud).
https://static1.evcdn.net/images/reduction/215735_w-850_h-400_q-100_m-crop.jpg

Enseignement moral et civique: Axe 1: Des libertés pour la liberté.

Séquence 23: La liberté et les conditions de son exercice.

Leçon 1: Les libertés fondamentales.

A- Le droit à être jugé équitablement, le droit d'aller et venir. Une société civilisée doit reposer sur des règles de conduites individuelles qui garantissent l'exercice de droits fondamentaux qu'aucun régime ni gouvernement ne peut remettre en cause. En dehors du droit de vivre qui est accordé par la nature, subjectivement, à tous les êtres vivants, le droit le plus fondamental est celui d'être jugé équitablement, c'est-à-dire de ne pas être privé de sa liberté sans avoir eu la possibilité de présenter son point de vue, suivant une procédure qui essaie de garantir la mise en avant de la vérité.

Disons-le tout de suite, ce principe si important n'a pas mobilisé tous les peuples du monde. Les Anglais, vous l'avez vu en histoire cette année, ont véritablement bataillé, depuis la Grande Charte pour imposer le respect ce droit. Les Américains et les Français se sont mobilisés, quant à eux, lors de leurs révolutions, sur des questions plus anecdotiques: le paiement des impôts. Vous le verrez l'année prochaine, les Français, durant la Terreur, avaient même totalement rejeté le droit aux accusés d'avoir un procès équitable, ce qui plongea leur pays dans la barbarie. Les choses ont changé. Aujourd'hui, l'inculpé, en France, bénéficie de ce que les juristes appellent le **droit de la défense.**

Ainsi, dès le début de la procédure, les personnes ont le droit à ce que leur cause soit entendue par un tribunal indépendant et impartial, et cela dans un délai raisonnable. De plus, elles doivent disposer du temps et des facilités nécessaires à la préparation de leur défense, ainsi qu'avoir la possibilité de se faire conseiller par les personnes de leur choix. Elles peuvent alors se défendre seules ou assistées par un avocat.

La liberté d'aller et venir, quant à elle, paraît moins importante. Cependant, c'est elle qui garantit le droit de circuler librement dans un espace sans devoir demander la permission aux autorités administratives. Relisez *Les Misérables*, de Victor Hugo, et vous vous rendrez compte qu'à l'époque, le début du 19ème siècle, les ouvriers disposaient d'un livret (un passeport intérieur en fait) qui leur imposait de se présenter à la gendarmerie pour le faire tamponner, dès qu'ils entraient dans une ville. C'était un mode de contrôle social de la classe dominante sur celle qui était supposée être dangereuse. Si l'ouvrier n'avait pas son livret, il passait pour un vagabond et était alors incarcéré. Ce livret était détenu par le patron durant toute la durée du contrat de travail. Il empêchait alors le travailleur de casser son contrat et de trouver de meilleures conditions de travail et de salaire ailleurs. Dans la France du 21ème siècle, ce droit n'est pas véritablement codifié: c'est la **jurisprudence** (les jugements qui finissent par établir des coutumes juridiques que les juges suivent) qui consacre la liberté d'aller et venir. Quoi qu'il en soit, les personnes qui se trouvent légalement sur le territoire français ont le droit d'y circuler librement et d'y choisir leur lieu de résidence sans contraintes. Ces mêmes personnes sont donc également libres de quitter la France et d'y revenir.

B- La liberté de conscience et religieuse.

Considérant les nombreux problèmes religieux et culturels, et après une guerre de religion qui ensanglanta le pays à la fin du 16ème siècle, les Français ont fait de la liberté de conscience un principe fondamental reconnu par les lois de la république. Celle-ci recouvre le droit de ne pas être croyant, la liberté de culte, le droit de changer de religion ou de conviction, l'objection de conscience (refus de faire une chose en désaccord avec sa religion) et le droit à l'éducation en accord avec ses convictions religieuses et philosophiques, principe qui impose à l'Éducation Nationale de payer le salaire des professeurs qui enseignent dans les établissements confessionnels privés qui ont passé un contrat de collaboration avec l'État.

Cette situation découle des articles 10 de la *Déclaration des droits de l'homme et du citoyen*, 3 de la *Charte de la laïcité à l'École*, 1 de la *Loi de séparation des Églises et de l'État*. Pour autant, cette liberté admet des restrictions. Ainsi, l'ordre public qui s'impose à tous les particularismes sociaux et culturels interdit les manifestations ostentatoires de la religion sur le domaine public afin de ne pas attiser les haines religieuses entre les communautés. Dans cet ordre d'idée, les institutions de l'État ont adopté une parfaite neutralité tout en rendant possible l'exercice et la pratique du culte. Les aumôneries, instituées dans certains établissements publics, sont une traduction concrète de l'obligation pour l'État de garantir la liberté religieuse. Le mercredi et le dimanche libres dans les établissements scolaires permet également aux parents de donner une formation religieuse à leurs enfants.

Cependant, lorsque la religion devient un problème, l'État français a opté pour une interdiction formelle de toute manifestation religieuse. Ainsi, le 15 mars 2004, fut promulguée la loi 2004-228 encadrant, en application du principe de laïcité, le port de signes ou de tenues manifestant une appartenance religieuse dans les écoles, collèges et lycées publics. Cette loi fut adoptée après quinze années de débats autour de la question du port du foulard islamique à l'école. Elle interdit alors tout signe d'appartenance religieuse dans les établissements scolaires publics de France. La loi du 11 octobre 2010 réduisit, quant à elle, les manifestations religieuses sur le domaine public en interdisant la dissimulation du visage dans l'espace public. Cette loi proscrit le port du voile intégral (burqa) dans l'espace public.

C- La Liberté d'expression et syndicale.

La liberté d'expression est également un droit fondamental, et cela d'autant plus que la nature du régime politique, la démocratie, impose que le citoyen puisse s'exprimer sans craindre des poursuites judiciaires. Dès le 26 août 1789, les Français, dans les articles 10 et 11, proclamèrent que personne ne devait être inquiété pour ses opinions, pourvu que ces opinions ne troublent pas l'ordre public établi par la loi. Ils ajoutèrent même que la libre communication des pensées et des opinions était un des droits les plus précieux de l'homme, ce qui autorisait tout citoyen à parler, écrire et imprimer des documents visant à exposer des idées.

Quoi qu'il en soit, ce droit admet des limites, lesquelles sont définies par la loi: toute atteinte à la dignité humaine et à l'autorité des institutions est formellement interdite. Dès lors, les incitations au meurtre et les revendications racistes sont illégales. Le maintien de l'ordre public peut également conduire les autorités à émettre des interdictions limitées, juste pour ne pas entraîner des manifestations ou, pire, des émeutes. Ainsi, le maire de Nice avait pu interdire, par exemple, la projection du film *Le Feu dans la peau* pour immoralité.

La liberté syndicale découle également du droit à exprimer ses idées, dans le domaine du travail ici. Elle vise aussi à défendre les droits des travailleurs dans une logique de relation déséquilibrée entre employeur et employé.

Force est de constater que les Français se sont méfiés, pendant de nombreux siècles, des travailleurs, ce qui retarda la mise en place du droit syndical. Ainsi, le 14 juin 1791, la loi Le Chapelier interdit les groupements professionnels, en particulier les corporations de métiers, mais aussi les organisations ouvrières, ainsi que les rassemblements de paysans et d'ouvriers (délit de coalition). Elle avait pour but la promotion de la liberté d'installation et la mobilité sociale mais elle eut pour résultat de soumettre les travailleurs à l'arbitraire patronale pendant tout le début de la Révolution Industrielle, ce qui conduisit à de nombreuses révoltes. Cependant, le 25 mai 1864, la loi Ollivier, en abolissant le délit de coalition, autorisa la grève sous certaines conditions. La loi du 24 juillet 1867 reconnut les coopératives ouvrières, celle du 30 juin 1881 instaura la liberté de réunion et, le 21 mars 1884, les syndicats furent enfin autorisés (loi Waldeck-Rousseau). Les syndicats professionnels régulièrement constitués pouvaient dès lors se concerter librement pour étudier et défendre «leurs intérêts économiques, industriels, commerciaux et agricoles».

Leçon 2: Le droit et la loi.

A- Les limites de la liberté.

John Donne déclarait en 1624: «aucun homme n'est une île, suffisante à elle-même; chaque homme est une partie d'un continent, une partie d'un tout». Cela fait de lui un individu jamais totalement seul qui pourrait vivre suivant ses propres règles ou, pire, ses propres désirs. D'ailleurs, même les Robinson Crusoé doivent suivre des règles qui dépassent leurs volontés individuelles, s'ils veulent rester en vie. La Nature impose des comportements qui limitent considérablement la liberté des gens à disposer d'eux-mêmes alors que la société leur interdit de disposer des autres.

Dès la *Déclaration des Droits de l'Homme et du Citoyen*, en 1789, son article 4 assure que la liberté consiste à pouvoir faire tout ce qui ne nuit pas à autrui, ce qui interdit toute action individuelle pouvant ne serait-ce que déranger un peu une autre personne. La vie en société devient dès lors très contraignante, et cela d'autant plus que le même texte fondateur de la société française contemporaine impose des comportements que tout le monde doit suivre et qu'aucune loi ou action humaine ne peut changer. Ainsi, la propriété étant considérée comme un droit inviolable et sacré, l'État n'a pas le droit de confisquer des biens sans sombrer dans l'illégalité. En France, un tel État devrait alors être anéanti. L'utilité publique l'autorise à exproprier les gens mais elle impose que celle-ci soit légalement constatée et que l'on verse une indemnité juste qui reflète la valeur réelle du bien confisqué. Dans cet ordre d'idée, l'État a l'obligation absolue d'assurer la sécurité des personnes, qu'il le veuille ou non; un état perpétuel de désordre social dans ce pays autorise alors ses habitants à imposer un changement d'État. Ces principes fondamentaux sont imposés par la *Déclaration des Droits de l'Homme et du Citoyen*. Ce texte fait partie du **bloc de constitutionnalité**, cela veut dire que ces règles supérieures, impossibles à changer pour l'instant, doivent absolument être respectées par la totalité des habitants du pays sans que la volonté de qui que ce soit ne puisse s'y opposer.

Quoi qu'il en soit, la loi n'a le droit de défendre que les actions nuisibles à la société. Tout ce qui n'est pas défendu par la loi ne peut donc pas être empêché. Personne ne peut être contraint à faire ce qu'aucune loi n'ordonne. L'individu doit donc systématiquement vérifier toutes les interdictions avant d'envisager d'entreprendre une action: depuis les Romains, nul n'est censé ignorer la loi!

B- Les relations individuelles codifiées et régulées: la loi.

La loi, c'est-à-dire les règles prises par le corps social, limite considérablement la liberté individuelle car elle s'impose à tous, même si l'individu n'est pas d'accord avec elle.

Aujourd'hui, elle est principalement positive, cela veut dire que c'est un groupe de personnes identifiées qui la rédige. Autrefois, les us et coutumes faisaient admettre des règles dont on ne connaissait pas l'origine. L'avantage de la loi positive est de diminuer le côté irrationnel de la loi coutumière. Elle admet, implicitement, que ce qui régule les comportements humains relève du consensus, ce qui est un des fondements de la vie en société puisqu'il impose que les désaccords individuels s'effacent devant le bien commun. Cependant, ni le bien, la raison, la vérité et l'humanité n'inspirent forcément la loi. Suivant les périodes et les lieux, on trouve donc des lois immorales, folles et barbares. Dans ce cas, la loi se trouve alors dépassée par des principes moraux supérieurs qui imposent alors aux individus raisonnables de ne pas la suivre et de tout faire pour la changer.

De nos jours, la loi est l'œuvre du pouvoir législatif qui est souvent incarné par un parlement représentant le peuple. Dans les pays qui ont gardé des formes de démocratie directe, elle peut être votée par l'ensemble des citoyens. Quoi qu'il en soit, toutes les normes légales n'ont pas le même poids. Il existe toute une hiérarchie qui fait de la Constitution la norme la plus élevée. Celle-ci définit les principes fondamentaux des libertés publiques et la structure de l'État. Les traités internationaux ne viennent qu'après. On trouve ensuite les lois organiques (qui ont pour objectif de préciser la constitution, l'organisation des pouvoirs publics et leur fonctionnement), les lois ordinaires, les décrets, les arrêtés, les actes administratifs et les actes individuels.

C- Les conditions d'application: la police et la justice.

Une fois que les règles sont prises et qu'elles entrent en vigueur, il faut des institutions publiques pour veiller à leur respect. Celui-ci est conditionné par la paix publique car nulle organisation humaine ne peut faire respecter les lois si l'ordre ne règne pas. En France, c'est la police nationale qui a le devoir d'établir l'ordre. La sécurité et la paix publiques consistent à veiller à l'exécution des lois, à assurer la protection des personnes et des biens, à prévenir les troubles à l'ordre public et à la tranquillité publique, à combattre les crimes, les délits, la délinquance. La police judiciaire joue un rôle d'une grande importance car, sous le contrôle et la surveillance de l'autorité judiciaire, elle a pour devoir de rechercher et de constater les infractions pénales, d'en rassembler les preuves, d'en rechercher les auteurs et leurs complices, de les arrêter et de les déférer aux autorités judiciaires compétentes.

Lorsque les lois ne sont pas respectées, la justice pénale veille à punir les contrevenants et à réparer les dommages qu'ils ont causé à leurs victimes. C'est la cour d'assises qui punit les crimes. Les délits sont jugés par le tribunal correctionnel. Les infractions mineures sont traitées par le tribunal de police. Les crimes les plus importants sont jugés par des jurys populaires. Dans ce cas, le juge organise la procédure et veille à faire respecter les règles de droit. En France, pour ne plus avoir des jugements dictés par les habitudes de la classe dirigeante (la noblesse d'Ancien Régime), on a voulu que ce soit le peuple qui décide de la culpabilité des gens. Pour être juré, il faut être un citoyen âgé de 23 ans au moins. Les jurés sont tirés au sort sur les listes électorales; ils ne peuvent pas refuser cette fonction, sauf pour des raisons médicales où leur âge avancé.

D- les impératifs relationnels supérieurs: la parité, la sécurité et l'ordre.

Certains principes supérieurs qui visent à rendre la société plus civilisée ne peuvent pas dépendre de l'arbitraire des gens, ni de leur libre choix. En France, la loi du 6 juin 2000 sur la parité vise à imposer, dans la mesure du possible, l'égal accès des femmes aux mandats électoraux et aux fonctions électives. Cette loi oblige les partis politiques à avoir le même nombre de candidats de chaque sexe pour les scrutins majoritaires et exige l'alternance des candidats masculins et féminins pour les élections proportionnelles. La France est le premier pays à se doter d'une loi pour réaliser la parité à 50% entre femmes et hommes aux fonctions électives. Ce principe de parité se fonde sur l'article premier de la Constitution. Depuis 2013, la loi Fioraso a rendu obligatoire la parité femmes/hommes pour les candidatures ou les nominations aux instances décisionnaires de l'enseignement supérieur et de la recherche. Le principe de parité se traduit aussi par des quotas adoptés ponctuellement au sein de la fonction publique, notamment au sein des conseils d'administration (fixés à 40% par la loi Sauvadet de 2012).

La sécurité implique parfois que les règles de droit habituelles soient mises de côté pour répondre à une situation d'urgence. En France, il est courant que l'on interdise sur un espace et durant une période déterminée, le libre exercice de certains droits. Le droit de manifester est ainsi souvent limité par les maires qui, sous la supervision de la préfecture, peuvent parfaitement interdire une manifestation qui pourrait causer des nuisances aux riverains: le droit de propriété et la préservation des biens impliquent alors la suspension d'une liberté. Dans cet ordre d'idée, la théorie du fonctionnaire de fait, qui fut surtout utilisée durant la dernière guerre mondiale, montre que l'urgence peut dispenser de respecter les procédures habituelles: toute personne peut se transformer en un membre des forces de l'ordre, utiliser une arme et l'utiliser. C'est le juge administratif qui, après coup, analyse l'urgence et légalise cette situation exceptionnelle.

Par ailleurs, la norme d'ordre public est une règle impérative que les gens doivent respecter et qui répond à des exigences fondamentales ou à des intérêts primordiaux. Ainsi, même si les personnes peuvent conclure des contrats de droit privé sans en référer aux autorités, les contrats sont soumis à certaines règles que les contractants, même s'ils sont d'accord entre eux, ne peuvent pas écarter. Toute clause d'un contrat qui pourrait troubler l'ordre public et les bonnes mœurs, même indirectement, est donc jugée comme illégale et punie comme telle par les juges.

Leçon 3: La république comme condition d'élaboration de la loi.

A- La séparation des pouvoirs.

C'est une république démocratique qui, en France, détermine l'élaboration de la loi. Depuis le 17ème siècle, les Européens essaient de séparer les pouvoirs pour qu'une seule personne publique ne détienne pas tous les pouvoirs et sombre alors dans l'arbitraire de l'autocratie. On distingue les pouvoirs législatif (ceux qui font les lois), exécutif (ceux qui mettent à exécution les lois) et judiciaire (ceux qui jugent les gens qui contreviennent à la loi). Cette séparation repose sur l'histoire très mouvementée de l'Angleterre du 17ème siècle. On sent ici, l'opposition inouïe entre le parlement et le roi et non pas une opposition logique entre deux principes qui ne devraient pas être réunis dans les mêmes mains. Est-ce très logique de vouloir séparer absolument ceux qui font les lois de ceux qui les font appliquer? La séparation du monde judiciaire se justifie beaucoup plus: il faut un regard extérieur, aucune implication dans le processus d'élaboration des lois, pour pouvoir analyser les choses plus sereinement. En fait, il faut partager le pouvoir, pas le séparer! La différence semble subtile mais on comprend bien vite qu'il suffit de séparer le pouvoir suivant des thèmes et de le partager entre plusieurs personnes. Prenons donc un exemple, celui de l'ordre. On peut imaginer de séparer l'ordre en thèmes: l'ordre intérieur (la police) et l'ordre extérieur (l'armée lorsqu'elle intervient hors de France). Il suffit ensuite de donner ces deux pouvoirs à deux personnes différentes qui ne seront pas dominées par le même pouvoir de contrôle et qui n'auront pas de relation l'une avec l'autre. On peut même imaginer qu'elles soient élues par des instances différentes, suivant des logiques différentes. Dans ce cas, il y a un véritable partage des pouvoirs entre deux logiques et deux personnes différentes.

En France, on connaît bien les limites de la logique de séparation des pouvoirs des Anglais. C'est pour cela que l'on cherche systématiquement à donner le pouvoir politique à différents élus et fonctionnaires en spécifiant les règles de leur indépendance et les moyens de protection des possibles pressions politiques. Certaines instances consultatives, plus ou moins indépendantes (le Conseil d'État, le Médiateur de la République, la Cour des Comptes, l'INSEE) ont pour but d'introduire le contre-pouvoir de l'indépendance d'esprit afin de tempérer les opinions, proposer des solutions à des problèmes précis, donner de la hauteur aux dialogues entre parties et influencer sainement la prise de décision politique.

Sous la V{\rm e} République, il n'y a donc pas, à proprement parler, de séparation des pouvoirs puisqu'un même parti politique peut détenir le pouvoir exécutif et législatif, et contrôler le pouvoir judiciaire. On assiste à un Exécutif bicéphale où le chef du gouvernement et le chef de l'État collaborent, même si le deuxième répond de ses actes politiques devant le premier. Dans cet ordre d'idée, le pouvoir exécutif empiète sur le pouvoir législatif avec ses décrets (actes juridiques qui précisent les lois) et ses ordonnances (actes juridiques autorisés par le parlement et qui traitent de thèmes qui relèvent du domaine de la loi). Quant à la justice, si les juges sont indépendants, les procureurs et avocats généraux (qui représentent le bien général) sont surveillés par le pouvoir exécutif.

B- La démocratie représentative.

En France, la loi est élaborée par des institutions qui découlent de l'exercice de la démocratie représentative. En effet, dans un pays qui compte de nombreux électeurs, on n'imagine pas que ces derniers décident directement des lois. Ils élisent donc des représentants qui, eux, proposent et élaborent les lois. Il existe bien sûr une sorte de mythologie de la démocratie directe. Ce serait la seule véritable démocratie, celle des Suisses qui, sur la place du village, votent directement, à main levée, les lois, comme s'ils étaient tous des parlementaires. Ce régime ne fonctionne déjà pas en Suisse (peu de personnes se déplacent pour voter), comment pourrait-il fonctionner dans des pays beaucoup plus peuplés? De plus, il nie l'existence même de la culture juridique de ces parlementaires qui connaissent très bien la subtile complexité des règles de droit. Il y a tellement de lois et de règlements en France qu'il faut devenir un véritable professionnel du droit avant de pouvoir rédiger une loi. Par ailleurs, le vote direct dans une époque aussi troublée que la nôtre pourrait mobiliser les passions les plus folles des individus qui réagiraient en suivant les passions les plus malsaines. On aurait alors non plus une démocratie sereine mais une dictature démocratique sanguinaire, comme en 1794. La démocratie, comme tous les autres régimes politiques, ne peut et ne doit reposer que sur la raison, pas sur la barbarie des passions immédiates. La démocratie représentative n'est pas moins démocratique que la démocratie directe. Elle est simplement plus respectueuse du formalisme des règles de droit. De cette manière, elle se range du côté des régimes qui cherchent à donner assez de temps au processus législatif pour qu'il élabore des règles plus équilibrées et plus sereines.

Cependant, dans certaines circonstances, le peuple peut intervenir directement. Pour les questions d'importance, le référendum est une bonne solution. Ainsi, lors des révisions constitutionnelles, les électeurs peuvent s'exprimer directement. Dans certains pays, une proposition de loi ou d'abrogation de loi, dite d'initiative populaire, peut être déposée par des citoyens grâce à une collecte de signatures. Cela ne rend pas la proposition plus légitime, ni plus intelligente. Néanmoins, le grand nombre de signatures nécessaire induit une mobilisation politique importante, une grande force de persuasion des défenseurs de la pétition, un intérêt soutenu des signataires, ce qui est toujours bon pour le mouvement des idées dans les sociétés civilisées qui veulent prendre leur destin entre leurs mains.

C- Le consensus fondé sur la raison.

Dans toutes les démocraties, les lois sont votées. Cela veut dire que c'est la majorité des électeurs qui décident de la règle pour la totalité de la société. Ceux qui ne sont pas d'accord et qui peuvent représenter une forte minorité seront donc obligés d'adopter une conduite qu'ils détestent. Certains pensent que la représentation proportionnelle des votants peut minorer ce phénomène et conduire à mieux prendre en compte la volonté du peuple. Cela ne change rien, en fait, car si, avec ce mode de scrutin, la totalité des opinions sont représentées dans les institutions législatives, il y a justement encore plus de diversité politique, ce qui rend très difficile la constitution d'une majorité de députés ayant la même opinion sur un projet de loi. De quelque endroit que l'on regarde le problème, on se rend compte que la démocratie ne peut fonctionner que si certaines règles de conduite sont respectées. Ainsi, la loi doit être nécessairement raisonnable, cela veut dire qu'elle ne doit fournir que des solutions réalistes et justes à un problème identifié et bien délimité. La subjectivité n'a pas sa place ici. C'est la science et l'observation objective de la réalité qui doivent déterminer les décisions, pas les intérêts particuliers des groupes de pression et des idéologies plus ou moins réalistes.

L'autre condition de l'existence de la démocratie est la nécessité de la formation d'un consensus à l'intérieur même de la société car il faut réussir à faire accepter aux personnes qui ne sont pas d'accord avec une loi qu'ils doivent tout de même la suivre. Prenons donc un exemple. Si une majorité de députés votent un texte réduisant la vitesse des voitures sur les autoroutes à 100 km/h, il faut que tout le monde accepte de respecter cette nouvelle limitation. Comment arriver alors à la formation d'un consensus social? On pourra faire tous les débats du monde et toutes les campagnes publicitaires possibles, on ne changera pas les mentalités d'adultes viscéralement attachés à leurs habitudes. Il faut donc, dès le début de l'école primaire, instituer des programmes de vie en société qui doivent former les esprits des plus jeunes afin que, devenus des adultes intelligents, ils acceptent toujours de suivre la règle même de la démocratie: accepter que l'intérêt général supplante perpétuellement les intérêts particuliers.

Exercice de réflexion:
Quel genre de société proposent les constitutionnels
en 1789? (15 lignes).

Assemblée constituante, <u>Déclaration des Droits de l'Homme et du Citoyen</u>, 26 août 1789.

Article 2. Le but de toute association politique est la conservation des droits naturels et imprescriptibles de l'Homme. Ces droits sont la liberté, la propriété, la sûreté, et la résistance à l'oppression.

En France, le premier texte de droit positif qui détermine l'organisation de l'État est la <u>Déclaration des Droits de l'Homme et du Citoyen</u>. La société d'Ancien Régime, depuis des siècles, perpétue une organisation archaïque qui fait d'un seul homme, le roi, le seul *détenteur de la puissance publique et, donc, du bien commun. C'est lui qui fixe les règles, même si la presque totalité des gens sont hostiles, ce qui est une situation à la fois difficile à tenir et très illogique. En effet, toutes les personnes qui vivent dans un endroit doivent participer à la régulation sociale de cet endroit. La richesse d'un individu ou sa puissance militaire ne peuvent pas déterminer son droit à décider à la place de tout le monde. C'est ce qu'affirme ce texte de 1789 qui insiste singulièrement sur la sûreté et la résistance à l'oppression. On verra, bien sûr, des références à la constitution américaine mais ce n'est pas qu'un exercice de style. Les gens de cette époque étaient nettement opposés au fait que la règle générale soit fixée par un seul individu disposant de tous les pouvoirs civils et militaires. Par ailleurs, le droit de propriété est également mis en avant. C'est d'ailleurs considéré à l'époque comme un droit naturel. On pensait que la nature imposait à l'homme de se rendre propriétaire de la terre qui le nourrissait. Voler la terre de son voisin apparaissait alors comme un crime abominable car il privait l'individu de ce qui lui permettait de survivre. Pendant tout le 19ème siècle, la vision sociétale des partis politiques conservateurs est d'ailleurs de fonder l'organisation sociale sur la propriété. Ils inventent même un régime censitaire qui donne le droit de vote à ceux qui ont assez de revenus pour payer des impôts relativement élevés. Aussi, dès le début de l'aventure républicaine française, la société envisagée est une société de personnes qui ont un peu de patrimoine. On est encore loin de la véritable démocratie.*

Axe 2: Garantir les libertés, étendre les libertés: les libertés en débat.

Séquence 24: L'extension des libertés.

Leçon 1: À l'intérieur du pays.

A- Le droit de tous à la santé et à l'éducation.

Quoi qu'il en soit la conquête de libertés fondamentales n'est pas encore terminée car c'est une lutte de chaque instant. Ainsi, le droit à la santé est loin d'être totalement respecté compte tenu de la différence de revenu des Français. La *Convention internationale des droits de l'enfant* précise que «chaque enfant a droit à un niveau de vie suffisant et à jouir du meilleur état de santé possible». En droit français et européens, il est donc admis que chaque enfant ait le droit d'être soigné s'il est malade, d'être vacciné, d'avoir accès à l'eau potable et aux toilettes, d'être bien nourri afin de grandir en bonne santé. Pour les adultes, le droit a la santé n'est véritablement effectif qu'à partir du 27 juillet 1999, date de la promulgation de la **loi sur la couverture maladie universelle** (CMU). Cette loi, en effet, introduit une nouveauté majeure: elle offre une assurance complémentaire santé à la partie la plus démunie de la population, ce qui lui permet de pouvoir avoir accès à tous les soins médicaux sans devoir payer. Concrètement, un médecin du secteur II (avec dépassement d'honoraires) est tenu de recevoir un bénéficiaire de la CMU au tarif du secteur I (conventionné avec la sécurité sociale); un dentiste ou un opticien ne peuvent facturer une prothèse dentaire et une paire de lunettes qu'à un prix fixé par un arrêté. Le bénéficiaire peut, dès lors, effectuer les mêmes actes de santé que n'importe quel autre assuré social. Il est clair que certains médecins et certains dentistes ne voient pas la CMU d'un très bon œil. Cela a conduit à ce que l'on appelle des refus de soins. Bien que contraires aux codes de déontologie et de santé publique, ces refus de soins existent et loi après loi on essaye de les combattre sans beaucoup de succès pour l'instant.

Quant au droit à l'éducation, son histoire a été assez chaotique. C'est en 1792, dans son *Rapport sur l'instruction publique*, que Condorcet affirme que tous les citoyens doivent avoir accès à l'instruction. En effet, avant la Révolution, l'enseignement était assuré par le clergé et ne concernait qu'une minorité de personnes. Ainsi, même si son importance a toujours été soulignée, le droit à l'éducation n'a pas systématiquement été affirmé juridiquement. Sa reconnaissance constitutionnelle n'est intervenue qu'en 1946, avec le préambule de la Constitution de la IVe République (art. 13). Toutefois, la France n'a pas attendu cet acte constitutionnel pour légiférer sur l'éducation. En 1833, la loi Guizot oblige les communes à ouvrir des écoles primaires publiques pour les garçons. En 1850, la loi Falloux établit l'ouverture d'écoles communales pour les filles. Cependant, ce sont les lois de Jules Ferry, de 1881 et 1882, qui mettent en place un enseignement primaire obligatoire, laïque et gratuit pour les filles et les garçons entre 6 et 13 ans. Cette législation a été développée et progressivement élargie au collège, puis au lycée. Ce droit s'accompagne également d'un devoir essentiel: l'obligation scolaire. Elle s'étend jusqu'à 13 ans en 1882, puis elle passe à 14 ans en 1936 et à 16 ans en 1959. Tout enfant résidant en France doit donc, dès l'âge de 6 ans, étudier au sein d'un établissement scolaire public ou privé, jusqu'à ses 16 ans, sous peine de poursuites pénales à l'encontre des parents. L'instruction peut également être réalisée dans la famille, soit par choix des parents, soit quand l'enfant ne peut pas être scolarisé dans un établissement (éloignement géographique, maladie...). L'"école à la maison" fait l'objet de contrôles, notamment du Directeur académique des services départementaux de l'Éducation nationale qui vérifie, une fois par an, que l'enfant reçoit bien une instruction et qu'il acquiert des connaissances, afin qu'il soit capable de maîtriser l'ensemble des exigences du socle commun à ses 16 ans. En outre, la loi d'orientation et de programme pour l'avenir de l'école du 23 avril 2005 dispose que les parents d'un mineur non émancipé ne peuvent pas s'opposer à la poursuite de ses études au-delà de l'âge de 16 ans. Quoi qu'il en soit, on remarque depuis des années que de nombreux élèves quittent le système éducatif sans formation et que le niveau de connaissances des élèves de fin de CM1 (qui est évalué de manière indépendante au niveau internationale) ne cesse de s'effondrer. Cela prouve bien que si l'éducation est un droit reconnu et respecté, il ne garantit pas à lui seul la maîtrise de connaissances de base. Plus qu'une loi, c'est la bonne volonté qui rend les gens instruits.

B- Le droit au travail.

Quant au droit au travail, il est loin d'être acquis pour l'instant. C'est la loi du 19 mars 1793 qui, historiquement, en parle la première; on y lit: «Tout homme a droit à sa subsistance par le travail s'il est valide; par des secours gratuits s'il est hors d'état de travailler. Le soin de pourvoir à la subsistance du pauvre est une dette nationale». Dans cet ordre d'idée, l'article 21 de la *Déclaration des droit de l'homme et du citoyen de 1793* affirme: «Les secours publics sont une dette sacrée. La société doit la subsistance aux citoyens malheureux, soit en leur procurant du travail, soit en assurant les moyens d'exister à ceux qui sont hors d'état de travailler». Le droit au travail est aussi affirmé dans la Constitution de l'an I élaborée par la Convention montagnarde.

À l'époque, ce droit au travail et à l'aide social sont des revendications partagées par des politiciens qui couvrent tout l'éventail politique. Il mène certains, comme Boncerf, à proposer que l'État lance des grands travaux d'aménagement et prenne donc la place du secteur privé afin d'employer, lui-même, les ouvriers, et réduire, de cette manière, le chômage. Cette idée sera suivie par les Américains, dans les années 1930 (politique du New Deal). Cependant, ce sont surtout les politiciens de gauche qui font de ce thème leur revendication principale. Ainsi, la Commune de Paris, un gouvernement très à gauche, publie un texte législatif, le 17 avril 1871, qui fait des ouvriers au chômage (leurs patrons ont fui) les exploitants des usines délaissées, sous la forme juridique de la coopérative de travailleurs. Si la commune de Paris n'a eu qu'une existence très courte, elle a considérablement influencé le monde politique des deux siècles suivants. Faire de l'ouvrier au chômage le gestionnaire de l'outil de production qui lui procure son salaire est, bien sûr, une action révolutionnaire, mais également l'affirmation que le but du travail n'est pas uniquement d'enrichir le détenteur du capital (le propriétaire de l'usine) mais de garantir le bien-être matériel des ouvriers et de toute la société.

Par la suite, le droit au travail a été inclus dans la *Constitution de la IVe république*, en 1946; il est écrit: «Chacun a le devoir de travailler et le droit d'obtenir un emploi». La *Constitution de la Ve république* reprend la même idée en 1958. Quoi qu'il en soit, du fait de l'évolution des mentalités sur le rôle de l'État en matière économique, les différents gouvernements français n'ont pas cherché à employer directement les personnes au chômage. Ils ont plutôt mis en place des structures qui aident les gens à se former et à trouver du travail par eux-mêmes (Pôle emploi). Surtout, ils ont mieux indemnisé le chômage et garanti des revenus pour les personnes en sous-emploi (prime d'activité) et celles qui ne travaillent pas du tout (RSA). Ainsi, en France, le droit au travail est, dans les faits, un droit à un revenu minimum.

C- Le droit à la vérité contre l'illusion.

Le temps passant, le niveau intellectuel des populations étant fondamentalement bas, l'arrivée de nouveaux modes de communication très peu rigoureux a conduit à la dilution de la vérité dans un océan d'illusions informatiques. Il paraît que les démocraties occidentales vivent à l'heure de la **fake news**, de l'**infox**, de la **fausse nouvelle**. Il paraît que ces informations sont délivrées dans le but de manipuler ou de tromper un auditoire. À l'ère d'internet, elles peuvent émaner d'un ou plusieurs individus (par le biais de médias non institutionnels, tels les blogs ou les réseaux sociaux), de un ou de plusieurs médias, d'un homme d'État, d'un gouvernement. La manipulation politique est loin d'être une nouveauté, mais ici, il n'y pas que de l'autosuffisance à la Donald Trump: il y a quelque chose de beaucoup plus pathologique. Internet est une sorte de caisse de résonance où les individus les plus fous déversent leurs idées les plus folles dans un univers qui n'a aucune réalité. Le son qui en ressort hurle au complot! Un complot pour renverser quoi? Les républiques sont des régimes qui n'ont pas besoin d'être renversées puisque ce sont les élections régulières et rapprochées qui renouvellent le personnel politique. Si les citoyens sont mécontents ils n'ont qu'à voter autrement. Ce complot internet n'est que le reflet d'individus et de sociétés folles qui ne sont même pas capables d'établir la véracité d'un fait par la logique et par la recherche du document qui le prouve.

Les autorités politiques s'inquiètent. Depuis plusieurs mois, le Président Emmanuel Macron et certains de ses ministres, ont annoncé le dépôt d'un projet de loi destinée à lutter contre les fake news. Finalement le Parlement a été saisi, par le groupe majoritaire à l'Assemblée nationale, d'une proposition d'abord intitulée «lutte contre les fausses nouvelles», puis rebaptisée «loi contre la manipulation de l'information». Suivant le pouvoir en place en 2019, la capacité de discernement des citoyens ne suffisant plus, il faut les former. On peut, effectivement les former à aller chercher une information de bonne qualité et à croiser les renseignements pour relativiser ce qui est dit. On ne fera pas pour autant jaillir la vérité d'un fatras d'illusions. Les journalistes s'inquiètent d'une possible remise en cause de la liberté d'expression. Ils craignent déjà que le pouvoir souverain veuille mettre en place une information officielle, un journal électronique d'État qui aurait le monopole de la diffusion de l'information et qui pourrait censurer tout le reste.

Il n'en reste pas moins vrai qu'une société civilisée ne peut fonctionner que si elle est fondée sur la recherche perpétuelle de la réalité des choses. Le droit à la vérité n'a jamais existé, ce qui est extrêmement dangereux dans une démocratie car on peut facilement être élu sur des mensonges et faire exactement le contraire de ce que l'on a dit durant la campagne électorale. On peut dès lors imaginer d'autre solutions pour que le citoyen ait accès à des sources d'information plus sûres que celles que l'on trouve sur internet. Pourquoi ne pas financer une organisme indépendant, formé de véritables savants internationaux ayant prouvé leur expertises par leurs publications; ils publieraient alors leur version des événements. Les citoyens pourraient comparer un travail sérieux, étayé par des sources sûres, au résultat toujours bâclé des journalistes habituels et aux vociférations d'internet.

Leçon 2: A l'extérieur du pays.

A- Le droit d'intervention pour sauver.

Hors de France, de nombreux droits devraient être mis en œuvre. Depuis la fin des années 1960, le droit international reconnaît d'ailleurs que certains pays sont tellement désordonnés qu'il convient de permettre à certaines organisations, légalement, d'intervenir afin de maintenir l'ordre et faire en sorte que les habitants ne s'entre-tuent pas. La Guerre du Biafra (1967-1970) avait entraîné une épouvantable famine, largement couverte par les médias occidentaux mais totalement ignorée par les chefs d'États et de gouvernement au nom de la neutralité et de la non-ingérence. Cette situation avait entraîné la création d'organisations non gouvernementales (**ONG**), comme *Médecins sans frontières*, qui défendaient l'idée que certaines situations sanitaires exceptionnelles pouvaient justifier, à titre exceptionnel, la remise en cause de la souveraineté des États. Après la fin de la Guerre Froide, les notions de droit d'ingérence et d'intervention humanitaire continuèrent à s'affirmer. Ainsi, les interventions militaires en Somalie, à Haïti, en Bosnie, au Kosovo et en Serbie sont des illustrations de la mise en œuvre de moyens militaires au service du droit d'ingérence humanitaire et du changement de régimes politiques jugés indésirables par la communauté internationale. Aux États-Unis, après les événements du 11 septembre 2001, ces notions sont reprises par les conservateurs pour justifier les interventions américaines en Irak et en Afghanistan. Cependant, une mission d'ingérence est contraire aux objectifs fondamentaux de l'Organisation des nations unies (**ONU**) puisque, dans la charte, il est interdit d'intervenir dans les affaires qui relèvent essentiellement de la compétence nationale d'un État.

En réalité, l'idée d'ingérence humanitaire n'existe pas juridiquement. Ce n'est donc pas encore un droit reconnu au niveau international. Cela reste une idée et une revendication politique.

Cependant, le droit d'assistance ou de secours est consacré par la résolution 43/131 de l'ONU (8 décembre 1988). Elle autorise le libre accès des ONG «aux victimes de catastrophe naturelles et situations d'urgence du même ordre», comme les catastrophes technologiques, les épidémies, les famines... Dans cet ordre d'idée, la résolution 688, du 5 avril 1991, fit appel aux États et organisations humanitaires pour mettre en œuvre les actions définies et adoptées en réaction aux répressions violentes du gouvernement irakien de Saddam Hussein contre les populations civiles du Kurdistan. Depuis lors, toutes les résolutions de l'ONU emploient l'expression d'assistance (ou aide) humanitaire et demandent aux États de prendre les dispositions nécessaires pour mettre en œuvre les décisions arrêtées. Ainsi, la revendication d'ingérence humanitaire connaît une situation complexe: ce n'est pas un principe juridique mais elle est mise en œuvre dès que l'on constate une violation des principes d'humanité. Par exemple, le Conseil de sécurité peut parfaitement décider d'une intervention à vocation pacifique, laquelle est qualifiée d'opération de maintien de la paix. Ces opérations de maintien de la paix supposent un consentement des belligérants ce qui, par nature, s'oppose à la qualification d'ingérence qui implique une intervention contre la volonté même des belligérants. Le sommet mondial des Nations unies de 2005 a encore élargi les possibilités d'intervention de l'ONU car il a consacré son principe de protection. Ainsi, lorsqu'un État se révèle incapable ou peu désireux de protéger sa population, et que des crimes contre l'humanité sont perpétrés, la communauté internationale a l'obligation d'intervenir, si nécessaire et en dernier recours, par la force militaire.

B- La collaboration économique.

La collaboration économique ne veut pas dire que le développement des pays les moyens avancés soit un droit. Celui-ci relève, pour l'instant, de la bonne volonté des pays les plus riches qui sont bien conscients que sans le recul de la pauvreté au niveau mondial, le monde continuera à être une poudrière et, donc, à s'autodétruire.

Il existe des institutions internationales qui visent à réduire les inégalités de richesse. La Banque mondiale est une institution qui accorde des prêts à des pays en développement pour des projets d'investissement. Elle fait partie des institutions spécialisées de l'ONU. Les objectifs de la Banque mondiale ont évolué au cours des années. Elle a récemment mis l'accent sur la réduction de la pauvreté, en délaissant l'objectif unique de croissance économique. Elle favorise aussi la création des très petites entreprises. Elle a soutenu l'idée que l'eau potable, l'éducation et le développement durable sont des facteurs essentiels à la croissance économique; elle a donc commencé à investir massivement dans de tels projets. En réponse aux critiques, la Banque mondiale a adopté une série de politiques en faveur de la sauvegarde de l'environnement et des habitants en visant à s'assurer que les projets qu'elle finance n'aggravent pas le sort des populations des pays aidés.

Le Fonds monétaire international (**FMI**) est, quant à lui, une institution dont le but est de promouvoir la coopération monétaire internationale, de garantir la stabilité financière, de faciliter les échanges internationaux, de contribuer à un niveau élevé d'emploi, à la stabilité économique et à faire reculer la pauvreté. Il fournit des crédits aux pays qui connaissent des difficultés financières mettant en péril l'organisation gouvernementale du pays, la stabilité de son système financier ou les flux d'échanges avec les autres pays. Les critiques adressées au FMI considèrent que ses interventions, même si elles permettent un dépannage momentané des pays les moyens avancés qui les acceptent, aggravent la pauvreté et les dettes du fait des plans d'ajustement structurel (essentiellement des privatisations et des ouvertures du marché intérieur) qui sont imposés.

Il existe également un organisme de coopération commerciale internationale: l'Organisation mondiale du commerce (**OMC**). L'OMC a pour but principal de favoriser l'ouverture commerciale. Pour cela, elle tâche de réduire les obstacles au libre-échange, d'aider les gouvernements à régler leurs différends commerciaux et d'assister les exportateurs, les importateurs, les producteurs de marchandises et de services dans leurs activités. Elle n'a pas pour but de favoriser les pays les plus pauvres mais sont action de régulation permet de mieux défendre leurs intérêts.

C- La collaboration culturelle.

La collaboration culturelle est également un outil qui vise a diminuer les écarts de développement entre les pays. L'Organisation des Nations unies pour l'éducation, la science et la culture (**UNESCO**) est une institution spécialisée de l'ONU créée le 16 novembre 1945. Elle a pour objectif, selon son acte constitutif, «de contribuer au maintien de la paix et de la sécurité en resserrant, par l'éducation, la science et la culture la collaboration entre les nations, afin d'assurer le respect universel de la justice, de la loi, des droits de l'Homme et des libertés fondamentales pour tous, sans distinction de race, de sexe, de langue ou de religion». L'UNESCO poursuit son action à travers cinq grands programmes: l'éducation, les sciences exactes, naturelles, sociales et humaines, la culture, la communication, l'information.

Les missions spécifiques à l'éducation visent à édifier des structures permettant à toutes les populations d'accéder au savoir. L'UNESCO offre son expertise et encourage les partenariats afin de renforcer la place prépondérante de l'éducation au niveau de chaque nation, ainsi que la capacité des pays à offrir une éducation de qualité à tous. Elle pousse les États et la communauté internationale à accélérer la marche du progrès vers la réalisation de ces objectifs. Elle a, bien sûr, adopté la *Convention concernant la lutte contre la discrimination dans le domaine de l'enseignement*. Son travail est énorme car un grand nombre de nations, surtout en Afrique, ne disposent pas de beaucoup de moyens pour donner une éducation de qualité aux enfants. En fait, tout tourne autour de la capacité de financement des États et du bon usage de cet argent. L'UNESCO n'a pas le droit de se substituer aux États défaillants. On retombe toujours sur le même problème: est-ce qu'une structure internationale peut prendre la place, ou simplement faire le travail de nations qui ne le font pas? La réponse est toujours non car le droit international concerne peu de sujets et, de surcroît, il n'y a pas de gouvernance mondiale qui imposerait des lignes de conduite à tous les pays du monde. Pour le moment ce ne sont pas les règles de droit qui font sortir les populations les plus pauvres de leur ignorance mais les bonnes volontés.

Leçon 3: L'établissement de la méritocratie.

A- La compétence.

L'extension des libertés ne peut se faire que grâce à un régime social et politique logique. Toute charge publique ou privée ne peut dépendre que de la compétence réelle des personnes. Elle doit exclure toute les autres considérations qui transforment les démocraties en des démagogies, lesquelles finissent, en niant le droit des plus intelligents à guider la société, par engendrer le monstre qui les détruira: la dictature qui anéantit toutes les libertés.

En France, l'idée de méritocratie, de gouvernement des plus compétents, fut ramené de Chine par les Jésuites qui avaient trouvé que le recrutement des fonctionnaires par concours était une très bonne idée. Ils adoptèrent alors ce mode de sélection dans leurs écoles. Voltaire qui fut élève des Jésuites écrivit alors un peu plus tard: «l'esprit de l'homme ne peut imaginer un meilleur gouvernement que celui de la Chine où tous les pouvoirs sont entre les mains d'une bureaucratie dont les membres ont été admis après de très difficiles examens... la Chine est un pays qui récompense la vertu et qui encourage le mérite: un honnête et pauvre paysan y est fait Mandarin». Voltaire influença terriblement les révolutionnaires. C'est ainsi qu'en 1794 la Convention créa le Conservatoire national des arts et métiers, l'École normale et l'École polytechnique qui recrutaient leurs élèves par concours sur la base des mérites individuels. Par la suite, un nombre croissant de postes de fonctionnaires fut soumis au recrutement par concours. Cependant, derrière une façade institutionnelle d'égalité de chances, on remarque que ceux qui réussissent ces concours sont les personnes issues de milieux privilégiés qui disposent d'un bon patrimoine culturel. Pire encore, les concours, et tous les examens, ne sont que des instruments qui servent à trier les candidats suivant les idées que l'on recherche. Les personnes recrutées sont celles qui adhèrent le plus à l'idéologie de l'État. Il n'y a plus la vérité de la science derrière mais un académisme creux et dangereux qui ordonne au candidat de croire que la Terre est plate et de le dire bien fort. Depuis de trop nombreuses années, on condamne ce que l'on appelle la pensée unique, ce politiquement correct à la Française qui, détruisant le libre arbitre, impose de suivre servilement les méthodes qui ont échoué, de croire en des illusions nocives et de conduire les sociétés vers leur fin en les plongeant dans l'illusion. Néanmoins, cet académisme n'a jamais été aussi présent.

B- Le chemin de la vérité.

Il est grand temps d'inverser cette tendance et de mener tous les régimes politiques à suivre le chemin de la recherche perpétuelle de la vérité. Le gouvernement actuel a donc raison de s'inquiéter des choses qui la déforment et finissent par la faire disparaître.

Dans les démocraties civilisées, les journalistes indépendants et honnêtes cherchent à établir les fais en les vérifiant et en recoupant les sources d'information. Depuis les années 1990, aux États-Unis, les journalistes d'investigation pratiquent le fact checking (la vérification des faits). Depuis 2013, ce sont des programmes informatiques automatisés qui effectuent cette tâche, mais l'efficacité des ordinateurs est loin d'être avérée. En 2016, un grand nombre de spécialistes ont estimé que cette méthode ne permettait pas de contrecarrer les effets des contre-vérités, même les plus évidentes, proférées par les personnalités politiques. En effet, cette année-là les *fact checking* mis en place par la majorité des médias n'ont pas réussi à rétablir la vérité sur ce que disaient les politiciens lors de la campagne électorale sur le Brexit et celle pour la présidence des États-unis: le Brexit fut entériné et Donald Trump put accéder à la présidence. L'ensemble de la planète baigne dans une atmosphère électrique qui voit des chimères partout. Les vérités les plus simples sont désormais contestées. Le petit poing de la raison n'arrive pas à sortir de sa poche; la raison se cache; le pouvoir souverain a peur: le président de la république française pense que le monde est revenu aux années 1930!

C-La survie de l'humanité.

C'est en 1954 que William Golding aborda ces thèmes dans son roman *Sa majesté des mouches*. Laissez-moi donc vous raconter un peu l'intrigue.

Au cours d'une période qui doit être postérieure à la Seconde Guerre Mondiale, un navire transportant les élèves d'un pensionnat s'échoue sur une île déserte. Aucun adulte ne survit au naufrage, ce qui oblige les enfants à s'organiser par eux-mêmes. Tous pensionnaires d'un établissement scolaire anglais exemplaire où l'on apprend les bonnes manières autant que le respect à la nation, à l'ordre établi et l'arithmétique, cette petite société immature se met vite à dysfonctionner. Les élèves sages, studieux, tellement anglais, tellement civilisés, finissent par laisser s'exprimer leur barbarie. Seul piggy, un petit garçon grassouillet, reste fondamentalement du côté de la raison et de l'humanité. Cependant, sa raison qui ne cesse de contester la barbarie des autres n'arrive pas à s'imposer. Horreur, la raison, dans une société folle, est totalement impuissante! Force est de constater que l'opinion de Golding se vérifie par des faits historiques incontestables. Dans l'Allemagne et la Russie des années 30 et 40, la raison qui véhicule la vérité et les droits qui protègent l'humanité n'avait plus le droit à la parole. Qu'est-il alors advenu? Un massacre biblique, une horreur apocalyptique!

Sur une planète qui compte maintenant plus de 7,5 milliards d'habitants et où les conditions climatiques menacent les ressources alimentaires, on ne peut plus se permettre de continuer à commettre les mêmes erreurs. Le fondement de la société de demain, celle dont vous faites déjà partie, doit être d'une autre nature. En fait, la liberté individuelle de l'être humain ne peut s'inscrire que dans des limites bien déterminées. On doit le laisser choisir entre la vérité et la vérité, le bien et le bien, la raison et la raison, l'humanité et l'humanité. On lui interdira toujours de mettre en parallèle le chaos et la vie et de choisir le premier. L'individu, qu'il le veuille ou non, est une être qui vit dans une société, il est donc responsable de la survie de cette société, laquelle dépend de la sienne. L'humain est forcément un être moral sinon il perd sont humanité et avec cela, sa capacité à choisir son destin et à influencer celui de la société.

Exercice de réflexion:

Qu'est-ce qui caractérise les lieux où les journalistes sont le plus emprisonnés? (15 lignes).

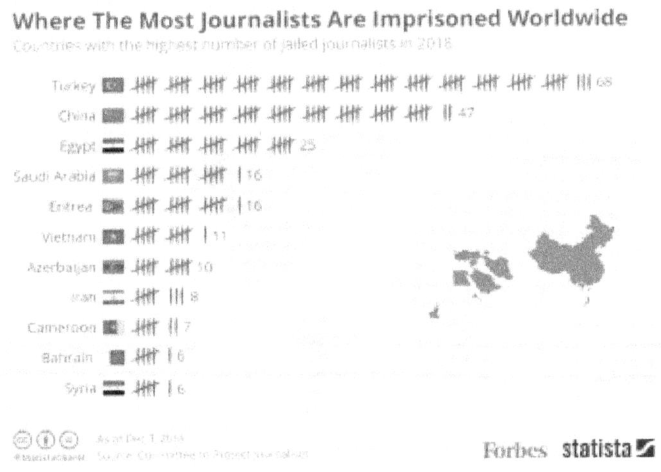

Lieux où les journalistes sont le plus emprisonnés.

En 2018, une fois encore, les journalistes n'ont pas été épargnés par les emprisonnements à cause de leur qualité de journaliste. On remarque sur ce schéma que les pays qui bafouent le plus le droit à l'information sont des régimes que j'appelle autocratiques. Cela veut dire que la majorité du pouvoir est détenu par un seul individu. La Turquie est supposée être une démocratie mais lorsque l'on regarde comment le chef de l'État a combattu le dernier coup d'État, on remarque que les règles démocratiques n'ont pas été respectées. La Chine, quant à elle, est un régime communiste qui pratiquerait le communisme de marché; peu importe son organisation économique, c'est une structure administrative dictatoriale qui encadre étroitement la société. L'Égypte, sans être une parfaite dictature militaire reste un régime dominé par les militaires. Quant à l'Arabie Saoudite, c'est une monarchie islamique. En somme, les régimes qui n'admettent pas la contradiction politique n'admettent pas plus que l'on enquête sur eux. Qu'ont-ils à cacher? Toujours la même chose: le non respect des droits de l'homme. Cela les conduit toujours à s'affronter aux régimes qui les respectent le plus. Au niveau international, à l'ONU, ces régimes sont toujours critiqués (à juste titre) et finissent par ne jouer aucun rôle. La mission du journaliste d'investigation est d'une importance capitale. C'est lui qui permet aux citoyens de s'informer, de se forger une opinion et de voter. Si on veut ramener plus de raison dans nos sociétés folles, il faut protéger et encourager ces personnes, pas les emprisonner.